Kohlhammer

Religion und Gesundheit

Herausgegeben von

Dietrich Korsch und Cornelia Richter
In Zusammenarbeit mit Hans-Rainer Buchmüller, Franziska Geiser,
Jochen Sautermeister und Verena Wetzstein

Band 4

Jochen Sautermeister / Viktoria Lenz /
Thiemo Breyer (Hrsg.)

Resilienz im Horizont menschlichen Handelns

Verlag W. Kohlhammer

Unterstützt von der Deutschen Forschungsgemeinschaft (DFG) unter der Projektnummer 410364795.

1. Auflage 2024

Alle Rechte vorbehalten
© W. Kohlhammer GmbH, Stuttgart
Gesamtherstellung: W. Kohlhammer GmbH, Stuttgart

Print:
ISBN 978-3-17-042494-4

E-Book-Format:
pdf: 978-3-17-042495-1

Für den Inhalt abgedruckter oder verlinkter Websites ist ausschließlich der jeweilige Betreiber verantwortlich. Die W. Kohlhammer GmbH hat keinen Einfluss auf die verknüpften Seiten und übernimmt hierfür keinerlei Haftung.
Dieses Werk einschließlich aller seiner Teile ist urheberrechtlich geschützt. Jede Verwendung außerhalb der engen Grenzen des Urheberrechts ist ohne Zustimmung des Verlags unzulässig und strafbar. Das gilt insbesondere für Vervielfältigungen, Übersetzungen, Mikroverfilmungen und für die Einspeicherung und Verarbeitung in elektronischen Systemen.

Inhaltsverzeichnis

Einleitung 7

Raffael Kalisch/Miriam Kampa
Konzeptuelle Fundierung der empirischen individuellen
Resilienzforschung: Begriffsdefinition, Betrachtungsebenen,
Operationalisierung und eine bewertungsbasierte Theorie 11

Johannes Michalak/Thomas Heidenreich/Andrea Chmitorz
Resilienz und Achtsamkeit – Zusammenhänge und Fallstricke 39

Armin Wildfeuer
Resilienz und Normativität. Zur Debatte um die philosophisch-
ethische Anschlussfähigkeit des Resilienzkonzepts 53

Hildegund Keul
Vulnerabilität, Vulneranz und Resilienz. Zur Überwindung binärer
Codierungen in der Resilienzforschung 83

Franziska Geiser/Nina Hiebel/Milena Kriegsmann-Rabe
Psychologische Resilienz: Persönlichkeitsmerkmal oder dynamische
Interaktion? 107

Elodie Boublil
Empathie, Anerkennung und Verantwortung: Eine phänomenologische
Ethik der Vulnerabilität 119

Jan Slaby
Strukturelle Brutalisierung – Resilienz als Fanal der
Selbsterhaltungsvernunft? 133

Luise Reddemann
Klage – Trost – Resilienz 151

Martin Endreß
Probleme und Chancen der Verwendung des Resilienzkonzepts im
Rahmen geistes-, kultur- und sozialwissenschaftlicher Forschung 169

Maike Rönnau-Böse
Die pädagogische Perspektive des Resilienzkonzepts: Praktische
Anwendung und theoretische Reflexion 191

Verzeichnis der Autorinnen und Autoren 209

Einleitung

Jochen Sautermeister, Viktoria Lenz und Thiemo Breyer

Der Begriff der Resilienz ist seit den 1970er Jahren in empirisch-technischen Disziplinen und in humanwissenschaftlicher, anthropologischer Forschung bearbeitet und hat sich im populärwissenschaftlichen Bereich als verheißungsvoller Zukunftsbegriff auf Bestsellerlisten sowie in Wellness- und Coaching-Programmen etabliert. Allerdings wird zunehmend unklarer, ob die beteiligten Akteure eigentlich über dasselbe sprechen oder nicht, weil der Begriff der Resilienz je nach methodischer Perspektive in Definition und Operationalisierung stark variiert. Ebenso ungeklärt sind die zur Genese von Resilienz letztlich maßgeblichen Bedingungen und deren sozialrelevante wie geltungstheoretische Konsequenzen. Diese Gemengelage birgt eine doppelte Gefahr in sich.

Zum einen verführt der Resilienzbegriff zu seiner unkritischen Verwertung in neoliberaler Übersteigerung individueller Zumutbarkeit. Das gilt besonders für jene Ansätze, die sich an einer Art „mechanisch-technischem" Resilienzbegriff orientieren und den Begriff etymologisch auf den lat. Begriff *resilire* (zurückspringen oder abprallen) zurückführen, der im Kontext von Naturwissenschaften und Materialwirtschaft für eine spezifische Elastizität und Robustheit der verarbeiteten Stoffe verwendet wird. Im populärwissenschaftlichen Bereich wird dieser Sprachduktus auf die anthropologische Resilienz übertragen und in das problematische Bild des Stehaufmännchens gesetzt: Wird es durch einen harten Schlag zu Boden geworfen, richtet es sich äußerlich wie innerlich unversehrt wieder auf und geht in die Ausgangshaltung zurück. Resilienz wird damit als eine Grundeigenschaft suggeriert, die einen Menschen eine Krise unverändert überstehen lässt, und die sowohl mit einem Ideal der Unverwüstbarkeit wie auch einer Sehnsucht nach Schutz vor allen Anfechtungen besetzt ist. Zum anderen verführt der Resilienzbegriff zu disziplinär bedingten methodischen Spezialisierungen, die zwar jede für sich wichtige Einsichten liefern, aber in ihrer konstitutiven Interdependenz untersucht werden müssen.

Eine dreifache Typologie kann dabei helfen, die Ansätze grob zu ordnen, um ein interdisziplinäres Verständnis zu erleichtern. Erstens kann Resilienz als eine *Grundeigenschaft* verstanden werden, die unabhängig von einer Krise im Sinne einer psychophysischen Konstitution besteht und den Betroffenen eine gute Ausgangsbasis für die Bewältigung einer Krise ermöglichen kann. Relevant sind hierfür genetische sowie neurologische Mechanismen (s. hierzu den Beitrag von *Kalisch und Kampa*), demographische Aspekte (Alter, Geschlecht, Familienstand), persönliche Ressourcen (Ausdruckskraft, Hoffnung, Optimismus, Kohärenzgefühl, habituelle Copingstile, soziale Unterstützung, Religiosität und Spiritualität) und eine belastbare psychische Grundstruktur (Bindungsstile u. a.). Diese bestehenden Grundeigenschaften werden als protektive oder Vulnerabilitätsfaktoren (s. hierzu den Beitrag von *Keul*) in Beziehung gesetzt zur psychischen Belastung während und nach einer Krise. Ziel dieses Forschungsansatzes ist es, Risikogruppen zu identifizieren und, falls möglich, protektive Faktoren im Sinne einer Primärprophylaxe zu stärken. Zweitens hat sich – ungeachtet der bleibenden Valenz dieses Ansatzes – in der Forschung ein zunehmend *prozessuales Resilienzverständnis* etabliert: Resilienz wird als Resultat dynamischer Entwicklung verstanden, d.h. als adaptiver Prozess im Verlauf einer Krise (Anpassungs- bzw. Copingprozesse), der vor zu großer psychischer Belastung schützen kann. Der Unterschied zu den Grundeigenschaften liegt in der dynamischen Veränderung dieser Faktoren über die Zeit: Ein Copingstil kann als habituelle Größe eine Grundeigenschaft darstellen und sich im zeitlichen Verlauf der Krise im Sinne eines Anpassungsprozesses verändern. Dynamische Prozesse sind schwieriger zu erfassen als Grundeigenschaften, spiegeln aber das (nie statische) Krisengeschehen besser wider. Interventionen zielen im Sinne einer Sekundärprophylaxe darauf ab, den Anpassungsverlauf günstig zu beeinflussen, z. B. durch Stressmanagementtraining, Psychoedukation, Achtsamkeitstechniken (s. hierzu den Beitrag von *Michalak und Heidenreich*), kognitives Reframing, Stärkung der familiär-sozialen Unterstützung, verhaltenstherapeutische und pädagogische Förderung (s. hierzu den Beitrag von *Rönnau-Böse*), spirituelle Orientierung oder „effiziente" Persönlichkeitstrainings und Coachings. Eine dritte Perspektive der Resilienzforschung betrachtet Resilienz nicht als Vorbedingung oder als Prozess der Krisenbewältigung, sondern setzt sie mit einem *positiven Krisenausgang* („Outcome") gleich (s. hierzu den Beitrag von *Geiser, Hiebel und Kriegsmann-Rabe*). In verschiedenen Einzeldisziplinen geht es hier um das Enhancement des Krisenausgangs, d. h. Resilienz im Sinne eines unbeschädigten Folgezustands von Krisen prophylaktisch oder kurativ als einer Art Befähigung zum sog. „gelungenen Leben" zu generieren, sei es durch pharmakologische Medikation, psychologische Intervention, frühkindliche Förderung im Bildungssystem oder institutionell strategische Ökonomie.

Vor dem Hintergrund dieser hier nur skizzenhaft angedeuteten enormen Bandbreite an Konzeptualisierungsvorschlägen und Operationalisierungen von Resilienz ist es ein Anliegen des vorliegenden Bandes, den Fokus auf den Menschen – als subjektiv erlebendes und in soziale Netzwerke eingebundenes Lebewesen – zu richten und die handlungstheoretische Dimension des Begriffs der Resilienz zu beleuchten. Auf welche Weise handelt ein Individuum oder eine Gruppe, damit es oder sie als resilient bezeichnet werden kann? Wie können menschliche Handlungsvollzüge methodisch auf Resilienz hin befragt werden und was tragen die einzelnen Wissenschaften zu dieser Fragestellung jeweils bei?

Um diese Fragen ein Stück weit zu beantworten, versammeln wir Beiträge aus Neurowissenschaft, Psychologie und Psychiatrie, Moralpsychologie und

Theologie, Philosophie und Pädagogik. Dabei betrachten wir Resilienz als ein situativ und kontextbezogen prozessuales, divergentes und ambivalentes Phänomen, das für Fähigkeiten zur Selbsterhaltung und Selbsttransformation im Angesicht von Krisen steht, die bestimmte Vulnerabilitäten aktualisieren und problematisch machen. Dabei wird schnell klar, dass sich Resilienz – entgegen häufig propagierter Steigerungslogiken – nicht auf aktiv gewählte Formen selbstmächtiger Durchsetzungsfähigkeit reduzieren lässt. Vielmehr stellt sich Resilienz als ein offener Krisenprozess dar, in dem das innere und äußere Ringen mit Destruktivität, Angst und Verzweiflung sowie der zeitweise Verlust des Kontrollgefühls auszuhalten und zu gestalten sind (s. hierzu den Beitrag von *Reddemann*). Die Resilienzfaktoren oder Variablen, die hierbei zum Einsatz kommen können, umfassen sichere Bindungen, Humor, das Annehmen von Hilfe über empathische Zuwendungen (s. hierzu den Beitrag von *Boublil*), unterschiedliche Formen von Spiritualität, allgemeine kognitive Problemlösefähigkeiten, emotionale Regulation, Erfolgsmotivation, Selbstwirksamkeit, Hoffnung und Sinnerleben. Neben der Frage, wie sich diese Variablen wissenschaftlich operationalisieren und therapeutisch anwenden lassen, ergibt sich auch in Bezug auf das Resilienzkonzept die wissenschaftstheoretisch stets virulente Frage von Deskriptivität und Normativität. Hier können drei mögliche Ansätze zum Tragen kommen: die Auffassung, dass Resilienz rein deskriptiv ist, die Ansicht, dass Resilienz normativ oder implizit normativ ist, und die Idee, dass Resilienz ein Hybridkonzept ist, das Merkmale beider Varianten vereint (s. hierzu den Beitrag von *Wildfeuer*). Einfach ausgedrückt: Wer soll wann resilient sein? Ist Resilienz immer und überall positiv zu bewerten? Oder gibt es auch negative Konnotationen von Resilienz? Betrachtet man in kritischer Absicht die vielfach propagierten „Resilienzprogramme" (s. hierzu den Beitrag von *Slaby*) in verschiedenen Bereichen, so kann man erkennen, dass der Resilienzbegriff zuweilen dort zum Einsatz kommt, wo es in politischen Zusammenhängen um Anpassung und Gefügigkeit geht, wobei Möglichkeiten zur Veränderung der herrschenden Verhältnisse ausgeblendet werden. Das resiliente Subjekt wird als Subjekt präsentiert, das sich selbst versorgt und bspw. nicht auf staatliche Unterstützung oder Solidarität angewiesen ist. Dies wird im Zusammenhang mit neoliberalen Bestrebungen betrachtet, Risiken zu individualisieren und somit Verantwortung auf das Individuum abzuwälzen.

Die unterschiedlichen Zugänge zum Resilienzbegriff zeigen seine Leistungsfähigkeit, aber auch Grenzen. Deutlich wird die Notwendigkeit zur Differenzierung und Präzisierung unterschiedlicher Resilienzverständnisse, ohne dass sich diese in interdisziplinärer Perspektive auf einen Resilienzbegriff reduzieren ließen. Insofern möchte der vorliegende Band die Diskussion nicht abschließen, sondern einen Beitrag zur Klärung von ‚Resilienz im Horizont menschlichen Handelns' leisten.

Dieser Band geht hervor aus der gleichnamigen Tagung, die als erste Jahrestagung der DFG-Forschungsgruppe 2686 „Resilienz in Religion und

Spiritualität. Aushalten und Gestalten von Ohnmacht, Angst und Sorge" vom 22.–24. April 2021 an der Universität Bonn abgehalten wurde. Wir danken der Deutschen Forschungsgemeinschaft für die großzügige finanzielle Unterstützung sowie allen Mitgliedern der Forschungsgruppe für den konstruktiven Dialog und die zahlreichen Impulse, die in diesen Band eingeflossen sind. Unser besonderer Dank gilt Louise Lentfort und Nicole Simon am Lehrstuhl für Moraltheologie der Katholisch-Theologischen Fakultät der Universität Bonn sowie Raphael Röchter vom Husserl-Archiv der Universität zu Köln für die Unterstützung der formal-redaktionellen Bearbeitung der Beiträge. Außerdem bedanken wir uns bei der Reihenherausgeberin Cornelia Richter für die Aufnahme des Bandes in die Reihe „Religion und Gesundheit" sowie Sebastian Weigert und Andrea Häuser vom Kohlhammer Verlag für die reibungslose Betreuung der Drucklegung.

Bonn/Köln im Winter 2024,
Jochen Sautermeister, Viktoria Lenz und Thiemo Breyer

Konzeptuelle Fundierung der empirischen individuellen Resilienzforschung[†]

Begriffsdefinition, Betrachtungsebenen, Operationalisierung und eine bewertungsbasierte Theorie

Raffael Kalisch und Miriam Kampa

1. Einleitung

Die empirische Resilienzforschung stellt sich der komplexen Frage, wie es manche Menschen schaffen, trotz großer Herausforderungen, die das Leben für sie birgt, psychisch gesund zu bleiben. Die Komplexität des Themas lässt sich ermessen, wenn man berücksichtigt, wie unterschiedlich Menschen sein können, welchen unterschiedlichen Herausforderungen sich Menschen gegenüber sehen können und wie unverstanden viele Funktionen unseres Gehirns oder Geistes bis heute sind. Fügt man diesen Betrachtungen die Komplexitäten hinzu, die sich für das Verhalten und Erleben von Menschen aus den Wechselwirkungen mit ihrer jeweiligen Gemeinschaft, Gesellschaft und Kultur ergeben, die ihrerseits wiederum Herausforderungen für ihre Stabilität und ihr Funktionieren ausgesetzt sind, entsteht eine Ahnung der Vielzahl grundsätzlicher strategischer Entscheidungen, die jedes Forschungsvorhaben zum Thema der Resilienz zu treffen hat, bevor in sinnvoller Weise Daten erhoben, ausgewertet und interpretiert werden können.

Das vorliegende Kapitel möchte Resilienzforscherinnen und -forschern Anregungen für ihre Entscheidungsfindung geben, indem es fragt: Wie definieren wir individuelle oder psychologische Resilienz? Welche operationalen Schlussfolgerungen ergeben sich aus der vorgeschlagenen Resilienzdefinition für die empirische Forschung? Und welche extra-individuellen Analyseebenen sollten wir in die Erforschung der individuellen Resilienz einbeziehen? Zuletzt macht das Kapitel einen Vorschlag für eine integrative mechanistische Theorie der Resilienz, aus der sich relevante empirische

---

[†] Dieses Projekt wurde von der Europäischen Union im Rahmen des Forschungs- und Innovationsprogramms Horizon 2020 unter der Fördervereinbarung Nr. 777084 (DynaMORE-Projekt), von der Deutschen Forschungsgemeinschaft (DFG-Förderung SFB 1193, Teilprojekte B01, C01) und vom Land Rheinland-Pfalz (DRZ-Programm) gefördert. Die Autoren danken dem Übersetzer.

Fragestellungen ableiten lassen und die als Grundlage für die Interpretation von Befunden aus disparaten Bereichen der Resilienzforschung dienen kann.

Das Kapitel stellt eine deutschsprachige Adaptation des Beitrags „Stressor Appraisal as an Explanation for the Influence of Extra-Individual Factors on Psychological Resilience" in dem Band „Multisystemic Resilience – Adaptation and Transformation in Contexts of Change" dar,[1] in dem insbesondere die Frage der Bedeutung der gleichzeitigen Betrachtung multipler Analyseebenen für das Verständnis von Resilienzprozessen und des Einflusses extra-individueller Faktoren auf die individuelle Resilienz verhandelt werden.

2. Begriffsdefinition: Ausgangspunkte

Individuelle oder psychologische Resilienz wird gegenwärtig von großen Teilen der Forschungsgemeinde als die Aufrechterhaltung und/oder schnelle Wiederherstellung der psychischen Gesundheit während und nach Widrigkeiten oder „Stressoren" definiert, wie sie Traumata, andere negative Lebensereignisse, schwierigen Lebensumstände, herausfordernde Lebensübergänge oder körperliche Krankheiten darstellen können.[2] Diese ergebnisorientierte Definition der Resilienz hat ihre Geschichte.

Frühe Resilienzforschung: Merkmalsperspektive. In ihren Anfängen in den 1970er Jahren ging die Resilienzforschung noch weitgehend davon aus, dass Menschen trotz Belastung durch Stressoren dann psychisch gesund bleiben, wenn sie über einen bestimmten Persönlichkeitstyp verfügen, der sie vor den schädlichen Einflüssen negativer Lebensereignisse oder -umstände schützt.[3] Ein beliebter Begriff in diesen frühen Tagen der Resilienzforschung war die „widerstandsfähige" oder „kühne" Persönlichkeit (*hardy personality*). Diese wurde als eine Charakterstruktur verstanden, die eine hohe Einsatzbereitschaft, den Glauben an die Beherrschbarkeit von Ereignissen sowie die Akzeptanz und den Willen, sich Herausforderungen zu stellen und sich zu verändern,

---

1   Vgl. *Raffael Kalisch/Miriam Kampa*: Stressor Appraisal as an Explanation for the Influence of Extra-Individual Factors on Psychological Resilience, in: Michael Ungar (Hg.): Multisystemic Resilience. Adaptation and Transformation in Contexts of Change, New York 2021, 137–154.
2   Vgl. *Raffael Kalisch/Dewleen G. Baker/Ulrike Basten* et al.: The resilience framework as a strategy to combat stress-related disorders, in: Nature Human Behaviour 1/11 (2017), 784–790.
3   Vgl. *Jeanne H. Block/Jack Block*: The role of ego-control and ego-resiliency in the organization of behavior, in: W. Andrew Collins (Hg.), Development of cognition, affect and social relations (The Minnesota Symposia on Child Psychology 13), New York 1980, 39–101; *Suzanne C. Kobasa*: Stressful life events, personality, and health: An inquiry into hardiness, in: Journal of Personality and Social Psychology 37/1 (1979), 1–11.

beinhaltet.[4] Es wurde jedoch bald klar, dass eine einzelne Gruppe von Merkmalen, geschweige denn ein einziges, einheitliches individuelles Charakteristikum, nicht ausreicht, um die psychische Gesundheit von Menschen, die Stressoren ausgesetzt sind, zu erklären oder vorherzusagen. Stattdessen erwies sich Resilienz als mit einer Vielzahl von stabilen, aber auch weniger stabilen Eigenschaften, Fähigkeiten, Verhaltensweisen und Überzeugungen verknüpft, von denen jede einzelne nur einen begrenzten Einfluss ausübt.[5] Je nachdem, welchem Resilienzmodell eine Forscherin folgte, zählten zu diesen Merkmalen beispielsweise Selbstwertgefühl, Optimismus, Bindungsstil, Kommunikationsfähigkeit, Spiritualität oder Emotionsregulierungsfähigkeiten. Die Liste möglicher Resilienzfaktoren wurde schon bald um extra-individuelle Faktoren wie soziale Unterstützung oder kulturelle Einflüsse erweitert.[6] Ebenfalls wurde festgestellt, dass die Merkmale des Stressors selbst (z. B. akut oder chronisch, interpersonal oder nicht interpersonal, direkte oder indirekte Belastung[7]) eine Rolle spielen.

Prozessperspektive. Die Anerkennung der Komplexität von Resilienz war ein großer Schritt und eröffnete die Möglichkeit, die Modellbildung von einer Merkmals- auf eine Prozessperspektive umzustellen. Schon allein die Tatsache, dass die Aufrechterhaltung der psychischen Gesundheit mit Spiritualität oder sozialer Unterstützung einhergehen kann, bedeutet, dass Resilienz kein stabiler, fester Phänotyp ist, da weder Spiritualität noch soziale Unterstützung Persönlichkeitsmerkmale sind. Sie können im Laufe der Zeit zu- oder abnehmen, was bedeutet, dass auch die Resilienz im Laufe der Zeit wachsen oder schwinden kann. Ferner: Wenn einige Resilienzfaktoren im Laufe des Lebens variieren können, sind sie höchstwahrscheinlich formbar, d. h. man kann lernen, resilient zu werden, bzw. es ist vielleicht sogar möglich, Resilienz zu trainieren.

Viele Resilienzforscher betonen daher, dass Resilienz einen Prozess – oder Prozesse – der Veränderung oder Anpassung an widrige Lebensumstände beinhaltet.[8] Selbstredend lassen sich Veränderungen immer beobachten, wenn

---

4   Vgl. *Kobasa*: Stressful life events, personality, and health.
5   Vgl. *Ann S. Masten/Norman Garmezy*: Risk, vulnerability, and protective factors in developmental psychopathology, in: Benjamin B. Lahey/Alan E. Kazdin (Hg.): Advances in clinical child psychology, New York 1985, 1–52; *Emmy E. Werner/Ruth S. Smith*: Vulnerable but invincible: A longitudinal study of resilient children and youth, New York 1989.
6   Vgl. z. B. *Hamilton I. McCubbin/W. Michael Fleming/Anne I. Thompson* et al.: Resiliency and coping in „at risk" African-American youth and their families, in: Hamilton I. McCubbin/Elizabeth A. Thompson/Anne I. Thompson et al. (Hgg.): Resiliency in African-American families, Thousand Oaks 1998, 287–328.
7   Vgl. *George A. Bonanno/Sara A. Romero/Sarah I. Klein*: The temporal elements of psychological resilience: An integrative framework for the study of individuals, families, and communities, in: Psychological Inquiry 26/2 (2015), 139–169.
8   Vgl. *Bonanno/Romero/Klein*: The temporal elements of psychological resilience; *Martha Kent/Mary C. Davis/John W. Reich*: Introduction, in: Dies. (Hgg.): The resilience handbook, New York 2014, xii–xix; *Suniya S. Luthar/Danta Cicchetti/Bronwyn Becker*: The construct of

eine Person (äußerlich oder mental) handelt, um mit einer herausfordernden Situation zurechtzukommen. Auch treten solche Veränderungen auf der individuellen Zustandsebene fast immer zusammen mit Veränderungen auf der Ebene der Umwelt auf, allein schon deswegen, weil das Handeln der Person eine Interaktionen zwischen Person und Umwelt darstellt. Die Feststellung solcher Veränderungen widerspricht jedoch noch nicht der traditionellen Merkmalsperspektive, denn auch eine *hardyperson* würde eine Herausforderung bewältigen, indem sie sich beispielsweise intensiver auf die neue Situation einlässt oder ihr mit einer bewusst gewählten positiven Einstellung begegnet. Kennzeichnend für die Merkmalsperspektive ist vielmehr, dass ihr zufolge die Person nach der Bewältigung der Herausforderung genauso *hardy* ist wie davor. Solche Veränderungen, die auf der Ebene des akuten Handelns verbleiben und die Belastbarkeit eines Individuums oder seiner Umgebung nicht längerfristig modifizieren, könnten als „homöostatische" Anpassungsprozesse bezeichnet werden.[9]

Aus theoretischer Sicht sind diejenigen empirischen Beobachtungen von größerer Bedeutung, die langanhaltende und tiefgreifendere Veränderungen in der inneren Verfassung einer Person darstellen. Die Annahme einer dauerhaften individuellen Anpassung (eines „allostatischen" Anpassungsprozesses[10]) während und nach einer Stressbelastung hat mittlerweile eine solide empirische Grundlage.[11] Diese These mag auf den ersten Blick trivial erscheinen, da Widrigkeiten oft zu Krankheiten führen (zweifellos eine Veränderung), wird aber sehr bedeutsam, wenn eine dauerhafte Veränderung bei Personen beobachtet wird, die trotz Widrigkeiten nicht krank werden (die sich also – scheinbar – nicht verändern). Zum Beispiel entwickeln gelegentlich Menschen, die von einer Katastrophe, einem schweren Unfall oder einer schweren Krankheit auf der Ebene ihrer psychischen Gesundheit nicht betroffen sind, eine tiefere Wertschätzung des Lebens oder persönlicher Beziehungen oder öffnen sich gar spirituelleren Lebenseinstellungen, ein Phänomen, das als posttraumatisches Wachstum bekannt geworden ist.[12] Die Überwindung von Stressoren und die Aufrecht-

---

resilience: A critical evaluation and guidelines for future work, in: Child Development 71/3 (2000), 543–562; *Michael Rutter*: Resilience as a dynamic concept, in: Development and Psychopathology 24/2 (2012), 335–344; *Julianna K. Sapienza/Ann S. Masten*: Understanding and promoting resilience in children and youth, in: Current Opinion in Psychiatry, 24/4 (2011), 267–273.

9   Vgl. *Kalisch/Kampa*: Stressor Appraisal as an Explanation.
10 Vgl. ebd.
11 Vgl. *Kalisch/Baker/Basten* et al.: The resilience framework.
12 Vgl. *Stephanie F. Johnson/Adriel Boals*: Refining our ability to measure posttraumatic growth, in: Psychological Trauma: Theory, Research, Practice, and Policy 7/5 (2015), 422–429; *Stephen Joseph/P. Alex Linley*: Growth following adversity: Theoretical perspectives and implications for clinical practice, in: Clinical Psychology Review 26/8 (2006), 1041–1053; *Richard G. Tedeschi/Lawrence G. Calhoun*: Posttraumatic growth: Conceptual foundations and empirical evidence, in: Psychological Inquiry 15/1 (2004), 1–18.

erhaltung einer guten psychischen Gesundheit können auch mit der Entwicklung neuer Stärken oder Kompetenzen einhergehen.[13] Darüber hinaus wurde in einigen Studien festgestellt, dass Personen, die in ihrer Vergangenheit einer moderaten Anzahl negativer Lebensereignisse ausgesetzt waren, im täglichen Leben besser funktionieren, eine höhere Lebenszufriedenheit aufweisen und weniger auf Stressoren im Labor reagieren als Personen, die keinen oder nur geringen Belastungen ausgesetzt waren.[14] Letztere Beobachtungen deuten darauf hin, dass eine Stressbelastung gegen die Auswirkungen zukünftiger Stressoren immunisieren kann, eine weitere interessante empirische Beobachtung der neueren Resilienzforschung, die als Stressimmunisierung, Stressimpfung oder „Stahlbadeffekt" in die Literatur eingegangen ist. Zu den unerwartetsten Erkenntnissen aus Längsschnittanalysen in stressbelasteten Bevölkerungsgruppen gehört jedoch, dass manche Menschen sogar weniger depressiv, ängstlich oder gestresst werden, wenn sie Widrigkeiten erleben; das heißt, sie passen sich in einem solchen Maße an, dass sich ihre psychische Gesundheit sogar verbessert.[15]

Über die psychologische Analyseebene hinaus geht aus epigenetischen und Genexpressionsstudien hervor, dass längerfristigere Veränderungen bei Menschen, die eine resistente psychische Gesundheit aufweisen, auch die molekulare Ebene betreffen können.[16] So wurde in einer Studie, in der amerikanischen Soldaten vor und nach einer Traumatisierung im Kriegseinsatz Blut zur Analyse der Boten-mRNA abgenommen wurde, bei jenen Soldaten, die trotz ihres Einsatzes keine posttraumatische Belastungsstörung (PTBS) entwickelten, eine erhöhte Expression von Genen festgestellt, die vermutlich an der Wundheilung und Blutstillung beteiligt sind.[17] Die unterschiedliche Genexpression im Vergleich zu der Gruppe, die eine PTBS entwickelte, konnte nicht durch Gruppenunterschiede in Bezug auf die Schwere oder Art des Traumas im Kriegsgebiet erklärt werden.

---

13 Vgl. *Luthar/Cicchetti/Becker*: The construct of resilience.
14 Vgl. *Mark D. Seery/E. Alison Holman/Roxane Cohen Silver*: Whatever does not kill us: Cumulative lifetime adversity, vulnerability, and resilience, in: Journal of Personality and Social Psychology, 99/6 (2010), 1025–1041; *Mark D. Seery/Raphael J. Leo/Shannon P. Lupien* et al.: An upside to adversity? Moderate cumulative lifetime adversity is associated with resilient responses in the face of controlled stressors, in: Psychological Science 24/7 (2013), 1181–1189.
15 *Anthony D. Mancini/George A. Bonanno*: Predictors and parameters of resilience to loss: Toward an individual differences model, in: Journal of Personality, 77/6 (2009), 1805–1832.
16 Vgl. *Marco P. Boks/Hans C. van Mierlo/Bart P. F. Rutten* et al.: Longitudinal changes of telomere length and epigenetic age related to traumatic stress and post-traumatic stress disorder, in: Psychoneuroendocrinology 51 (2015), 506–512; *Michael S. Breen/Adam X. Maihofer/Stephen J. Glatt* et al.: Gene networks specific for innate immunity define post-traumatic stress disorder, in: Molecular Psychiatry 20 (2015), 1538–1545.
17 Vgl. *Breen/Maihofer/Glatt* et al.: Gene networks.

Keine dieser Beobachtungsstudien stellt eine Kausalität zwischen der gemessenen Veränderung und der Aufrechterhaltung der psychischen Gesundheit her. Inzwischen gibt es jedoch zahlreiche Untersuchungen mit Stressmodellen in Nagetieren, in denen Veränderungen in Funktionen des Nervensystems nicht nur beobachtet, sondern durch spezifische Manipulationen verstärkt oder gehemmt wurden. Der Kausalitätsnachweis gelang hierbei durch die mit der Manipulation einhergehende bessere oder schlechtere Aufrechterhaltung von normalem, adaptivem Verhalten nach Perioden kurzfristiger oder langanhaltender Stressbelastung.[18] Ein gutes Beispiel liefert der Prozess der Anpassung der Expression bestimmter Ionenkanäle in Dopamin-Neuronen des Mittelhirns, die nur bei Tieren auftritt, deren Dopamin-Neuronen auf eine wiederholte soziale Niederlage zunächst mit einem deutlichen Anstieg ihrer Erregbarkeit reagieren, um sich dann wieder auf einem Erregungsniveau zu normalisieren, das mit demjenigen von nicht gestressten Kontrolltieren vergleichbar ist. Diese molekulare Anpassung geschieht gerade deshalb, weil die anfängliche Erhöhung der neuronalen Erregbarkeit zu Veränderungen in der Expression von Ionenkanälen führt, die dann ihrerseits eine Verringerung der neuronalen Erregbarkeit bewirken. Nach der Stressbelastung zeigen diese Tiere ein normales hedonisches und soziales Verhalten. Bei Tieren, die auf eine Niederlage mit einem deutlich geringer ausgeprägten Erregbarkeitsanstieg reagieren, tritt der molekular vermittelte Prozess der Erregbarkeitsanpassung nie ein, und sie entwickeln darüber hinaus Anhedonie und soziale Interaktionsdefizite.[19] In diesem gut untersuchten Fall können geeignete kausale Manipulationen der Ionenkanalexpression bei Tieren mit schlechter Erregbarkeitsanpassung das normale Verhalten wiederherstellen.[20]

Ergebnisperspektive. Eine Gemeinsamkeit zwischen diesen Tierstudien und den zuvor zitierten molekularen Studien am Menschen ist das Vorliegen eines eindeutigen „Endergebnisses". In der Studie von Breen et al. (2015) waren alle untersuchten Soldaten vor dem Einsatz frei von PTBS, erlebten dann eine vergleichbare Traumabelastung im Kriegsgebiet und entwickelten anschließend entweder eine PTBS oder nicht. Dies ermöglichte einen einfachen Vergleich

---

18 Vgl. *Flurin Cathomas/James W. Murrough/Eric J. Nestler* et al.: Neurobiology of resilience: Interface between mind and body, in: Biological Psychiatry 86/6 (2019), 410–420; *Allyson K. Friedman/Jessica J. Walsh/Barbara Juarez* et al.: Enhancing depression mechanisms in midbrain dopamine neurons achieves homeostatic resilience, in: Science 344/6181 (2014), 313–319; *Vaishnav Krishnan/Ming-Hu Han/Danielle L. Graham* et al.: Molecular adaptations underlying susceptibility and resistance to social defeat in brain reward regions, in: Cell 131/2 (2007), 391–404; *Steven F. Maier*: Behavioral control blunts reactions to contemporaneous and future adverse events: Medial prefrontal cortex plasticity and acorticostriatal network, in: Neurobiology of Stress1 (2015), 12–22; *Scott J. Russo/James W. Murrough/Ming-Hu Han* et al.: Neurobiology of resilience, in: Nature Neuroscience 15/11 (2012), 1475–1484.
19 Vgl. *Friedman/Walsh/Juarez* et al.: Enhancing depression mechanisms.
20 Vgl. Vgl. *Kalisch/Baker/Basten* et al.: The resilience framework.

zwischen denjenigen Studienteilnehmern, die gesund blieben (resilient, keine PTBS), und denjenigen, die krank wurden (nicht resilient, PTBS). In den Tierstudien konnten diejenigen Tiere, die z. B. einer gut kontrollierten, standardisierten Form von sozialer Stressung ausgesetzt waren, in ihrem anhedonischen und sozialen Verhalten nach der Niederlage mit nicht gestressten Kontrolltieren verglichen werden, so dass Tiere, die sich wie die Kontrolltiere verhielten, als resilient eingestuft werden konnten und diejenigen, die langfristige maladaptive Verhaltensänderungen aufwiesen, als anfällig oder nicht resilient.[21] Wie bei der Soldatenstudie war die Stressbelastung zwischen den resilienten und den nicht-resilienten Gruppen vergleichbar (kontrolliert). Wir können daher Unterschiede in der Stressbelastung als eine simple Erklärung für die beobachteten Verhaltensunterschiede ausschließen. Die Resilienzklassifizierung konnte in beiden Fällen eindeutig vorgenommen werden.

3. Messung der Resilienz: Ausgangspunkte

Querschnittsdesigns. Erstaunlicherweise gibt es nur wenige Studien zur menschlichen Resilienz, die eine längsschnittliche und quantitative Beobachtung der Stressorbelastungen und der mit ihnen möglicherweise einhergehenden Veränderungen der psychischen Gesundheit verwenden, um auf dieser Grundlage Individuen bezüglich ihrer Resilienz zu klassifizieren. In Anlehnung an die Studien von Friedman et al. (2014) und von Breen et al. (2015) wären solche Studien dazu geeignet, durch Messung stabiler oder nicht stabiler Merkmale bei Studieneinschluss Prädiktoren des „Endergebnisses" der Resilienz (also Resilienzfaktoren) zu identifizieren, als auch durch wiederholte Messungen solcher Merkmale im Laufe des Beobachtungszeitraums herauszuarbeiten, welche Veränderungsprozesse mit resilienten Outcomes im Sinne von Resilienzprozessen verknüpft sind.[22] Die überwiegende Mehrheit der Studien zur menschlichen Resilienz verwendet weiterhin Querschnittsdesigns, bei denen einer der vielen existierenden Resilienzfragebögen[23] mit anderen interessierenden Variablen korreliert wird, z. B. mit einem Persönlichkeitsmerkmal, einer Fähigkeit, einer Gewohnheit, einer Überzeugung, einem extra-individuellen Faktor usw. Solche Querschnittsstudien mit Resilienzfragebögen werden inzwischen auch immer häufiger mit biologischen Variablen

---

21 Vgl. *Friedman/Walsh/Juarez* et al.: Enhancing depression mechanisms.
22 Für einen Überblick über prospektive Längsschnittstudien mit Merkmalsmessungen zu Studieneinschluss, siehe *Kalisch/Baker/Basten* et al.: The resilience framework. Für eine vertiefte Diskussion, siehe *Kalisch/Kampa*: Stressor Appraisal as an Explanation.
23 Vgl. *Gill Windle/Kate M. Bennett/Jane Noyes*: A methodological review of resilience measurement scales, in: Health and Quality of Life Outcomes 9 (2011), 8.

durchgeführt, wie z. B. Genvarianten oder Messungen der Gehirnfunktion bzw. -struktur.[24]

In diesen Ansätzen verbirgt sich eine verblüffende Zirkularität. Die Entwicklung eines Resilienzfragebogens basiert in der Regel auf Erkenntnissen aus qualitativen und mitunter auch quantitativen Arbeiten, die die Autorinnen und Autoren dazu veranlassen, ihr eigenes Resilienzmodell zu formulieren, das auf den Faktoren basiert, die ihrer Meinung nach Resilienz im Sinne eines mehr oder weniger homogenen Merkmals ausmachen. Dementsprechend kann ein Resilienzfragebogen Items enthalten, die die Fähigkeit zur Emotionsregulierung, optimistische Einstellungen oder Selbstwirksamkeitsüberzeugungen erfassen, wenn diese Konstrukte im Resilienzmodell der Verfasserinnen vorkommen. Wenn eine Studie, die diesen Fragebogen verwendet, eine Korrelation des Fragebogens mit einer anderen Messung von Emotionsregulation, Optimismus oder Selbstwirksamkeit ergibt, wird dies als Beleg für das getestete Resilienzmodell gewertet! Nicht wesentlich besser ist die Lage, wenn ein Resilienzfragebogen eine Korrelation mit, sagen wir, der funktionellen Konnektivität in einem Netzwerk von Hirnregionen zeigt, die bekanntermaßen die Emotionsregulierung unterstützen, und dies als Hinweis auf die neurobiologischen Grundlagen der Resilienz in den Emotionsregulationsnetzwerken des Gehirns interpretiert wird.

Es gibt zwei weitere gravierende Probleme mit dem querschnittlichen Fragebogenansatz. Erstens hat sich bisher keiner der vorhandenen Fragebögen als zuverlässiger und starker Prädiktor für eine gute psychische Gesundheit trotz widriger Umstände erwiesen. Das heißt, selbst wenn eine Studie eine neue Variable identifizieren würde, deren Korrelation mit dem Fragebogen nicht nur das Ergebnis eines Zirkelschlusses ist (z. B. ein Genpolymorphismus), wäre immer noch völlig unklar, ob dieser neu identifizierte Resilienzfaktor eine Rolle

---

24   Vgl. *Carla J. Berg/Regine Haardörfer/Colleen M. McBride* et al.: Resilience and biomarkers of health risk in black smokers and nonsmokers, in: Health Psychology 36/11 (2017), 1047–1058; *Bekh Bradley/Telsie A. Davis/Aliza P. Wingo* et al.: Family environment and adult resilience: Contributions of positive parenting and the oxytocin receptor gene, in: European Journal of Psychotraumatology 4 (2013); *Feng Kong/Xiaosi Ma/Xuqun You* et al.: The resilient brain: Psychological resilience mediates the effect of amplitude of low-frequency fluctuations in orbito frontal cortex on subjective well-being in young healthy adults, in: Social Cognitive and Affective Neuroscience 13/7 (2018), 755–763; *Feng Kong/Xu Wang/Siyuan Hu* et al.: Neural correlates of psychological resilience and their relation to life satisfaction in a sample of healthy young adults, in: Neuro Image 123 (2015) 165–172; *Robin Shao/Way K. W. Lau/Mei-Kei Leung* et al.: Subgenual anterior cingulate-insula resting-state connectivity as a neural correlate to trait and state stress resilience, in: Brain and Cognition 124 (2018), 73–81; *Liang Shi/Jiangzhou Sun/Dongtao Wei* et al.: Recover from the adversity: Functional connectivity basis of psychological resilience, in: Neuropsychologia 122 (2019), 20–27; *Trine Waaktaar/Svenn Torgersen*: Genetic and environmental causes of variation in trait resilience in young people, in: Behavior Genetics 42/3 (2012), 366–377; *Christian E. Waugh/Tor D. Wager/Barbara L. Fredrickson* et al.: The neural correlates of trait resilience when anticipating and recovering from threat, in: Social Cognitive and Affective Neuroscience 3/4 (2008), 322–332.

dabei spielt, wie Menschen Widrigkeiten überwinden. Das querschnittliche Design kann keine Antwort auf diese Frage geben. Das zweite Problem ist ein tiefergehendes und letztlich die Ursache des ersten. Wie Mancini und Bonanno festgestellt haben,[25] basiert die Anwendung von Resilienzfragebögen im Querschnitt auf der Annahme, dass Resilienz in Abwesenheit von Stressoren und der Reaktion einer Person auf den Stressor gemessen werden kann. Wenn jedoch der Erhalt der psychischen Gesundheit trotz widriger Umstände mit Veränderungsprozessen verbunden ist, wenn diese Prozesse vermutlich von Individuum zu Individuum unterschiedlich sind, wenn sie höchstwahrscheinlich auf biologischer, psychologischer, sozialer und kultureller Ebene stattfinden (angesichts des komplexen Bildes der zuvor beschriebenen Resilienzfaktoren eine plausible Vermutung) und wenn schließlich die Stressbelastung selbst individuell sehr unterschiedlich erlebt werden kann, dann ist es schlichtweg sehr unwahrscheinlich, dass es jemals möglich sein wird, langfristige psychische Gesundheitsoutcomes nach widrigen Ereignissen oder Lebensphasen mit hoher Genauigkeit vorherzusagen. Komplexe dynamische Systeme sind bekanntermaßen schwer vorherzusagen (z. B. das Wetter).[26]

Zusammengenommen legen diese Überlegungen nahe, dass Ergebnisse aus Querschnittskorrelationen mit Resilienzfragebögen nicht als repräsentative Resilienzfaktoren gewertet werden dürfen. Und dies wiederum bedeutet, dass die individuelle Resilienzforschung ein ernstes Problem hat.

Längsschnittdesigns. Wir möchten betonen, dass wir hier nicht gegen Versuche zur Vorhersage der psychischen Gesundheit argumentieren, die, wenn erfolgreich, einen enormen Nutzen für die Krankheitsprävention haben können. Wir glauben auch, dass selbst Prädiktionsinstrumente mit einer mäßigen oder guten Genauigkeit von großem Wert wären, wenn man bedenkt, dass die bestehenden Methoden in der Psychiatrie und der klinischen Psychologie sehr schwache nur Vorhersagen ermöglichen. Wir sind zudem zuversichtlich, dass die Vorhersagegenauigkeit aufgrund von Fortschritten in den Bereichen der digitale Phänotypisierung, des maschinellen Lernens und anderen Gebieten der Datenwissenschaft sowie in der Biologie und den Neurowissenschaften bald massiv steigen wird. Vielversprechende Beispiele finden sich in der PTBS-Literatur.[27] Abgesehen von ihrem praktischen Wert für die Medizin könnten die zu erwartenden differenzierteren Prognoseinstrumente irgendwann auch für die Resilienzforschung nützlich sein, da sie weitaus bessere Surrogatmarker für psychische Gesundheit unter widrigen Umständen liefern als Resilienzfragebögen.

---

25 Vgl. *Mancini/Bonanno*: Predictors and parameters of resilience to loss.
26 Das Wetter ist wahrscheinlich ein weniger komplexes System als ein menschliches Gehirn/der menschliche Geist in einem menschlichen Körper in einer menschlichen Gesellschaft in einer natürlichen Umgebung.
27 Vgl. *Katharina Schultebraucks/Isaac R. Galatzer-Levy*: Machine learning for prediction of posttraumatic stress and resilience following trauma: An overview of basic concepts and recent advances, in: Journal of Traumatic Stress 32/2 (2019), 215–225.

Nichtsdestotrotz kann die Korrelation einer interessierenden Variable mit einem beliebigen Prognoseinstrument oder Surrogatmarker grundsätzlich nur eine Ausgangshypothese dafür sein, dass diese Variable mit Resilienz zusammenhängt. Um dies zu belegen, ist es unumgänglich, den Einfluss der Variable in einer längsschnittlichen Beobachtungsstudie oder, wenn möglich, in einer Interventionsstudie zu testen.

Solche unbedingt erforderlichen Längsschnittuntersuchungen müssen notwendigerweise eine schwierige Phase im Leben der Probandinnen oder Probanden und eine Beobachtung der Auswirkungen dieser auf ihre psychische Gesundheit beinhalten. Wer wissen will, was Menschen hilft, trotz Widrigkeiten gesund zu bleiben, muss sie unter Widrigkeiten studieren.[28] Derartige Längsschnittuntersuchungen müssen zudem eine möglichst gute Charakterisierung und im Idealfall eine Quantifizierung der erlebten Widrigkeiten oder Stressoren umfassen. Wenn einer Person ein Zahn gezogen wird und sie danach massive Symptome einer PTBS entwickelt, ist sie sicherlich weniger resilient als eine Person, die vergleichbare Krankheitszeichen nach einem schweren Autounfall zeigt, der ihr eine dauerhafte und schwere körperliche Behinderung verursacht. Bei beiden tritt zwar dieselbe Veränderung der psychischen Gesundheit auf, aber nur bei Berücksichtigung des Ausmaßes der Stressbelastung ist diese Beobachtung aufschlussreich über die Resilienz der Person. Ein weiteres Beispiel dafür, wie wichtig es ist, die Veränderungen der psychischen Gesundheit an der Belastung durch Stressoren zu normieren, wäre das hypothetische Szenario einer doppelt so starken Verschlechterung der psychischen Gesundheit bei Person A als bei Person B, wobei Person A doppelt so viele Stressoren erlebt hat wie Person B. In diesem Fall ist die Erklärung für die individuellen Unterschiede in der psychischen Gesundheit trivial und besteht in der unterschiedlichen Stressorbelastung der einzelnen Personen, spiegelt aber nicht notwendigerweise Unterschiede in der Resilienz wider.[29]

4. Begriffsdefinition und Messung der Resilienz: Schlussfolgerungen

Auf Grundlage dieser Erwägungen erscheint es ratsam, gänzlich auf eine Definition von Resilienz zu verzichten, die auf einer oder mehreren spezifischen

---

28 Vgl. *Kalisch/Baker/Basten* et al.: The resilience framework; *Mancini/Bonanno*: Predictors and parameters of resilience to loss.
29 Vgl. *Kalisch/Baker/Basten* et al.: The resilience framework; *Kalisch/Kampa*: Stressor Appraisal as an Explanation; *Raffael Kalisch/Marianne B. Müller/Oliver A. Tüscher*: A conceptual framework for the neurobiological study of resilience, in: Behavioral and Brain Sciences 38 (2015).

stabilen Charaktereigenschaften basiert (die gewiss keine resilienten Outcomes vorhersagen), oder auf einem oder mehreren nicht charakterartigen Resilienzfaktoren (deren Vorhersagekraft vermutlich kaum besser ist), und auch nicht auf mutmaßlichen Veränderungsprozessen (die höchstwahrscheinlich eine wichtige Rolle spielen, die wir aber erst allmählich zu verstehen beginnen). Wir schlagen stattdessen eine ergebnisorientierte Definition vor, die lediglich die Veränderungen der psychischen Gesundheit im Laufe einer schwierigen Zeit berücksichtigt und sie mit dem Ausmaß der erlebten Schwierigkeiten in Beziehung setzt. In einer so hergeleiteten Definition wird Resilienz am besten als die Aufrechterhaltung oder schnelle Wiederherstellung der psychischen Gesundheit während und nach Widrigkeiten oder, mit anderen Worten, als langfristige Stabilität der psychischen Gesundheit trotz Widrigkeiten definiert.[30] Die Ergänzung einer „schnellen Wiederherstellung" begründet sich aus der häufigen Beobachtung, dass vorübergehende emotionale Rückschläge eine Erholung und langfristige Stabilisierung nicht ausschließen. Wir weisen darauf hin, dass diese Definition auch auf andere Outcomes als die psychische Gesundheit angewendet werden kann, z. B. auf das persönliche Funktionieren, die akademische Leistung oder den Entwicklungsstand, wie sie insbesondere in der entwicklungspsychologischen Literatur häufig verwendet werden. Der Einfachheit halber beschränken wir uns hier auf die psychische Gesundheit.

Die vorgeschlagene Definition ist stark pragmatischer Natur und zielt auf die Möglichkeit einer konkreten Operationalisierung in Längsschnittuntersuchungen.[31] Der bewusst technische Charakter der Definition bedeutet auch, dass sie atheoretisch ist, zumindest insofern als ihr keine Annahme über einen bestimmten Faktor oder Mechanismus als Ursache der Resilienz zugrunde liegt. Jede Definition von Resilienz auf der Grundlage eines bestimmten Faktors oder Mechanismus wäre angesichts unseres derzeitigen Wissensstandes nicht nur verfrüht (siehe die vorherige Diskussion), sondern würde auch die Forschungsgemeinschaft unnötig spalten und Forscherinnen ausschließen, die andere mechanistische Modellen vertreten. Die unvermeidliche (und leider bereits beobachtbare) Folge wäre das Entstehen vieler verschiedener Resilienzdefinitionen, jede fußend auf ihrem eigenen zugrundeliegenden Modell. Die Modelle könnten niemals gegeneinander getestet werden, da kein objektiv messbares, gemeinsames Outcome verfügbar wäre, das als Testkriterium für die Erklärungsmacht eines Modells herangezogen werden könnte. Stattdessen würde eine Resilienzdefinition, die z. B. auf Modell 1, aber nicht auf Modell 2 basiert, zwangsläufig immer Modell 1 bestätigen und Modell 2 widerlegen. Eine

---

30 Vgl. *Kalisch/Baker/Basten* et al.: The resilience framework.
31 Für eine ausführlichere Diskussion der praktischen Auswirkungen und der Anforderungen, die die Definition an Längsschnittuntersuchungen stellt, sowie für weitere Details zur Quantifizierung von Resilienz in Längsschnittstudien, siehe *Kalisch/Kampa*: Stressor Appraisal as an Explanation.

solche Definition würde nicht nur zu Zirkelschlüssen führen, sondern auch neue Entdeckungen ausschließen.

Die Zukunft der Resilienzforschung besteht also unseres Erachtens in Längsschnittstudien, in denen die psychische Gesundheit und die Belastung durch Stressoren wiederholt und mit hoher zeitlicher Auflösung beobachtet werden, um so den Einfluss der Stressoren auf die psychische Gesundheit zu quantifizieren. Die gleiche Methodik ist erforderlich, um potenzielle Resilienzfaktoren zu ermitteln, die ebenfalls wiederholt und mit hoher Stichprobenfrequenz gemessen werden müssen, um so zu beschreiben und zu quantifizieren, wie sie negative Einflüsse von Stressoren auf die psychische Gesundheit zeitlich variabel beeinflussen (mindern). Mathematisch-statistische Ansätze, die sich die Theorie der dynamischen Systeme zunutze machen, eignen sich besonders gut, um die Daten aus diesen Studien zu analysieren und schließlich die wichtigsten Anpassungsprozesse an Widrigkeiten zu identifizieren.[32]

Der Schwerpunkt dieses Ansatzes liegt darauf, positive Anpassungsprozesse zu erkennen und zu verstehen. Es ist durchaus möglich oder beim derzeitigen Wissensstand sogar wahrscheinlich, dass sich diese Prozesse von Person zu Person unterscheiden und auch von der Art der Widrigkeiten sowie der untersuchten psychischen Gesundheitsauswirkungen abhängen. Ein Jugendlicher, der in seiner Kindheit misshandelt wurde (ein extra-individueller Faktor), kann vermutlich mit Hilfe anderer Bewältigungsprozesse ein depressionsfreies Leben führen als sie eine kriegstraumatisierte Soldatin vor PTBS schützen. Dennoch besteht Hoffnung, dass wir im Laufe der Zeit bestimmte Muster oder eine Systematik von Resilienzprozessen werden entdecken können. Das heißt, wir hoffen, dass sich zumindest innerhalb der Kategorien von Individuum, Widrigkeiten und Outcomes bestimmte allgemeine oder typische Pfade für eine erfolgreiche Anpassung herauskristallisieren werden.

Wir betonen erneut, dass der in diesem Kapitel beschriebene Wechsel von der Merkmals- zur Ergebnisperspektive eine vollständige Abkehr von der Vorstellung bedeutet, dass Resilienz ein einheitliches Konstrukt oder eine gemeinsame Ursache für psychische Gesundheit unter Belastung ist. Resilienz lässt sich besser als eine Reihe von schützenden Prozessen konzeptualisieren, die dazu führen, dass die psychische Gesundheit als Reaktion auf viele verschiedene externe Stressoren, die auf vielen verschiedenen Systemebenen auftreten können, erhalten bleibt.[33]

---

32 Vgl. *Raffael Kalisch/Angelique O. J. Cramer/Harald Binder* et al.: Deconstructing and reconstructing resilience: A dynamic network approach, in: Perspectives on Psychological Science 14/5 (2019), 765–777; *Kalisch/Kampa*: Stressor Appraisal as an Explanation
33 Vgl. *Kalisch/Cramer/Binder* et al.: Deconstructing and reconstructing resilience.

5. Individueller oder multisytemischer Ansatz?

Selbst ein vollkommen glücklicher und entspannter Mensch ist ein derart komplexes System, dass es sich dem Verständnis entzieht. Eine noch schwierigere Aufgabe scheint es zu sein, zu verstehen, wie ein Mensch erfolgreich auf Widrigkeiten reagiert. Wenn man die vielfältigen methodischen Anforderungen an die moderne Resilienzforschung bedenkt, die wir zuvor erörtert haben, liegt der Gedanke nahe, dass es vor dem Versuch, die individuelle Resilienzforschung in einen breiteren Kontext anderer Systeme zu integrieren, welche wiederum die menschliche Resilienz beeinflussen und von ihr beeinflusst werden, zunächst einmal darum gehen sollte, wenigstens die wichtigsten Gesetze der individuellen Resilienz zu verstehen. Nacheinander System für System zu betrachten, wäre eine nüchterne und pragmatische Position des Reduktionismus. Wir argumentieren, dass ein solch schrittweises Vorgehen notwendig ist, um das Forschungsfeld der individuellen Resilienz voranzubringen.

Obwohl der Reduktionismus intuitiv ansprechend für Forscher sein mag, die nicht an der Komplexität der menschlichen Resilienz verzweifeln wollen, ist er kein naturgegebenes Leitparadigma in einem Forschungsbereich, der untersucht, wie sich ein System (der menschliche Geist) gegen eine extra-systemische Herausforderung (eine Naturkatastrophe, eine Gewalttat, eine körperliche Krankheit usw.) verteidigt. Der Reduktionismus mag sogar als aussichtslose, wenigstens naive, Position erscheinen, wenn man die vielfältigen sozialen und kulturellen Einflüsse bedenkt, die individuelle Resilienz begünstigen oder hemmen können. Dennoch werden wir im weiteren Verlauf dieses Kapitels eine reduktionistische Position vertreten. Wir werden argumentieren, dass die Forschung zur individuellen oder psychologischen Resilienz zumindest zum jetzigen Zeitpunkt gut beraten ist, sich auf die intra-individuellen Mechanismen der Resilienz (die sich im Gehirn/Geist abspielen) zu konzentrieren und extra-individuelle Faktoren (die sich außerhalb von Gehirn/Geist ereignen, einschließlich derer, die im Körper auftreten) nur dann einzubeziehen, wenn dies absolut notwendig ist. Eine Öffnung für das breite Spektrum an extra-individuellen Faktoren, die die psychische Gesundheit des Menschen unter ungünstigen Bedingungen beeinflussen können, trüge nicht zur Klärung der wichtigsten Determinanten menschlicher Resilienz bei, sondern führte nur zu weiterer Verwirrung in einem Bereich, der bereits jetzt unter der Vielzahl konkurrierender Definitionen, Messgrößen und Analyseebenen leidet.

Um nicht bei einer rein emotionalen Ablehnung von Komplexität zu verharren, werden wir im weiteren Verlauf einen theoretischen Rahmen vorschlagen, der eine Integration der Auswirkungen von extra-individuellen Faktoren auf resiliente Outcomes über intra-individuelle (mentale, kognitive, neuronale) Mediatoren ermöglicht. Extra-individuelle Faktoren sind zwar auch in diesem reduktionistischen Modell wichtig, wirken sich aber nur in dem Maße auf die Resilienz aus, wie ihre Auswirkungen über intra-individuelle Wirkungspfade übertragen werden. Da intra-individuelle Faktoren einen unmittelbareren kausalen Einfluss auf die Resilienz haben als extra-individuelle, ist es gerechtfertigt, extra-individuelle Einflüsse gänzlich zu ignorieren, wenn das Ziel einer bestimmten Studie darin besteht, zu einem wahrhaft mechanistischen Verständnis von Resilienz beizutragen. Mit anderen Worten: Ein reduktionistischer Rahmen zielt auf eine möglichst sparsame Erklärung der Resilienz ab. Darüber hinaus hat der von uns vorgeschlagene Ansatz das Potenzial, Ziele für effiziente und effektive Interventionen zu identifizieren, da die Veränderung proximaler Faktoren wahrscheinlich einen stärkeren Einfluss auf die psychische Gesundheit hat als die Veränderung distaler Faktoren.

Bedeutung der Stressorbeschreibung und -quantifizierung. Bevor wir unseren reduktionistischen Vorschlag näher erläutern, werden wir zunächst darlegen, dass die Einbeziehung von extra-individuellen Faktoren nicht nur nicht notwendig ist, um Resilienz zu verstehen, sondern in einem bestimmten Fall sogar die Idee der Resilienz selbst untergräbt. Unser Argument beginnt mit einer Analyse der Rolle von Stressoren in der Resilienz. Da es sich bei den meisten Stressoren um extra-systemische Einflüsse handelt, stellen Stressoren augenscheinlich einen Fall dar, in dem die Verteidigungslinie des Reduktionismus eine schwache Stelle aufweist. Wie kann man extra-systemische Einflüsse auf die Resilienz ignorieren, wenn es bei der Resilienz darum geht, sich an solche Einflüsse anzupassen?

In unserem historischen Überblick über die Entwicklung des Resilienzkonzepts von einem Merkmalskonstrukt zu einem Ergebniskonstrukt haben wir betont, wie wichtig es für die Messung von Resilienz als Ergebnis oder Outcome ist, die Stressorbelastung zu beschreiben und zu quantifizieren. Resilienz kann nicht in Abwesenheit von Stressoren gemessen werden, und Veränderungen der psychischen Gesundheit müssen in irgendeiner Weise auf die Stressorbelastung normalisiert werden, damit keine oder nur mäßige Verschlechterungen der psychischen Gesundheit bei einer stressbelasteten Person als ‚psychische Gesundheit trotz Widrigkeiten' (d. h. als Resilienz) gelten können.

Nehmen wir zur Veranschaulichung eine finanziell beeinträchtigte alleinerziehende Mutter, die Unterstützung durch ein staatliches Programm erhält, das sich an unterprivilegierte Mitglieder der Gesellschaft richtet. Unter dem Einfluss jahrelanger finanzieller Einschränkungen (Variable: Stressor) zeigt die Frau erste Anzeichen von Depressionen (Variable: psychische Gesundheit), ein Abwärtstrend, der gestoppt wird, als sie mit ihrem Kind in eine bessere Wohnung ziehen kann und ihr die Mittel zur Verfügung gestellt werden, um einige der sozialen Aktivitäten ihres Kindes zu finanzieren. Die Regierung mag auf der Grundlage dieser oder ähnlicher Ergebnisse versucht sein zu behaupten, dass sie ein resilienzförderndes Programm für Alleinerziehende eingerichtet hat und dass das von ihr bereitgestellte Geld ein Resilienzfaktor ist.

Aus einer Resilienzperspektive betrachtet, hat die Regierung es der Mutter jedoch lediglich ermöglicht, ihre Stressbelastung zu reduzieren. Wenn die Mutter (mitsamt Kind) durch den Wechsel des Wohnviertels zum Beispiel weniger Kriminalität erlebt, und wenn sie sich jetzt öfter einen Kinobesuch oder einen Schulausflug für ihr Kind leisten kann, wird sich auch ihre Erziehungssituation einfacher gestalten, und vielleicht erleben Mutter und Kind untereinander weniger anstrengende Konflikte. In der Gesamtbetrachtung könnte die Verbesserung der psychischen Gesundheit der Mutter schlicht mit der Verringerung ihrer Stressbelastung zusammenhängen. Es gäbe keinen Grund, sie als widerstandsfähiger einzustufen. Richtig wäre es jedoch zu sagen (vorausgesetzt natürlich, dass sich ein systematischer Effekt nachweisen lässt), dass das staatliche Programm ein Programm zur Förderung der psychischen Gesundheit ist.

Das gewählte Szenario ist kein akademisches Gedankenspiel. So haben mehrere Studien nachgewiesen, dass finanzielles Vermögen die Aufrechterhaltung der psychischen Gesundheit trotz des Eintritts einer körperlichen Behinderung begünstigt.[34] In Übereinstimmung mit psychosozialen Ressourcenmodellen für psychische Gesundheit und Resilienz[35] können diese Daten so interpretiert werden, dass Vermögen und damit verbundene sozio-ökonomische Variablen Resilienzfaktoren sind. Reichtum ist jedoch u. a. ein Mittel, Stressoren abzufedern und zu lindern. Ein wohlhabender Behinderter kann sich eine bessere medizinische Behandlung leisten; er kann seinen Haushalt besser ausstatten oder eine Haushaltshilfe bezahlen, um seinen Funktionsverlust zu kompensieren; und er kann immer noch am gesellschaftlichen Leben teilnehmen, weil er die Mittel hat, um Transportkosten zu tragen. Insgesamt ist er qua Wohlstand weniger Stressoren ausgesetzt. Wenn Resilienz jedoch bedeutet, trotz Widrigkeiten gut zurechtzukommen, dann kann das Ausschalten von Stressoren keinesfalls als Resilienzmaßnahme gelten. Wenn überhaupt, dann reduziert eine geringere Belastung durch Stressoren die Notwendigkeit für die Einzelne, zu widerstehen und sich anzupassen. Im Extremfall kann die völlige Abwesenheit von Stressoren sogar mit einer schlechteren psychischen Gesundheit und anderen wünschenswerten Outcomes (z. B. psychosoziale Funktionen, Lebenszufriedenheit oder Stressreaktivität unter Laborbedingungen) verbunden sein als eine moderate Belastung, wie der bereits erwähnte Stressimmunisierungseffekt zeigt.

Eine ähnliche Logik lässt sich auch auf andere vermeintliche Resilienzfaktoren anwenden, die im Vergleich zu finanziellen Ressourcen eindeutiger als extra-individuell eingestuft werden können. Soziale Unterstützung kann zum

---

34 Vgl. *Jed N. McGiffin/Isaac R. Galatzer-Levy/George A. Bonanno*: Socio economic resources predict trajectories of depression and resilience following disability, in: Rehabilitation Psychology 64/1 (2019), 98–103.

35 Vgl. *Stevan E. Hobfoll*: Social and psychological resources and adaptation, in: Review of General Psychology 6/4 (2002), 307–324.

Beispiel darin bestehen, dass eine Nachbarin für eine kranke Person einkauft, dass eine Gruppe von Kollegen einen Arbeitnehmer gegen falsche Anschuldigungen einer Vorgesetzten verteidigt oder dass ein Familienmitglied in einer finanziellen Krise ein zinsloses Darlehen gewährt. All diese Maßnahmen reduzieren effektiv die Stressbelastung. Auf einem Messinstrument für Stressoren die unterstützte Person geringere Werte aufweisen. Maßnahmen oder Umstände, die die Wohn- oder Umweltbedingungen verbessern, die Kriminalität verringern oder die Wirtschaft ankurbeln, können auf der Grundlage der hier vorgeschlagenen Resilienzdefinition nur dann zu Recht als Resilienzfaktoren bezeichnet werden, wenn sie nachweislich das Verhältnis zwischen psychischer Belastung und Stressorbelastung verbessern, d. h. die Auswirkungen der Stressoren auf die psychische Gesundheit abmildern. Mit anderen Worten: Resilienz bedeutet, psychisch gesund zu sein, wenn die Bedingungen schlecht sind.

6. Eine sparsame intra-individuelle Theorie der Resilienz

Analyse des Resilienzfaktors soziale Unterstützung. Das vorangegangene Beispiel sozialer Unterstützung als Schutzfaktor für die psychische Gesundheit soll uns als Einstieg in eine kurze Darstellung einer intra-individuellen, mechanistischen Theorie der Resilienz dienen, von der wir glauben, dass sie sowohl die Forschung zur individuellen Resilienz leiten als auch die Auswirkungen extra-individueller Faktoren auf die individuellen Resilienz erklären kann (vorausgesetzt, diese Auswirkungen sind vorhanden und spiegeln nicht nur die Abfederung von Stressoren wider).

Soziale Unterstützung fördert die psychische Gesundheit höchstwahrscheinlich nicht nur durch die Bereitstellung materieller Ressourcen. Sie kann auch Denkprozesse beeinflussen. In der biblischen Geschichte von Hiob wird der entscheidende Wendepunkt zurück zur psychischen Gesundheit erreicht, als die Worte seines Freundes Elihu Hiob helfen, seine Perspektive auf das zu ändern, was ihm widerfahren ist und warum es geschehen ist. Elihu tut nichts, um Hiobs materielle oder körperliche Situation zu verbessern. Er handelt ausschließlich durch leidenschaftliches Argumentieren. Schließlich ändert sich durch Elihus (und später Gottes) Eingreifen die Art und Weise, wie Hiob auf sein Unglück reagiert. Da Hiob nach einer vorübergehenden Störung seine geistige Gesundheit wiedererlangt, obwohl sich seine äußeren Umstände nicht (sofort) verbessern, erfüllt Hiobs Geschichte alle Kriterien für ein Resilienznarrativ. (Außerdem ist sie ein schönes Beispiel für Resilienz, die aus einem Veränderungsprozess resultiert – in diesem Fall aus einer veränderten Denkweise.)

Es gibt einen weiteren möglichen Wirkungspfad, über den soziale Unterstützung die Resilienz fördern kann. Nachdem in verschiedenen Studien keine positive Rolle der sozialen Unterstützung nachgewiesen werden konnte und es Hinweise darauf gibt, dass soziale Unterstützung manchmal sogar keine oder negative Auswirkungen auf die psychische Gesundheit haben kann, haben Resilienzforscherinnen eine vergleichsweise wichtigere positive Rolle der wahrgenommenen sozialen Unterstützung herausgearbeitet. Wahrgenommene soziale Unterstützung entspricht dem Glauben oder der Überzeugung, dass man in ein starkes Unterstützungsnetzwerk eingebettet ist und im Bedarfsfall auf Familie oder Freunde zurückgreifen kann. Eine hohe wahrgenommene soziale Unterstützung ermöglicht es vermutlich, viele schwierige Situationen gelassener zu sehen.[36]

In beiden Szenarien wird die Wirkung eines extra-individuellen Faktors auf die Resilienz durch einen intra-individuellen Faktor vermittelt, nämlich dadurch, wie eine Person eine Bedrohung wahrnimmt und auf sie reagiert. Der extra-individuelle Faktor (Elihus Intervention, das soziale Unterstützungsnetzwerk) ist distal, der intra-individuelle Faktor ist in seiner Kausalität proximal. Anhand der Beispiele lässt sich auch veranschaulichen, warum der Rückgriff auf proximale intra-individuelle Faktoren mehr Erklärungskraft bietet als der Rückgriff auf distale extra-individuelle Faktoren. Hiob hatte bereits eine gewisse soziale Unterstützung, bevor Elihu auf den Plan trat. Zahlreiche Freunde gaben Hiob Ratschläge, aber sie waren entweder zu egoistisch oder zu unklug oder Hiob war schlichtweg nicht offen für ihre Argumente. In jedem Fall, so berichtet die Geschichte, wurden die Dinge für Hiob nur noch schlimmer. Soziale Unterstützung, die den Bedürfnissen der betroffenen Person nicht gerecht wird oder eher eine Last als eine Hilfe ist (z. B. weil man das Gefühl hat, dem Helfer dankbar sein zu müssen, oder weil der Helfer Forderungen stellt, das Opfer kritisiert oder die Situation zur Selbsterhöhung nutzt), wird die Resilienz kaum fördern. Soziale Unterstützung, so der aktuelle Forschungsstand, fördert die Resilienz vielmehr dann (und nur dann), wenn sie dem Schicksalsopfer hilft, die schlechte Situation besser zu bewältigen. Das bedeutet, dass der statistische Zusammenhang zwischen sozialer Unterstützung und Resilienz bestenfalls ein moderater sein kann. Im Gegensatz dazu sollten gute Messwerte für vermittelnde intra-individuelle Faktoren (die wir im weiteren Verlauf des Abschnitts genauer definieren werden) wesentlich mehr Varianz in der Resilienz erklären.

Dies soll nicht heißen, dass das Eingreifen einer anderen Person nicht das entscheidende Ereignis im Anpassungsprozess an Widrigkeiten sein kann. Im

---

36 Für einen kompakten Überblick über die Literatur zur sozialen Unterstützung sowie eine differenzierte Perspektive auf ihre Wirksamkeit, siehe *Angela Nickerson/Mark Creamer/David Forbes* et al.: The longitudinal relationship between post-traumatic stress disorder and perceived social support in survivors of traumatic injury, in: Psychological Medicine, 47/1 (2017), 115–126.

Gegenteil: Qualitative und quantitative Studien belegen, dass vertrauenswürdige Personen in vielen Lebenssituationen eine bedeutende resilienzfördernde Rolle spielen.[37] Dieses Argument lässt sich auf die vermutlich äußerst wichtige Rolle kultureller Einflüsse, wie inspirierende religiöse, philosophische oder künstlerische Werke, stärkende Traditionen und Glaubenssysteme, sowie auf das Vorhandensein von Vorbildern ausweiten. Es wäre kurzsichtig, diese Einflüsse auf die Resilienz zu vernachlässigen. Gleichzeitig wäre es aber auch kurzsichtig zu ignorieren, dass diese Einflüsse auf verschiedene Personen sehr unterschiedlich wirken. Eine heilige Schrift, die die eine Person dazu inspiriert, Folter und Hinrichtung mit einem Lied auf den Lippen zu ertragen, kann für eine andere zur Quelle von Furcht vor ewiger Verdammnis werden. Musik, die eine Teenagerin aufmuntert, mag in ihren Eltern das Gegenteil bewirken. Und das Beispiel einer standhaften Person des öffentlichen Lebens kann den einen motivieren, in ihre Fußstapfen zu treten und den anderen dazu bringen, sich im Vergleich zu ihr schwach und wertlos zu fühlen.

Vermittelnde Faktoren. Was ist also der gemeinsame Nenner? Was ist der wahre Weg zur Resilienz? Diese Frage muss nicht nur in Bezug auf die Resilienzfaktoren außerhalb der Person beantwortet werden, sondern auch in Bezug auf diejenigen innerhalb der Person, die sich zwar auf die Resilienz auswirken können, aber wohl kaum direkt zu ihr beitragen. Es gibt zum Beispiel erste Hinweise darauf, dass eine bestimmte Zusammensetzung des Darmmikrobioms die psychische Gesundheit schützen und vielleicht sogar die Resilienz fördern kann.[38] (Hier mag der Einschub erlaubt sein, dass man Darmbakterien natürlich auch als extra-individuell ansehen könnte.) Andere Studien weisen auf einen wichtigen Beitrag des Immunsystems hin.[39] Jedoch dürfen uns diese Befunde nicht übersehen lassen, dass vermutlich jede periphere Körperfunktion und sogar jedes Gen, das in unserem Gehirn exprimiert wird, die Resilienz nur dann beeinflussen kann, wenn sie sich irgendwie auf die Systeme oder Funktionen in unserem Gehirn/Geist auswirken, die uns mehr oder weniger traurig, ängstlich, verzweifelt oder übervorsichtig machen.

Um eine Einteilung in distale und proximale (vermittelnde) Resilienzfaktoren vorzunehmen und unsere eigene Forschung auf die Faktoren auszurichten, die sich mit hoher Wahrscheinlichkeit stark auf resiliente Outcomes auswirken, hat der Erstautor dieses Kapitels gemeinsam mit Marianne Müller und Oliver Tüscher vorgeschlagen, dass verschiedene Resilienzfaktoren bei der Art und Weise, wie Menschen ihre Stressreaktionen regulieren,

---

37 Vgl. *Werner/Smith*: Vulnerable but invincible.
38 Vgl. *Stefan O. Reber/Philip H. Siebler/Nina C. Donner* et al.: Immunization with a heat-killed preparation of the environmental bacterium Mycobacterium vaccae promotes stress resilience in mice, in: Proceedings of the National Academy of Sciences of the United States of America113/22 (2016), E3130–E3139.
39 Vgl. *Cathomas/Murrough/Nestler* et al.: Neurobiology of resilience.

zusammenspielen.[40] Personen, die entweder im Laufe eines Anpassungsprozesses an eine Widrigkeit lernen – oder die zum Zeitpunkt der Konfrontation mit der Widrigkeit bereits in der Lage sind –, Stressreaktionen mehr oder weniger optimal zu regulieren, werden schwierige Umstände wahrscheinlich mit verhältnismäßig geringeren Beeinträchtigungen der psychischen Gesundheit überstehen.

Optimale Stressregulierung als vermittelnder Faktor. Dieser Grundgedanke leitet sich aus einer funktionalen Analyse der Stressantwort ab. Stress kann verstanden werden als eine Anpassungsreaktion auf eine potenzielle Bedrohung der Bedürfnisse und Ziele des Organismus, die dazu dient, den Organismus vor Schaden zu bewahren und sein physiologisches Gleichgewicht zu erhalten.[41] Stressreaktionen sind zwar grundsätzlich schützend, aber auch kostspielig, da sie Energie, Zeit und kognitive Kapazitäten verbrauchen, die Verfolgung anderer wichtiger Ziele behindern und die sozialen, finanziellen und gesundheitlichen Ressourcen einer Person belasten. Das bedeutet, dass wiederholte oder chronische Stressreaktionen, wenn sie sehr intensiv sind, selbst schädlich werden können, wie das Konzept der „allostatischen Belastung"[42] darlegt. Aus diesem Grund braucht der Organismus Regulationsmechanismen oder „Bremsen", die die Stressreaktion auf ein optimales Niveau einstellen und so ihre primäre Anpassungsfunktion bewahren und gleichzeitig einen effizienten Einsatz von Ressourcen gewährleisten. Stressregulierungsmechanismen verhindern eine Überreaktion in Bezug auf Amplitude oder Dauer der Reaktion; sie schalten Stressreaktionen ab, sobald die Bedrohung verschwunden ist, und sie wirken einer Generalisierung der Reaktion auf nicht bedrohliche Reize oder Situationen entgegen. Stressregulierungsmechanismen wirken sich nicht nur auf die akute Stressreaktion aus, sondern können auch die Art und Weise beeinflussen, wie Menschen auf künftige Belastungen durch denselben oder andere Stressoren reagieren, indem sie z. B. die Bewertung des Stressors nach der Konfrontation und das Gedächtnis für das Erlebte prägen. Solche flexiblen und anpassungsfähigen Reaktionen auf Stressoren[43] begrenzen den Ressourcenverbrauch und erhalten die allgemeine Funktionsfähigkeit, sodass gleichzeitig andere Ziele verfolgt werden können. Letztendlich verhindern optimierte Stressreaktionen die Anhäufung von allostatischen Kosten und

---

40 Vgl. *Kalisch/Müller/Tüscher*: A conceptual framework.
41 Vgl. *Peter Sterling/Joseph Eyer*: Allostasis: A new paradigm to explain arousal pathways, in: Shirley Fisher/James Reason (Hgg.): Handbook of life stress, cognition and health, New York 1988, 629–649; *Herbert Weiner*: Perturbing the organism: The biology of stressful experience, Chicago 1992.
42 *Bruce S. Mc Ewen/Elliot Stellar*: Stress and the individual: Mechanisms leading to disease, in: Archives of Internal Medicine 153/18 (1993), 2093–2101.
43 Vgl. *Greta B. Ragland/Jay Shulkin*: Introduction to allostasis and allostatic load, in: Martha Kent/Mary C. Davis/John W. Reich (Hgg.): The resilience handbook: Approaches to stress and trauma, New York 2014, 44–52.

verringern die Wahrscheinlichkeit, dass sich unter Stressbedingungen dauerhafte Funktionsstörungen entwickeln.[44] Ausgehend von dieser Analyse sind biologische, psychische, soziale und kulturelle Anpassungsprozesse genau dann resilienzfördernd, wenn sie eine optimale Stressreaktionsregulierung fördern. Während einige Menschen in widrigen Lebenssituationen bereits über effiziente Regulationsfähigkeiten verfügen, mögen andere diese Fähigkeiten in der Auseinandersetzung mit Stressoren erwerben oder erweitern.

Stressorbewertung. Diese funktionale Analyse ermöglicht es uns, die Untersuchung schützender Anpassungsprozesse auf diejenigen Anpassungen in den kognitiven und neuronalen Mechanismen zu konzentrieren, die der Regulierung der Stressreaktion zugrunde liegen. Ein nützlicher theoretischer Rahmen, um sich diesen Mechanismen zu nähern, ist die Bewertungs- oder Appraisaltheorie, die davon ausgeht, dass Art, Ausmaß und zeitliche Entwicklung emotionaler Reaktionen, einschließlich akuter und chronischer Stressreaktionen, nicht durch einfache, feste Reiz-Reaktions-Beziehungen bestimmt werden, sondern durch die subjektive und kontextabhängige Bewertung (Evaluation, Analyse, Interpretation) der Relevanz eines Reizes oder einer Situation für die Bedürfnisse und Ziele des Organismus.[45] Insbesondere Stress- oder Bedrohungsreaktionen resultieren aus der Einschätzung einer Situation als potenziell schädlich und als Überforderung verfügbarer Bewältigungsressourcen.[46] Sowohl unbewusste als auch bewusste Prozesse können zu dieser „Bedeutungsanalyse" beitragen. Die unbewusste, nonverbale Bewertung ist vermutlich der Kern der phylogenetisch alten Bedrohungsverarbeitung, die es auch bei Tieren gibt. In unbekannten und ambivalenten Situationen ist die bewusste und explizite Bewertung möglicherweise stärker ausgeprägt und auf den Menschen beschränkt.[47] Unabhängig davon, ob es sich um Menschen oder andere Tiere handelt, haben Bewertungsprozesse eine neurobiologische Grundlage.[48]

---

44 Vgl. *Kalisch/Müller/Tüscher*: A conceptual framework.
45 Vgl. *Magda B. Arnold*: Emotion and personality, New York 1960; *Richard S. Lazarus/Susan Folkman*: Stress, appraisal and coping, New York 1984; *Klaus R. Scherer*: Appraisal considered as a process of multilevel sequential checking, in: Klaus R. Scherer/Angela Schorr/Tom Johnstone (Hgg.): Appraisal processes in emotion: Theory, methods, research, New York 2001, 92–120.
46 Vgl. *Lazarus/Folkman*: Stress, appraisal and coping.
47 Vgl. *Howard Leventhal/Klaus R. Scherer*: The relationship of emotion to cognition: A functional approach to a semantic controversy, in: Cognition and Emotion 1 (1987), 3–28; *Michael D. Robinson*: Running from William James' bear: A review of preattentive mechanisms and their contributions to emotional experience, in: Cognition and Emotion 12 (1998), 667–696.
48 Vgl. *Raffael Kalisch/Anna M. V. Gerlicher*: Making a mountain out of a molehill: On the role of the rostral dorsal anterior cingulated and dorsomedial prefrontal cortex in conscious threat appraisal, catastrophizing, and worrying, in: Neuroscience & Biobehavioral Reviews42 (2014), 1–8; *David Sander/Didier Grandjean/Klaus R. Scherer*: A systems approach to appraisal mechanisms in emotion, in: Neural Networks 18/4 (2005), 317–352.

Positiver Bewertungsstil. Indem wir diese allgemeinen Überlegungen zu Stress und Bewertung kombinieren, stellen wir die These auf, dass Menschen mit einer allgemeinen Tendenz, potenziell bedrohliche Reize oder Situationen nicht negativ (nicht pessimistisch, nicht katastrophisierend) zu bewerten, weniger wahrscheinlich übertriebene, wiederholte, unflexible und anhaltende Stressreaktionen entwickeln und somit besser vor vielen langfristigen schädlichen Auswirkungen von Traumata oder chronischen Stressoren geschützt sind.[49] Ein solcher „positiver Bewertungsstil" (*positive appraisal style, PAS*) reduziert im Durchschnitt die Werte, die eine Person einem Stressor in den wichtigsten Dimensionen der Bedrohungsbewertung zuschreibt, hin auf Werte, die die Bedrohung realistisch widerspiegeln oder sie sogar leicht unterschätzen.

In leicht aversiven Situationen kann eine derartige positive Bewertung recht problemlos durch eine Klasse von neurokognitiven Prozessen oder Mechanismen erreicht werden, die wir als „positive Situationsklassifizierung" bezeichnet haben und die aus dem ermutigenden Vergleich einer aktuellen Situation mit früheren, erfolgreich gemeisterten Situationen bestehen („Das habe ich schon einmal erlebt, und es hat mich nicht umgeworfen." „Damit kann ich umgehen." „Das ist nichts Besonderes."). Die Reproduktion positiver kultureller Stereotype zählt auch in diese Klasse von Prozessen („Ein Sachse gibt nicht auf."). Positive Situationsklassifizierung zeichnet sich dadurch aus, dass vorhandene positive Bewertungsmuster relativ mühelos aktiviert werden und aversive Reaktionen von Anfang an gänzlich oder weitgehend vermieden werden.

In vielen aversiven Situationen werden jedoch automatisch negative Bewertungen und entsprechende Reaktionen ausgelöst. Hierin äußert sich vermutlich eine evolutionär bedingte Präferenz für Schutz und Verteidigung. In solchen Situationen hängen die positive Bewertung und die damit einhergehende Regulierung der Stressreaktion von der Fähigkeit der Person ab, eine Situation positiv neu zu bewerten (zu re-evaluieren; *re-appraisal*). Die Prozesse/Mechanismen der Neubewertung können von unbewusst, automatisch/mühelos, implizit, nonverbal und nonvolitional bis hin zu bewusst, anstrengend, explizit, verbal und volitional reichen. Sie können die Verringerung des tatsächlichen Bedrohungswerts einer Situation widerspiegeln, z. B. bei der Furchtextinktion, wenn auf einen konditionierten furchtrelevanten Stimulus (CS), der ursprünglich eine Bedrohung (den unkonditionierten Stimulus, US) vorhersagte, der US nicht mehr folgt. Zwei weitere solche „Sicherheitslernprozesse" sind die Unterscheidung oder Diskrimination (z. B. zwischen einem bedrohungsvorhersagenden CS+ und einem nicht prädiktiven und daher nicht gefährlichen CS-) sowie die Antwortbeendigung nach Abklingen des Stressors. Diese Prozesse dienen dazu, unnötige, kostspielige Stressreaktionen zu vermeiden. Eine andere Klasse von Neubewertungsprozessen verändert die

---

49 Vgl. *Kalisch/Müller/Tüscher*: A conceptual framework.

relative Gewichtung der negativen und positiven Aspekte einer Situation zugunsten einer positiveren Interpretation. Ein Beispiel dafür ist die willentliche (kognitive) Neubewertung (*cognitive reappraisal*).[50] Neubewertungen müssen nicht zwangsläufig zum Zeitpunkt der Stressbelastung stattfinden, sondern können auch im Nachhinein erfolgen und so der Konsolidierung oder Übergeneralisierung aversiver Erinnerungen entgegenwirken oder konkurrierende positive Erinnerungen erzeugen.

Schließlich erfordert die positive Anpassung von Bewertungen in stark aversiven Situationen (Neubewertung im eigentlichen Sinne) auch die Fähigkeit, Interferenzen zu verhindern, die aus konkurrierenden negativen Bewertungen und den damit verbundenen aversiven emotionalen Reaktionen resultieren. Neben der positiven Situationsklassifizierung sind die positive Neubewertung und die Interferenz-Hemmung also zwei weitere große Klassen von neurokognitiven Prozessen, deren Effizienz und Effektivität zusammen nach Kalisch et al. den Bewertungsstil einer Person bestimmen.[51]

Nutzung extra-individueller Faktoren. Es sei darauf hingewiesen, dass menschliche Stressreaktionen vielfältig sind. Da der Mensch ein soziales Tier ist, beinhalten adaptive Stressreaktionen oft Anstrengungen in Richtung Hilfesuche, Zugehörigkeit, Aushandlung und Kooperation. Stressreaktionen können auch beinhalten, dass eine Person ihre Ziele ändert oder wechselt, wenn deren Aufrechterhaltung desaströse Konsequenzen haben würde. Die erfolgreiche Suche nach sozialer Unterstützung und das Aushandeln sozialer Interaktionen hängt offensichtlich von der Reaktionsfähigkeit und dem Ressourcenreichtum des sozialen Umfelds ab; eine Änderung der eigenen Ziele ist ohne Bezugnahme auf die Möglichkeiten und Normen der eigenen Gesellschaft und Kultur kaum vorstellbar. Gleichzeitig ist die Bewertung der in einem bestimmten soziokulturellen Kontext verfügbaren Bewältigungsmöglichkeiten und die Abwägung ihrer potenziellen Kosten und Vorteile unter Berücksichtigung der eigenen Fähigkeiten, Kompetenzen und Ressourcen ebenfalls ein fester Bestandteil der Stressreaktion. Individuelle Bewertungstendenzen des Katastrophisierens (d. h. Überschätzung des Ausmaßes/der Kosten einer Bedrohung), des Pessimismus (Überschätzung der Wahrscheinlichkeit der Bedrohung) und der Hilflosigkeit (Unterschätzung des Bewältigungspotenzials) führen zu verzerrten Berechnungen, die jede adaptive Reaktion untergraben, auch wenn diese die Nutzung von soziokulturellen Ressourcen beinhaltet. Andere können als Bedrohung oder Belastung statt als Hilfe angesehen, die Vorteile sozialer Interaktionen können vernachlässigt, oder die eigene Fähigkeit, positiv zu interagieren oder erfolgreich zu verhandeln, kann falsch eingeschätzt werden. Die Vermeidung eines

---

50 *James J. Gross*: Antecedent- and response-focused emotion regulation: Divergent consequences for experience, expression, and physiology, in: Journal of Personality & Social Psychology 74/1 (1998), 224–237.
51 Vgl. *Kalisch/Müller/Tüscher*: A conceptual framework.

negativen Bewertungsstils ist daher von entscheidender Bedeutung, um von extra-individuellen Faktoren der Resilienz zu profitieren. Andererseits wird eine realistische oder vielleicht sogar etwas zu positive Einschätzung im Sinne des positiven Bewertungsstils adaptives soziales Verhalten (sowie alle nicht-sozialen Bewältigungsformen) erleichtern und fördern (z. B. von anderen zu lernen und zu profitieren, Freunde zu finden und Netzwerke aufzubauen).

Zusammenfassend lässt sich also erstens sagen, dass ein Bewertungsstil bestimmt wird durch (a) die Effektivität und Effizienz bestimmter neurokognitiver Prozesse, die in Situationen potenzieller Bedrohung Bewertungsergebnisse hervorbringen, und (b) die Erinnerung einer Person an ihre eigenen Bedrohungserfahrungen und extra-individuell festgelegte Normen, die bestimmte Bewertungsergebnisse in spezifischen Situationen nahelegen. Zweitens ist ein Bewertungsstil formbar und kann sich im Laufe der Zeit ändern, nämlich dann, wenn sich die Effektivität und Effizienz der zugrundeliegenden neurokognitiven Prozesse ändert (z. B. durch Training), wenn neue Erinnerungen an eigene Erfahrungen hinzukommen oder wenn neue oder veränderte soziokulturelle Normen und Reaktionsmuster in das Gedächtnisschema integriert werden. Drittens schließlich bestimmt ein Bewertungsstil die typischen Bewertungsergebnisse einer Person, aber er bestimmt nicht jedes Bewertungsergebnis in jeder einzelnen Bedrohungssituation. (Ich mag im Allgemeinen glauben, dass ich ein guter Krisenbewältiger bin, aber ich kann in einer bestimmten Situation zu dem Schluss kommen, dass ich mit der Situation überhaupt nicht zurechtkomme.) Der Bewertungsstil ist eine subjektive Voreinstellung, die die Bewertung prägt und somit die Wahrscheinlichkeit eines Zusammenbruchs durch allostatische Belastungen, die sich über längere Zeiträume ansammeln, wenn Menschen Stressreaktionen zeigen, mitbestimmt. Ein positiver Bewertungsstil verringert diese Wahrscheinlichkeit. Er ist kein absoluter Schutz. Stressorbelastungen mögen so überwältigend sein, dass dauerhafte extreme Stressreaktionen unvermeidlich sind und auch der bestreguliert Organismus irgendwann zusammenbricht.[52]

Integration extra-individueller Faktoren. Unsere Resilienztheorie des positiven Bewertungsstils (*Positive Appraisal Style Theory of Resilience, PASTOR*) bietet einen Rahmen, innerhalb dessen sowohl die extra-personellen als auch die nicht-kognitiven (körperlichen) intra-personellen Einflüsse auf die Resilienz in einem gemeinsamen Lösungsansatz erklärt werden können. Nicht-kognitive biologische Faktoren (Darmmikrobiom, Immunsystem, Gene usw.) beeinflussen wahrscheinlich den Bewertungsstil, indem sie sich auf die Funktionsweise der neurokognitiven Bewertungsprozesse auswirken. Es gibt zum Beispiel erste

---

52 Vgl. *Frank Neuner/Maggie Schauer/Unni Karunakara* et al.: Psychological trauma and evidence for enhanced vulnerability for posttraumatic stress disorder through previous trauma among West Nile refugees, in: BMC Psychiatry 4/1 (2004), 34.

Hinweise darauf, dass das Immunsystem mit der Funktion des Nucleus accumbens interagiert, einer Hirnregion, die für die Erzeugung positiver Bewertungen wichtig ist.[53] Extra-individuelle soziale oder kulturelle Faktoren können typische Bewertungsmuster vor allem über das Gedächtnis prägen. Das kann beispielsweise dann der Fall sein, wenn die Kultur einer Familie ihre Kinder dazu prädisponiert, wohlwollende Bedrohungseinschätzungen abzugeben (siehe vorherige Diskussion) oder wenn Personen mit langfristig stabilen, unterstützenden sozialen Netzwerken dazu neigen, ihr Bewältigungspotenzial als hoch einzuschätzen, weil sie schon oft erlebt haben, dass sie sich auf andere verlassen können. Da es sich bei PASTOR um eine probabilistische Theorie handelt, die sich auf durchschnittliche Effekte konzentriert, ist sie nicht optimal geeignet, um die mitunter ausgeprägten Effekte einzelner extra-individueller Interventionen auf die Resilienz zu erklären (wie Elihu in der biblischen Hiobserzählung), aber auch bei diesen wird davon ausgegangen, dass sie über Bewertungen vermittelt werden. Schließlich erkennt Hiob, dass er stolz und selbstgerecht war, und nimmt schließlich eine viel bescheidenere Identität an, für die Verlust, Niederlage und Krankheit keine wesentlichen Bedrohungen mehr darstellen.

7. Fazit

„Obwohl" und „trotz" – dies sind vielleicht die Schlüsselwörter für einen Versuch, sich dem Begriff der Resilienz anzunähern. Obwohl das Leben wieder und wieder neue Herausforderungen mit sich bringt, falle ich nicht in das tiefe Tal von Angst und Depression. Trotz Widrigkeiten bleibe ich gesund. Aus dieser Betrachtungsweise ergeben sich als Leitmotive der Resilienz Unabhängigkeit und Selbstermächtigung. Im Angesicht der Not gesund zu bleiben, ist ein Akt der Abgrenzung des Individuums von seiner Umwelt, eine Manifestation von Autonomie. Und auch dann, wenn ich Hilfe von anderen erfahre, wenn mein Umfeld mir günstige Voraussetzungen beschert: die Entscheidungsschlacht findet in mir statt. Wenn die multisystemische Resilienzforschung verstehen will, wie das (persönliche oder nicht-persönliche) „Andere" wirksame Hilfe leisten kann, muss sie die Wege verstehen, über die sich diese Unterstützung in das Erleben, Denken und Handeln des Einzelnen übersetzt. Psychische Gesundheit bleibt in ihrem Kern ein individuelles Konstrukt; die Pfade irgendwann in der Person selbst zusammenlaufen. PASTOR ist ein Versuch, diesen intra-individuellen Schnittpunkt zu finden.

---

53 *Caroline Menard/Madeline L. Pfau/Georgia E. Hodes* et al.: Social stress induces neurovascular pathology promoting depression, in: Nature Neuroscience 20/12 (2017), 1752–1760.

8. Kernaussagen

1. Individuelle oder psychologische Resilienz ist die Aufrechterhaltung und/oder schnelle Wiederherstellung der psychischen Gesundheit während und nach widrigen Lebensereignissen oder -umständen. Psychologische Resilienz wird also als ein Ergebnis (Outcome) definiert.
2. Psychologische Resilienz lässt sich nicht feststellen, wenn es keine Widrigkeiten gibt.
3. Um trotz widriger Umstände psychisch gesund zu bleiben (resilienter Outcome), sind Veränderungs- oder Anpassungsprozesse erforderlich. Die Beschreibung dieser Prozesse benötigt prospektive Längsschnittstudien, in denen psychische Gesundheit, Widrigkeiten und potenzielle Resilienzfaktoren wiederholt und mit hoher zeitlicher Auflösung gemessen werden.
4. Extra-individuelle Faktoren haben nur in dem Maße Einfluss auf die Resilienz, wie ihre Auswirkungen über intra-individuelle Wirkungspfade übertragen werden. Daher üben intra-individuelle Resilienzfaktoren einen direkteren kausalen Einfluss auf die Resilienz aus.
5. Die positive Bewertung von Stressoren ist ein potenzieller Schlüsselmechanismus für intra-individuelle Resilienz.

Literaturverzeichnis

Arnold, Magda B.: Emotion and personality, New York 1960.

Berg, Carla J./Haardörfer, Regine/McBride, Colleen M. et al.: Resilience and biomarkers of health risk in black smokers and nonsmokers, in: Health Psychology 36/11 (2017), 1047–1058.

Block, Jeanne H./Block, Jack: The role of ego-control and ego-resiliency in the organization of behavior, in: W. Andrew Collins (Hg.), Development of cognition, affect and social relations (The Minnesota Symposia on Child Psychology 13), New York 1980, 39–101.

Boks, Marco P./van Mierlo, Hans C./Rutten, Bart P. F. et al.: Longitudinal changes of telomere length and epigenetic age related to traumatic stress and post-traumatic stress disorder, in: Psychoneuroendocrinology 51 (2015), 506–512.

Bonanno, George A./Romero, Sara A./Klein, Sarah I.: The temporal elements of psychological resilience: An integrative framework for the study of individuals, families, and communities, in: Psychological Inquiry 26/2 (2015), 139–169.

Bradley, Bekh/Davis, Telsie A./Wingo, Aliza P. et al.: Family environment and adult resilience: Contributions of positive parenting and the oxytocin receptor gene, in: European Journal of Psychotraumatology 4 (2013).

Breen, Michael S./Maihofer, Adam X./Glatt, Stephen J. et al.: Gene networks specific for innate immunity define post-traumatic stress disorder, in: Molecular Psychiatry 20 (2015), 1538–1545.

Cathomas, Flurin/Murrough, James W./Nestler, Eric J. et al.: Neurobiology of resilience: Interface between mind and body, in: Biological Psychiatry 86/6 (2019), 410–420.

Friedman, Allyson K./Walsh, Jessica J./Juarez, Barbara et al.: Enhancing depression mechanisms in midbrain dopamine neurons achieves homeostatic resilience, in: Science 344/6181 (2014), 313–319.

Gross, James J.: Antecedent- and response-focused emotion regulation: Divergent consequences for experience, expression, and physiology, in: Journal of Personality & Social Psychology 74/1 (1998), 224–237.

Hobfoll, Stevan E.: Social and psychological resources and adaptation, in: Review of General Psychology 6/4 (2002), 307–324.

Johnson, Stephanie F./Boals, Adriel: Refining our ability to measure posttraumatic growth, in: Psychological Trauma: Theory, Research, Practice, and Policy 7/5 (2015), 422–429.

Joseph, Stephen/Linley, P. Alex: Growth following adversity: Theoretical perspectives and implications for clinical practice, in: Clinical Psychology Review 26/8 (2006), 1041–1053.

Kalisch, Raffael/Baker, Dewleen G./Basten, Ulrike et al.: The resilience framework as a strategy to combat stress-related disorders, in: Nature Human Behaviour 1/11 (2017), 784–790.

Kalisch, Raffael/Cramer, Angelique O. J./Binder, Harald et al.: Deconstructing and reconstructing resilience: A dynamic network approach, in: Perspectives on Psychological Science 14/5 (2019), 765–777.

Kalisch, Raffael/Gerlicher, Anna M. V.: Making a mountain out of a molehill: On the role of the rostral dorsal anterior cingulated and dorsomedial prefrontal cortex in conscious threat appraisal, catastrophizing, and worrying, in: Neuroscience & Biobehavioral Reviews 42 (2014), 1–8.

Kalisch, Raffael/Kampa, Miriam: Stressor Appraisal as an Explanation for the Influence of Extra-Individual Factors on Psychological Resilience, in: Michael Ungar (Hg.): Multisystemic Resilience. Adaptation and Transformation in Contexts of Change, New York 2021, 137–154.

Kalisch, Raffael/Köber, Göran/Binder, Harald et al.: The Frequent Stressor and Mental Health Monitoring-Paradigm: A Proposal for the Operationalization and Measurement of Resilience and the Identification of Resilience Processes in Longitudinal Observational Studies, in: Frontiers in Psychology 12 (2021), 710493.

Kalisch, Raffael/Müller, Marianne B./Tüscher, Oliver: A conceptual framework for the neurobiological study of resilience, in: Behavioral and Brain Sciences 38 (2015).

Kent, Martha/Davis, Mary C./Reich, John W.: Introduction, in: Dies. (Hgg.): The resilience handbook, New York 2014, xii–xix.

Kobasa, Suzanne C.: Stressful life events, personality, and health: An inquiry into hardiness, in: Journal of Personality and Social Psychology 37/1 (1979), 1–11.

Kong, Feng/Ma, Xiaosi/You, Xuqun et al.: The resilient brain: Psychological resilience mediates the effect of amplitude of low-frequency fluctuations in orbito frontal cortex on subjective well-being in young healthy adults, in: Social Cognitive and Affective Neuroscience 13/7 (2018), 755–763.

Kong, Feng/Wang, Xu/Hu, Siyuan et al.: Neural correlates of psychological resilience and their relation to life satisfaction in a sample of healthy young adults, in: Neuro Image 123 (2015) 165–172.

Krishnan, Vaishnav/Han, Ming-Hu/Graham, Danielle L. et al.: Molecular adaptations underlying susceptibility and resistance to social defeat in brain reward regions, in: Cell 131/2 (2007), 391–404.

Lazarus, Richard S./Folkman, Susan: Stress, appraisal and coping, New York 1984.

Leventhal, Howard/Scherer, Klaus R.: The relationship of emotion to cognition: A functional approach to a semantic controversy, in: Cognition and Emotion 1 (1987), 3–28.

Luthar, Suniya S./Cicchetti, Danta/Becker, Bronwyn: The construct of resilience: A critical evaluation and guide-lines for future work, in: Child Development 71/3 (2000), 543–562.

Maier, Steven F.: Behavioral control blunts reactions to contemporaneous and future adverse events: Medial prefrontal cortex plasticity and acorticostriatal network, in: Neurobiology of Stress 1 (2015), 12–22.

Mancini, Anthony D.: When acute adversity improves psychological health: A social-contextual framework, in: Psychological Review 126/4 (2019), 486–505.

Mancini, Anthony D./Bonanno, George. A.: Predictors and parameters of resilience to loss: Toward an individual differences model, in: Journal of Personality, 77/6 (2009), 1805–1832.

Masten, Ann S./Garmezy, Norman: Risk, vulnerability, and protective factors in developmental psychopathology, in: Benjamin B. Lahey/Alan E. Kazdin (Hgg.): Advances in clinical child psychology, New York 1985, 1–52.

McCubbin, Hamilton I./Fleming, W. Michael/Thompson, Anne I. et al.: Resiliency and coping in „at risk" African-American youth and their families, in: Hamilton I. McCubbin/Elizabeth A. Thompson/Anne I. Thompson et al. (Hgg.): Resiliency in African-American families, Thousand Oaks 1998, 287–328.

Mc Ewen Bruce S./Stellar, Eliot: Stress and the individual: Mechanisms leading to disease, in: Archives of Internal Medicine 153/18 (1993), 2093–2101.

McGiffin, Jed N./Galatzer-Levy, Isaac R./Bonanno, George A.: Socio economic resources predict trajectories of depression and resilience following disability, in: Rehabilitation Psychology 64/1 (2019), 98–103.

Menard, Caroline/Pfau, Madeline L./Hodes, Georgia E. et al.: Social stress induces neurovascular pathology promoting depression, in: Nature Neuroscience 20/12 (2017), 1752–1760.

Neuner, Frank/Schauer, Maggie/Karunakara, Unni et al.: Psychological trauma and evidence for enhanced vulnerability for posttraumatic stress disorder through previous trauma among West Nile refugees, in: BMC Psychiatry 4/1 (2004), 34.

Nickerson, Angela/Creamer, Mark/Forbes, David et al.: The longitudinal relationship between post-traumatic stress disorder and perceived social support in survivors of traumatic injury, in: Psychological Medicine, 47/1 (2017), 115–126.

Ragland, Greta B./Shulkin, Jay: Introduction to allostasis and allostatic load, in: Martha Kent/Mary C. Davis/John W. Reich (Hgg.): The resilience handbook: Approaches to stress and trauma, New York 2014, 44–52.

Reber, Stefan O./Siebler, Philip H./Donner, Nina C. et al.: Immunization with a heat-killed preparation of the environmental bacterium Mycobacterium vaccae promotes stress resilience in mice, in: Proceedings of the National Academy of Sciences of the United States of America 113/22 (2016), E3130–E3139.

Robinson, Michael D.: Running from William James' bear: A review of preattentive mechanisms and their contributions to emotional experience, in: Cognition and Emotion 12 (1998), 667–696.

Russo, Scott J./Murrough, James W./Han, Ming-Hu et al.: Neurobiology of resilience, in: Nature Neuroscience 15/11 (2012), 1475–1484.

Rutter, Michael: Resilience as a dynamic concept, in: Development and Psychopathology 24/2 (2012), 335–344.

Sander, David/Grandjean, Didier/Scherer, Klaus R.: A systems approach to appraisal mechanisms in emotion, in: Neural Networks 18/4 (2005), 317–352.

Sapienza, Julianna K./Masten, Ann S.: Understanding and promoting resilience in children and youth, in: Current Opinion in Psychiatry, 24/4 (2011), 267–273.

Scherer, Klaus R.: Appraisal considered as a process of multilevel sequential checking, in: Klaus R. Scherer/Angela Schorr/Tom Johnstone (Hgg.): Appraisal processes in emotion: Theory, methods, research, New York 2001, 92–120.

Schultebraucks, Katharina/Galatzer-Levy, Isaac R.: Machine learning for prediction of posttraumatic stress and resilience following trauma: An overview of basic concepts and recent advances, in: Journal of Traumatic Stress 32/2 (2019), 215–225.

Seery, Mark D./Holman, E. Alison/Silver, Roxane Cohen: Whatever does not kill us: Cumulative lifetime adversity, vulnerability, and resilience, in: Journal of Personality and Social Psychology, 99/6 (2010), 1025–1041.

Seery, Mark D./Leo, Raphael J./Lupien, Shannon P. et al.: An upside to adversity?: Moderate cumulative lifetime adversity is associated with resilient responses in the face of controlled stressors, in: Psychological Science 24/7 (2013),1181–1189.

Shao, Robin/Lau, Way K. W./Leung, Mei-Kei et al.: Subgenual anterior cingulate-insula resting-state connectivity as a neural correlate to trait and state stress resilience, in: Brain and Cognition 124 (2018), 73–81.

Shi, Liang/Sun, Jiangzhou/Wei, Dongtao et al.: Recover from the adversity: Functional connectivity basis of psychological resilience, in: Neuropsychologia 122 (2019), 20–27.

Sterling, Peter/Eyer, Joseph: Allostasis: A new paradigm to explain arousal pathways, in: Shirley Fisher/James Reason (Hgg.): Handbook of life stress, cognition and health, New York 1988, 629–649.

Tedeschi, Richard G./Calhoun, Lawrence G.: Posttraumatic growth: Conceptual foundations and empirical evidence, in: Psychological Inquiry 15/1 (2004), 1–18.

Van Rooij, Sanne J. H./Stevens, Jennifer S./Ely, Timothy D. et al.: Childhood trauma and COMT genotype interact to increase hippocampal activation in resilient individuals, in: Frontiers in Psychiatry 7 (2016), 156.

Waaktaar, Trine/Torgersen, Svenn: Genetic and environmental causes of variation in trait resilience in young people, in: Behavior Genetics 42/3 (2012), 366–377.

Waugh, Christian E./Wager, Tor D./Fredrickson, Barbara L. et al.: The neural correlates of trait resilience when anticipating and recovering from threat, in: Social Cognitive and Affective Neuroscience 3/4(2008), 322–332.

Weiner, Herbert: Perturbing the organism: The biology of stressful experience, Chicago 1992.

Werner, Emmy E./Smith, Ruth S.: Vulnerable but invincible: A longitudinal study of resilient children and youth, New York 1989.

Windle, Gill/Bennett, Kate M./Noyes, Jane: A methodological review of resilience measurement scales, in: Health and Quality of Life Outcomes 9 (2011), 8.

Aus dem Englischen übersetzt von Thiemo Breyer, adaptiert von Raffael Kalisch

Resilienz und Achtsamkeit – Zusammenhänge und Fallstricke

Johannes Michalak, Thomas Heidenreich und Andrea Chmitorz

Das Prinzip der Achtsamkeit stammt ursprünglich aus östlichen Meditationswegen. Besonders in den unterschiedlichen buddhistischen Traditionen – wie etwa dem Theravada-Buddhismus, dem Zen oder dem tibetischen Buddhismus nimmt die Entwicklung von Achtsamkeit einen zentralen Stellenwert ein.

In den letzten Jahrzehnten hat das Prinzip Achtsamkeit auch viel Aufmerksamkeit im Bereich der Psychologie erhalten – sowohl was die Anwendung von Achtsamkeit im therapeutischen Bereich als auch was die Forschung zu Achtsamkeit anbelangt. Auch wenn es im Bereich der Psychologie derzeit noch keine einheitliche Definition von Achtsamkeit gibt, sind es vor allem zwei Aspekte, die in den Definitionen von Achtsamkeit zentral sind:[1] Der erste Aspekt bezieht sich auf die *Selbstregulation der Aufmerksamkeit.* Bei der Praxis von Achtsamkeit wird die Aufmerksamkeit auf die unmittelbaren Erfahrungen des gegenwärtigen Augenblicks gelenkt. Statt sich mit der Vergangenheit oder der Zukunft zu beschäftigen oder in Tagträumen oder Gedanken zu sein, wird die Aufmerksamkeit auf die Erfahrungen im Hier-und-Jetzt gelenkt. Diese Form der Selbstregulation ist mit einer erhöhten Wachheit gegenüber dem sich ständig ändernden Strom von inneren und äußeren Erfahrungen verbunden. Subjektiv geht dies mit dem Gefühl präsent und lebendig in der Gegenwart zu sein einher. Diese Selbstregulation der Aufmerksamkeit soll außerdem eine nicht elaborative Bewusstheit von Gedanken, Gefühlen und Empfindungen fördern. Im Gegensatz dazu, sich in Grübeleien oder elaborierten Gedanken *über* seine Erfahrungen und deren Ursprünge, Folgen oder anderen Assoziationen zu verfangen, beinhaltet Achtsamkeit eine direkte *Erfahrung* von körperlichen oder mentalen Ereignissen. Außerdem soll diese direkte Form der Erfahrung unsere gewohnheitsmäßige Neigung, Erfahrungen durch die Filter unserer Überzeugungen, Annahmen, Wünsche und Erwartungen zu betrachten, vermindern.

Der zweite Aspekt der in den Definitionen von Achtsamkeit zentral ist, ist durch eine *spezifische Orientierung* auf die Erfahrungen im Hier-und-Jetzt gekennzeichnet. Diese Orientierung beginnt mit der Entscheidung, eine Haltung der Neugierde gegenüber den unterschiedlichen Objekten der Erfahrung in

---

1 Vgl. *Scott R. Bishop/Mark Lau/Shauna Shapiro/Linda Carlson/Nicole D. Anderson/James Carmody/Zindel V. Segal/Susan Abbey/Michael Speca/Drew Velting/Gerald Devins*: Mindfulness. A proposed operational definition, in: Clinical Psychology.Science and Practice 11/3 (2004), 230–241.

jedem Moment aufrechtzuerhalten. Insgesamt wird also eine Haltung der Akzeptanz gegenüber den eigenen Erfahrungen eingenommen. Unter Akzeptanz wird dabei verstanden, erfahrungsmäßig offen gegenüber der Realität des gegenwärtigen Moments zu sein. Sie beinhaltet die bewusste Entscheidung, auf Bestrebungen zu verzichten, eine andere Erfahrung als die gegenwärtige haben zu wollen, und einen aktiven Prozess des Zulassens von Gedanken, Gefühlen und Empfindungen. Dabei schließt Achtsamkeit nicht aus, gut für sich und andere zu sorgen. Vielmehr soll die akzeptierende Haltung dazu beitragen, wahrzunehmen was aktuell präsent ist ohne dies zu vermeiden oder sich mit der Erfahrung überzuidentifizieren (z. B. zu katastrophisieren). Vor dem Hintergrund dieser akzeptierenden Grundhaltung können dann Wege gesucht werden, wie ich „weise" mit dem umgehen kann, was eben gerade da ist. Dies kann auch entschlossenes Handeln bedeuten, aber eben kein Handeln aus Getriebenheit oder ungünstigen mentalen oder Verhaltensautomatismen, sondern, im Ideal, ein der *aktuellen* Situation wirklich angemessenes Handeln.

Behandlungsverfahren im Bereich der Psychotherapie und Verhaltensmedizin, deren Kernbestandteil die Einübung von Achtsamkeit ist, sind in den letzten Jahrzehnten in zahlreichen Studien intensiv empirisch untersucht worden. Im Folgenden werden wir die wichtigsten achtsamkeitsbasierten Behandlungsverfahren kurz vorstellen und zentrale Ergebnisse zur Wirksamkeit dieser Verfahren referieren. Daran anschließend werden wir speziell auf Studien zu den Effekten achtsamkeitsbasierter Behandlungsansätze auf Resilienz eingehen. In einem abschließenden Abschnitt werden wir dann auch kritische Aspekte, die zu Fallstricken im Bereich der Beschäftigung mit Resilienz und Achtsamkeit werden können, diskutieren, um der Komplexität des Gegenstandsbereiches gerecht zu werden.

1. Achtsamkeitsbasierte Therapieverfahren

Eine zentrale achtsamkeitsbasierte Intervention ist das von Kabat-Zinn[2] Ende der 1980er Jahre entwickelte „Mindfulness-based stress reduction"-Programm (MBSR). In dem achtwöchigen Gruppenprogramm lernen Patienten anhand von sog. formellen und informellen Übungen (s. u.) ihre Achtsamkeit zu schulen und in ihren Alltag zu integrieren. Die Patienten treffen sich dabei einmal wöchentlich zu ca. zweieinhalbstündigen Sitzungen, die neben der Vermittlung von Achtsamkeit auch psychoedukative Elemente zu unterschiedlichen Themen beinhalten (z. B. „Was ist Stress?", „Wie kann ich anders mit Stress umgehen?"). Zusätzlich wird meist ein sog. „Tag der Achtsamkeit" durchgeführt, bei dem die

---

[2] Vgl. *Jon Kabat-Zinn*: Full catastrophe living. The program of the stress reduction clinic at the University of Massachusetts Medical Center, New York 1990.

Teilnehmer intensiv über mehrere Stunden Achtsamkeit praktizieren. Während ursprünglich MBSR-Kurse hauptsächlich für Schmerzpatienten entwickelt wurden, die medizinisch „austherapiert" waren, liegen mittlerweile Hinweise zur Wirksamkeit von MBSR bei einer Vielzahl von Patientengruppen mit körperlichen Erkrankungen und psychischen Störungen vor.[3]

Ein weiteres Verfahren, das zu großen Teilen durch das von Kabat-Zinn entwickelte MBSR-Programm beeinflusst wurde, ist die Achtsamkeitsbasierte Kognitive Therapie (engl. „mindfulness-based cognitive therapy", MBCT) zur Rückfallprophylaxe bei Depressionen. Hintergrund der Entwicklung von MBCT war, dass die Forschung in den letzten Jahrzehnten immer wieder gezeigt hat, dass das Rückfallrisiko für Menschen, die eine Depression erlebt haben, hoch ist. Dies gilt insbesondere für solche Menschen, die bereits mehrere depressive Episoden in der Vorgeschichte erlitten hatten. Segal, Williams und Teasdale[4] entwickelten MBCT im Zuge ihrer Forschung zum Rückfallgeschehen bei Depression, die z. B. die Wichtigkeit von Grübelprozessen bei Depressionen gezeigt hat.

Im MBCT Programm werden die Achtsamkeitselemente des MBSR-Programms um kognitiv-verhaltenstherapeutische Elemente ergänzt, die spezifisch auf die Behandlung von ehemals Depressiven zugeschnitten sind. Durch die Einübung von Achtsamkeit sollen ehemals depressive Patienten darin unterstützt werden, Zustände negativen Grübelns zu erkennen, aus diesen auszusteigen und sich mit der lebendigen Erfahrung des Hier-und-Jetzt zu verbinden. Auch MBCT besteht aus acht Sitzungen, die im Wochenrhythmus stattfinden. Die Gruppengröße beträgt, da auch kognitiv-verhaltenstherapeutische Elemente in das Programm integriert sind, maximal 12 bis 15 Patienten.

MBSR und MBCT beinhalten eine Reihe von formellen Achtsamkeitsübungen. Beim „Body Scan", der in der Regel auf dem Rücken liegend durchgeführt wird, nehmen die Teilnehmer zunächst bewussten Kontakt mit dem eigenen Atem auf. Dabei wird keine Änderung des Atems angestrebt, sondern eine gesammelte und beobachtende innere Haltung. Nach einigen Minuten wird der Fokus der Aufmerksamkeit nacheinander auf jeden Körperteil ausgerichtet, beginnend mit den Zehen des linken Fußes. Hierbei ist das Ziel eine aufmerksame, neugierig-offene Haltung ohne Bewertung des Empfundenen. Entspannung kann sich einstellen, ist jedoch nicht ausdrückliches Ziel. Bemerken die Teilnehmer, dass ihre Aufmerksamkeit abdriftet, kehren sie – ohne sich selbst dafür zu verurteilen – zur Wahrnehmung des aktuell im Fokus der Übung stehenden Körperteils zurück und setzen die Übung fort. Zum Abschluss der ca. 45-minütigen Übung wird das Gesamtkörpergefühl erspürt.

---

3 Vgl. *Simon B. Goldberg/Kevin M. Riordan/Shufang Sun/Richard J. Davidson*: The empirical status of mindfulness-based interventions. A systematic review of 44 meta-analyses of randomized controlled trials, in: Perspectives on Psychological Science (2021).

4 Vgl. *Zindel V. Segal/Mark Williams/John Teasdale*: Die Achtsamkeitsbasierte Kognitive Therapie der Depression, Tübingen 2015.

Bei der Atemmeditation nehmen die Teilnehmer eine aufrechte, entspannte Position auf einem Stuhl oder einem Kissen am Boden ein und folgen achtsam ihrem Atem. Besonders achten sie dabei auf Empfindungen im Unterbauch. Auch hier gilt: Driftet die Aufmerksamkeit von dem gegenwärtigen Fokus ab, beispielsweise hin zu Gedanken und Erinnerungen, so kehren die Teilnehmer geduldig zum körperlich empfundenen Atemerleben zurück, getreu dem Motto: „Wenn Du 100-mal abschweifst, kehre 100-mal zurück." Ist die Aufmerksamkeit auf den eigenen Atem einigermaßen gefestigt, wird die Wahrnehmung in den folgenden Sitzungen dann auch auf den gesamten Körper, auf Gefühle und Gedanken ausgedehnt. Die Atemmeditation dauert insgesamt ca. 30–45 Minuten.

Ziel von MBSR und MBCT ist es, dass Achtsamkeit nicht nur innerhalb der oben dargestellten formellen Übungen praktiziert wird, sondern – so gut es geht – auch in den Alltag integriert wird. Um dies zu fördern, greifen die Teilnehmer – im Rahmen so genannter informeller Achtsamkeitsübungen – zunächst einzelne Routinetätigkeiten wie etwa Duschen oder Geschirr Abwaschen heraus und bemühen sich, diese achtsam durchzuführen. Sie versuchen – beispielsweise während des Duschens – mit ihrem Geist ganz bei der Tätigkeit im Hier-und-Jetzt zu sein – also das Gefühl des Wassers auf der Haut und das gesamte Köpergefühl achtsam wahrzunehmen. Im Laufe der Zeit werden die Teilnehmer dazu ermutigt, ihre Achtsamkeit auf immer mehr Situationen des täglichen Lebens auszudehnen.

In den letzten Jahrzehnten sind eine größere Zahl von methodisch aufwendigen Studien zur Wirksamkeit von MBCT durchgeführt worden. Die besten Wirksamkeitsnachweise liegen für die ursprüngliche Indikation der Rückfallprophylaxe bei depressiven Störungen vor. Aktuelle Metaanalysen weisen darauf hin, dass MBCT zu signifikanten Reduktionen der Rückfallraten bei Depressionen führt und im Vergleich mit medikamentöser Erhaltungstherapie mindestens ebenso gut vor Rückfällen schützt.[5]

2. Achtsamkeit und Resilienz: Stand der Forschung

Studien, die sowohl Resilienz als auch Achtsamkeit thematisieren, stellen in der Regel die Frage, ob bzw. inwiefern achtsamkeitsbasierte Interventionen wie MBSR und MBCT zu einer Verbesserung der Resilienz führen können – es ist

---

5   Vgl. *Willem Kuyken/Fiona C. Warren/Rod S. Taylor/Ben Whalley/Catherine Crane/Guido Bondolfi/Rachel Hayes/Marloes Huijbers/Helen Ma/Susanne Schweizer/Zindel Segal/Anne Specken/John D. Teasdale/Kees Van Heeringen/Mark Williams/Sarah Byford/Richard Byng/Tim Dalgleish*: Efficacy of mindfulness-based cognitive therapy in prevention of depressive relapse. An individual patient data meta-analysis from randomized trials, in: JAMA Psychiatry 73/6 (2016), 565–574.

demnach zunächst notwendig, ein grobes Verständnis für die Konzeptionen und unser Verständnis des Konstrukts „Resilienz" zu erhalten, bevor wir Bezüge zu Achtsamkeit herstellen.

3. Definition und Verständnis von Resilienz

Resilienz beschreibt das Phänomen, dass die meisten Menschen trotz teilweise enormer seelischer oder körperlicher Belastung nicht oder nur vorübergehend psychisch erkranken.[6,7] Ging man zu Beginn der Resilienzforschung davon aus, dass es sich bei Resilienz um eine statische Persönlichkeitseigenschaft (‚a hardy person') handelt, wird Resilienz aufgrund der vorliegenden Evidenz heutzutage als Ergebnis eines Prozesses bzw. als ein dynamischer Anpassungsprozess gesehen.[8] Dieser Konzeptualisierung folgend, gilt Resilienz als prinzipiell veränderbar und trainierbar, was großes Potential für die Entwicklung von Interventionsansätzen zur Steigerung der individuellen Resilienz birgt.[9] Es wird zudem zwischen Resilienz und Resilienzfaktoren, d. h. Schutzfaktoren, welche protektiv gegen potenziell negative Effekte von Belastungsfaktoren und Stressoren wirken, unterschieden. Zu diesen zählen z. B. Selbstwirksamkeitserwartung, kognitive Flexibilität oder soziale Unterstützung.[10] Die unterschiedlichen Resilienzkonzeptualisierungen wirken sich auf die Operationalisierung und Messung aus, was die Vergleichbarkeit von Studienergebnissen erschweren kann und insbesondere Auswirkungen auf die Vergleichbarkeit von Interventionsstudien zur Förderung der Resilienz hat (eine ausführliche Diskussion findet sich bei: Chmitorz et al. 2018;[11] Chmitorz et al. 2021[12]).

---

6   Vgl. *George A. Bonanno/Maren Westphal/Anthony D. Mancini*: Resilience to loss and potential trauma, in: Annual Review of Clinical Psychology 7 (2011), 511–535.
7   *Adriana Feder/Dennis Charney/Kate Collins*: Neurobiology of resilience, in: Resilience and Mental Health, Cambridge 2011.
8   Vgl. *Tianqiang Hu/Dajun Zhang/Jinliang Wang*: A meta-analysis of the trait resilience and mental health, in: Personality and Individual Differences 76 (2015), 18–27.
9   Vgl. *Ann S. Masten*: Ordinary magic. Resilience processes in development, in: American Psychologist 56/3 (2001), 227.
10 Vgl. *Karen Reivich/Andrew Shatté*: The resilience factor. 7 essential skills for overcoming life's inevitable obstacles, New York City 2002; *Steven M. Southwick/Dennis S. Charney*: The science of resilience. Implications for the prevention and treatment of depression, in: Science 338/6103 (2012), 79–82.
11 Vgl. *Andrea Chmitorz/Angela M. Kunzler/Isabella Helmreich/Oliver Tüscher/Raffael Kalisch/Thomas Kubiak/Michèle Wessa/Klaus Lieb*: Intervention studies to foster resilience–A systematic review and proposal for a resilience framework in future intervention studies, in: Clinical Psychology Review 59 (2018), 78–100.
12 Vgl. *Andrea Chmitorz/Angela M. Kunzler/Klaus Lieb/Oliver Tüscher*: Interventionen zur Steigerung der Resilienz, in: Nervenheilkunde 40/04 (2021), 236–241.

4. Achtsamkeit und Resilienz

Im Kontext von Achtsamkeit und achtsamkeitsbasierten Verfahren liegen mittlerweile eine Reihe konzeptueller und empirischer Studien vor, die sich mit der Rolle von Achtsamkeit für den Aufbau von Resilienz beschäftigen.[13] Das Feld ist dabei insgesamt heterogen im Hinblick auf die betrachteten Populationen und psychischen Belastungen bzw. Störungen.

Thompson et al.[14] schlagen Achtsamkeit und Akzeptanz als mögliche Wirkkomponenten für psychologische Resilienz nach traumatischen Erfahrungen vor. Konzeptionell gehen sie davon aus, dass für die Entwicklung posttraumatischer Belastungsstörungen Erfahrungsvermeidung (experiential avoidance) und die Abwesenheit von Achtsamkeit eine wichtige Rolle spielen könnten. Eine achtsame und akzeptierende Haltung gegenüber Erfahrungen (auch potenziell traumatischen Erfahrungen) könnte demnach mit einer höheren Resilienz nach traumatischen Erlebnissen einhergehen, während sich Erfahrungsvermeidung, Dissoziation und vermeidende Bewältigungsstrategien negativ auswirken sollten.

Achtsamkeitsbasierte Interventionen, die auf die Förderung von Resilienz abzielen, sind bereits in einer Vielzahl von unterschiedlichen Gruppen durchgeführt worden, beispielsweise unter Pflegepersonal und Feuerwehrleuten.[15] Die meisten solcher Studien fanden eine Erhöhung der Resilienz durch die Vermittlung von Achtsamkeit im Rahmen von achtsamkeitsbasierten Verfahren wie MBSR oder an MBSR angelehnten Verfahren.[16] In einer Übersichtsarbeit zu Ansätzen, die die Resilienz erhöhen sollten, fanden Joyce et al.[17] einen moderat positiven Effekt (d=.44, 95% CI.23–.64) für die Verfahren insgesamt (im Vergleich zu Kontrollgruppen); in Subgruppenanalysen zeigten sich Hinweise, dass achtsamkeitsbasierte Verfahren und kognitiv-behaviorale Verfahren sowie Mischungen der beiden Ansätze effektiv waren. So erwies sich der Effekt für

---

13 Vgl. *Rachel W. Thompson/Diane B. Arnkoff/Carol R. Glass*: Conceptualizing mindfulness and acceptance as components of psychological resilience to trauma, in: Trauma, Violence, & Abuse 12/4 (2011), 220–235.

14 Vgl. *Thompson* et al.: Conceptualizing mindfulness and acceptance as components of psychological resilience to trauma, 220–235.

15 Vgl. *Ekaterina Denkova/Anthony P. Zanesco/Scott L. Rogers/Amishi P. Jh*: Is resilience trainable? An initial study comparing mindfulness and relaxation training in firefighters, in: Psychiatry Research 285 (2020); *Sadhbh Joyce/Fiona Shand/Richard A. Bryant/Tara J. Lal/Samuel B. Harvey*: Mindfulness-based resilience training in the workplace: Pilot study of the internet-based Resilience@ Work (RAW) mindfulness program, in: Journal of Medical Internet Research 20/9 (2018), e10326.

16 Vgl. *Sadhbh Joyce/Fiona Shand/Joseph Tighe/Steven J. Laurent/Richard A. Bryant/Samuel B. Harvey*: Road to resilience. A systematic review and meta-analysis of resilience training programmes and interventions, in: BMJ Open 8/6 (2018), e017858.

17 Vgl. *Joyce* et al.: Road to resilience, e017858.

achtsamkeitsbasierte (0.46, 95% CI 0.10–0.82) sowie gemischte Verfahren (0.51, 95% CI 0.12–0.91) als mittelgroß, jener für kognitiv-behaviorale Verfahren als klein (0.27, 95% CI 0.05–0.50). Bei der Interpretation dieser Ergebnisse ist angesichts der eher geringen Anzahl an untersuchten Studien eine gewisse Vorsicht geboten; dies trifft insbesondere auf die Subgruppe der achtsamkeitsbasierten Verfahren zu, welche nur zwei Studien umfasst.

Empirische Studien untersuchten verschiedene Gruppen: Galante et al.[18] untersuchten in ihrer „Mindful Student Study" insgesamt 616 Studierende, die sie in einem randomisiert-kontrollierten Design entweder einer achtsamkeitsbasierten Intervention oder einer „support as usual"-Gruppe zuteilten. Es fand sich gegenüber der „support as usual"-Gruppe eine signifikante Reduktion erlebter Belastungen während der Prüfungszeit (mit moderatem Effekt; β = –0.44, 95% CI –0.60–(–0.29)); die Autoren interpretieren das Ergebnis als einen Hinweis darauf, dass achtsamkeitsbasierte Verfahren bei Studierenden zu einer Erhöhung der Resilienz führen. Yuan[19] untersuchte die Auswirkung von Achtsamkeitstraining auf die Resilienz Jugendlicher während der COVID-19-Pandemie in China. Mittels latent-growth-curve-Analysen konnten sie zeigen, dass Achtsamkeitstraining die Resilienz und emotionale Intelligenz im Vergleich mit einer Kontrollgruppe erhöhte. In einer Studie an Assistenzärzten im chirurgischen Bereich[20] zeigte sich, dass auch diese stark belastete Gruppe von achtsamkeitsbasierten Ansätzen bezüglich einer Steigerung der Resilienz profitiert.

Es finden sich demnach in der aktuellen Literatur Hinweise darauf, dass achtsamkeitsbasierte Verfahren die Resilienz (die in der Regel als primäre oder sekundäre Outcome-Variable erfasst wurde) stärken können. Allerdings gibt es bisher kaum theoretische Überlegungen dazu, auf welche Weise das geschieht (d. h. welcher „Mechanismus" dahinterstecken könnte), sondern es wird meist einfach der Zusammenhang vermutet und empirisch überprüft. Wells und Klocko[21] argumentieren in diesem Zusammenhang, dass Achtsamkeit und Selbstfürsorge eine wichtige Rolle für die Entwicklung von Resilienz darstellen und nehmen als Mechanismus an, dass Achtsamkeit „die emotionalen Reserven wiederherstellt" – eine Annahme, die eher global formuliert ist und die sicher in

---

18 Vgl. *Julieta Galante/Géraldine Dufour/Maris Vainre/Adam P. Wagner/Jan Stochl/Alice Benton/Neal Lathia/Emma Howarth/Prof. Peter B. Jones*: A mindfulness-based intervention to increase resilience to stress in university students (the Mindful Student Study). A pragmatic randomised controlled trial, in: The Lancet Public Health 3/2 (2018), e72–e81.

19 Vgl. *Yue Yuan*: Mindfulness training on the resilience of adolescents under the COVID-19 epidemic. A latent growth curve analysis, in: Personality and Individual Differences 172 (2021), 110560.

20 Vgl. *Carter C. Lebares/Amy O. Hershberger/Ekaterina V. Guvva/Aditi Desai/James Mitchell/Wen Shen/Linda M. Reilly/Kevin L. Delucchi/Patricia S. O'Sullivan/Nancy L. Ascher/Hobart W. Harris*: Feasibility of formal mindfulness-based stress-resilience training among surgery interns. A randomized clinical trial, in: JAMA Surgery 153/10 (2018), e182734-e182734.

21 Vgl. *Caryn M. Wells/Barbara A. Klocko*: Principal well-being and resilience. Mindfulness as a means to that end, in: NASSP Bulletin 102/2 (2018), 161–173.

weiteren Studien empirisch überprüft werden sollte. Es fehlen auch methodisch aufwendigere Mediationsanalysen, die klären, ob eine Veränderung von Achtsamkeit einer Veränderung von Resilienz *vorausgeht* und ob beide Veränderungen statische miteinander *verknüpft* sind, also ob sich bei Personen, bei denen sich größere Veränderungen im Bereich Achtsamkeit zeigen, auch größere Veränderungen im Bereich Resilienz zeigen. Durchaus denkbar wäre auch der umgekehrte Fall, dass Menschen, die resilient sind, einfacher in einen achtsamen Bewusstheitszustand kommen können.

5. Achtsamkeit und Resilienz – Fallstricke

Die oben dargestellten Studien weisen auf interessante Perspektiven hin, gleichzeitig lassen sich im Verhältnis von Achtsamkeit und Resilienz auch einige Fallstricke ausmachen, die in der weiteren Forschung und Praxis berücksichtigt werden sollten. Hierbei wollen wir vor allem auf die Problematisierung des Resilienzkonzeptes von Eva Illouz eingehen und daraus einige Konsequenzen ableiten, die auch für Achtsamkeit, gerade unter einer Anwendungsperspektive, relevant sind.

6. Die Kritik des Resilienzkonzeptes von Eva Illouz

Eva Illouz[22] hat auf die problematischen Aspekte des Resilienzbegriffes hingewiesen und sieht diese vor allem in der gesellschaftlichen Funktion des Begriffs. Sie schreibt, „dass Resilienz – allgegenwärtig beworben als eine Technik mit Verlusten, Unsicherheit, Arbeitslosigkeit und Trauma umzugehen – eine soziale Fiktion ist, die uns schlussendlich zu gefügigen und ängstlichen Staatsbürgern machen wird".[23] So bestreite das Konzept der Resilienz die Berechtigung von negativen Gefühlen und wäre dadurch nicht in der Lage, selbstschädigende negative Gefühle von solchen zu unterscheiden, die natürliche Reaktionen auf Machtmissbrauch durch Institutionen sind: Neid, Wut, Hass, Depression oder Verzweiflung. Sie betont die Wichtigkeit auch die politische Dimension solcher negativen Gefühlszustände zu beachten, da diese häufig im Zusammenhang mit dem Beharren auf Gerechtigkeit entstehen und eine motivationale Quelle für politische Veränderungen darstellen können. Eine Kultur der Resilienz hielte

---

22 Vgl. *Eva Illouz*: Resilienz – gesellschaftliche Auswirkungen einer psychologischen Theorie, in: Verhaltenstherapie & psychosoziale Praxis 51/3 (2019), 467–474.
23 *Illouz*: Resilienz, 472.

solche Gefühlszustände für ungerechtfertigt und pathologisiere sie. Qualitäten wie Optimismus, Heiterkeit und Positivität werden zu Tugenden erhoben, die von Menschen verlangen: „[...] Weine nicht, beklage dich nicht, fühle kein Leid und bringe es nicht zum Ausdruck, sei positiv und passe dich an jegliche Umstände an, in denen Du Dich wiederfindest."[24]

Die Ideologie der Resilienz könnte so Intuitionen dabei unterstützen, ihren Machtmissbrauch erfolgreich zu verschleiern, in dem sie Normen erschaffe, die die Anpassung an die Härten dieser Institutionen (z. B. Arbeitsbedingungen, Zeitdruck, Kündigen, Kriege) zum Zeichen moralischer und psychischer Tugend macht und das Unvermögen, die Herausforderungen des Lebens zu bewältigen, somit delegitimierte und zur Schmach erkläre. Sie fragt provozierend: „Sind Kämpfer, die sich schneller von Gräueln erholen, wünschenswerter als solche, die dies nicht können?", „Sind Menschen, die resilient gegen die Grausamkeit des Neoliberalismus sind, bewundernswerter als seine Opfer?"

Darüber hinaus gibt Illouz zu bedenken, dass Eigenschaften, die gut für ein Individuum sind, nicht unbedingt gut für die Gesellschaft als Ganzes sein müssen. Während es im Einzelfall für ein Individuum durchaus gut sein könne, resilient mit den Herausforderungen der neoliberalen Gesellschaft umzugehen, geht sie davon aus, dass auf gesamtgesellschaftlicher Ebene das Konzept der Resilienz zu einer Vertuschung des Skandals des Leides beitragen kann. Wenn das Individuum jederzeit dazu in der Lage sein soll, sich aus dem eigenen Missgeschick zu befreien (z. B. Arbeitslosigkeit, Ausbeutung, Traumata), dann kann ein vertanes Leben ausschließlich das Ergebnis eines missratenen Selbst sein. Aus der Perspektive von Illouz führe somit das Konzept der Resilienz zu einer basalen Leugnung von Leiderfahrungen.

7. Die Kritik an der durch Achtsamkeit gesteigerten Resilienz

Nach der in der Forschung und in der Gesellschaft insgesamt sehr positiven Aufnahme von Achtsamkeit, die in den letzten zwei Jahrzehnten zu beobachten war, werden in den letzten Jahren aber auch vermehrt kritische Stimmen laut, die Probleme im Kontext von Achtsamkeit insgesamt oder die spezifische westliche Arte der „Vermarktung" von Achtsamkeit diskutieren. Eine ausführliche Erörterung dieser kritischen Diskussionen würde den Rahmen dieses Beitrags deutlich sprengen. Wir wollen im Folgenden einen Aspekt etwas genauer betrachten, da er im Rahmen der von Eva Illouz vorgetragen Kritikpunkte

---

24 *Illouz*: Resilienz, 472.

gegenüber dem Konzept der Resilienz besonders relevant erscheinen – der Einsatz von Achtsamkeitstrainings in Organisationen.

In den letzten Jahren haben viele internationale, aber auch deutsche Unternehmen für ihre Mitarbeiter Achtsamkeitstrainings entwickelt. Solche Trainings stellen entweder Abwandlungen des MBSR Programms dar oder basieren auf anderen Prinzipen wie Emotionaler Intelligenz oder Buddhistischer Philosophie.[25] Teilweise werden direkte Bezüge zum Thema Resilienz bereits im Titel hergestellt, so bei dem Programm von Chaskalson: The Mindful Workplace: Developing resilient individuals and resonant organizations with MBSR.[26] Viele große Firmen wie Google, SAP oder Siemens bieten Achtsamkeitsprogramme für ihre Mitarbeiter an.

Unter der kritischen Perspektive, die Illouz aufwirft, lässt sich fragen, ob Achtsamkeit mit der auf Nicht-Wertung und Akzeptanz ausgerichteten Grundhaltung das neue „Opium fürs Volk"[27] bzw. für die Mitarbeiter ist, dass sie in ausbeuterischen und überlastenden Arbeitskontexten ruhig und belastbar halten soll. Diese Fragen sind sicherlich sehr grundlegender Art und eine „Antwort" auf diese Kritik ist nicht einfach so zu geben und verlangt ein großes Maß an Differenzierung auf unterschiedlichen Ebenen. Im Folgenden wollen wir kurz skizzieren, wie eine Anwendung von Achtsamkeit ausschauen könnte, die zumindest einige der diskutierten Probleme berücksichtigt und die Gefahr des Missbrauchs von Achtsamkeit und Resilienz als Opium für die Mitarbeiter immerhin verringern kann und gleichzeitig das aus unserer Sicht hilfreiche Potential von Achtsamkeit auch in Organisationen fördern kann.

Ein entscheidender Aspekt ist dabei sicherlich die Unterscheidung von „Verhaltensprävention" und „Verhältnisprävention". Während Verhaltensprävention am Individuum ansetzt und seine Fertigkeiten zu einer gesunden Lebensführung stärken möchte, setzt die Verhältnisprävention auf der Ebene der Organisation an und versucht durch Veränderungen der Arbeitsumgebung, der Arbeitsorganisation oder der Aufgaben des Mitarbeiters Stress und Belastung zu reduzieren. Von zentraler Bedeutung ist nun, dass Verhaltensprävention niemals Verhältnisprävention ersetzten kann. Der Versuch, Mitarbeiter und Mitarbeiterinnen durch ausschließlich am Individuum ansetzende Maßnahmen im Angesicht problematischer Aspekte der Organisation stressresistent und resilient zu machen, erscheint ineffektiv oder zumindest

---

25 Vgl. *Silke Rupprecht/Pia Falke/Niko Kohls/Chris Tamdjidi/Marc Wittmann/Wendy Kersemaekers*: Mindful leader development. How leaders experience the effects of mindfulness training on leader capabilities, in: Frontiers in Psychology 10 (2019), 1081.
26 Vgl. *Michael Chaskalson*: The mindful workplace. Developing resilient individuals and resonant organizations with MBSR, Hoboken 2011.
27 *Thomas Heidenreich/Johannes Michalak*: Achtsamkeit und Akzeptanz. Opium für das Volk?, in: PiD-Psychotherapie im Dialog 8/02 (2007), 194–195.

ethisch fragwürdig. Rupprecht et al.[28] schlagen daher ein Multi-Level Modell von Achtsamkeit in Organisationen vor, dass Achtsamkeit als eine Eigenschaft von Teams und Organisationen als Ganze versteht und nicht (nur) als die Eigenschaft von Individuen. In solch einem Konzept können auch Achtsamkeitstrainings für individuelle Mitarbeiter und Mitarbeiterinnen durchgeführt werden. Zusätzlich und grundlegend gibt es aber ein Team-Achtsamkeitsverständnis, bei dem gemeinsam die Aufmerksamkeit auf die Team Erfahrungen und die zugrundeliegenden Ziele, Aufgaben, Rollen und Strukturen des Teams in regelmäßigen Abständen und nicht-wertenden Art und Weise gerichtet wird. Vor den individuellen Achtsamkeitstrainings sollten die Faktoren geprüft und verändert werden, die Stress in der Arbeitsumgebung verursachen (z. B. Arbeitsbelastung, Bullying, Diskriminierung, unklare Rollen). Außerdem erscheint es günstig, Achtsamkeitstrainings nicht mit einzelnen selbstzugewiesenen Mitarbeitern und Mitarbeiterinnen durchzuführen, sondern mit ganzen Teams oder Organisationen. Insgesamt können wir uns dem Resümee der Autoren nur anschließen, dass es nicht ausreicht, das Training von Einzelpersonen in Achtsamkeit als Allheilmittel für moderne Probleme am Arbeitsplatz anzubieten. Nur in dem oben skizzierten Rahmen kann Achtsamkeit in Organisationen sein Versprechen einlösen und nicht zu einer leeren Worthülse werden, mit der sich alles Mögliche verkaufen lässt.

In einem solchen Kontext, und das gilt sicherlich nicht nur für Institutionen, sondern auch für die Gesellschaft insgesamt, kann ein achtsamer Umgang mit Achtsamkeit möglichweise sogar dazu beitragen, dass Achtsamkeit die „Wahrnehmung" auch ungünstiger Verhältnisse ermöglicht ohne vorschnelle automatisierte Reaktionen und Handlungen, die häufig lediglich kurzfristig Erleichterung verschaffen, langfristig aber Leiden verstärken. Achtsamkeit und Akzeptanz können in diesem Sinne Sensibilität für Ungerechtigkeiten und Missstände erhöhen und eine „geklärte" Motivation für Veränderungen schaffen. Unserer Meinung nach haben aber diese auf der Basis von Achtsamkeit und Akzeptanz erfolgten Handlungen einen anderen „Geschmack" als einfacher Aktionismus: Sie versuchen, so gut es geht, starre Subjekt/Objekt-Dichotomien zu transformieren und einen „nachhaltigen" Umgang mit sich, dem Problem und dem „Anderen" zu pflegen. Aber dies ist sicherlich auch eine Idealvorstellung, die der dauerhaften kritischen Beobachtung der Umsetzung von Achtsamkeit auf gesellschaftlicher Ebene, auf Ebene von Institutionen und auf der Ebene des Individuums bedarf.

---

28 Vgl. *Silke Rupprecht/Wibo Koole/Michael Chaskalson/Chris Tamdjidi/Michael West*: Running too far ahead? Towards a broader understanding of mindfulness in organisations, in: Current Opinion in Psychology 28 (2019), 32–36.

8. Achtsamkeit und Resilienz – Resümee

Achtsamkeit und Resilienz scheinen miteinander verknüpft zu sein. Zukünftige Forschung sollte klären, wie die Zusammenhänge genau aussehen: führt Achtsamkeit zu Resilienz oder gilt (auch) der umgekehrte Zusammenhang, dass resiliente Menschen besser eine achtsame Bewusstseinsqualität entfalten können? Außerdem sollte geklärt werden, welche Prozesse dazu führen, dass Achtsamkeit und Resilienz miteinander verknüpft sind. Zu denken wäre hier an bekannte Wirkfaktoren von Achtsamkeit wie die Reduktion von Grübelprozessen, eine Verringerung der Identifikation mit Gedanken und Gefühlen oder ein mitfühlender und akzeptierender Umgang mit sich selber. Wichtig erscheint aber auch, mögliche Fallstricke im Kontext von Achtsamkeit und Resilienz, gerade im Bereich der Dynamik moderner Gesellschaften, mit im Auge zu behalten.

Literaturverzeichnis

Bishop, Scott R./Lau, Mark/Shapiro, Shauna/Carlson, Linda/Anderson, Nicole D./Carmody, James/Segal, Zindel V./Abbey, Susan/Speca, Michael/Velting, Drew/Devins, Gerald: Mindfulness. A proposed operational definition, in Clinical Psychology: Science and Practice 11/3 (2004), 230–241.

Bonanno, George A./Westphal, Maren/Mancini, Anthony D.: Resilience to loss and potential trauma, in: Annual Review of Clinical Psychology 7 (2011), 511–535.

Chaskalson, Michael: The mindful workplace. Developing resilient individuals and resonant organizations with MBSR, Hoboken 2011.

Chmitorz, Andrea/Kunzler, Angela M./Helmreich, Isabella/Tüscher, Oliver/Kalisch, Raffael/Kubiak, Thomas/Wessa, Michèle/Lieb, Klaus: Intervention studies to foster resilience – A systematic review and proposal for a resilience framework in future intervention studies, in: Clinical Psychology Review 59 (2018), 78–100.

Chmitorz, Andrea/Kunzler, Angela M./Lieb, Klaus/Tüscher, Oliver: Interventionen zur Steigerung der Resilienz, in: Nervenheilkunde 40/04 (2021), 236–241.

Denkova, Ekaterina/Zanesco, Anthony P./Rogers, Scott L./Jh, Amishi P.: Is resilience trainable? An initial study comparing mindfulness and relaxation training in firefighters, in: Psychiatry Research 285 (2020).

Feder, Adriana/Charney, Dennis/Collins, Kate: Neurobiology of resilience, in: Resilience and Mental Health, Cambridge 2011.

Galante, Julieta/Dufour, Géraldine/Vainre, Maris/Wagner, Adam P./Stochl, Jan/Benton, Alice/Lathia, Neal/Howarth, Emma/Jones, Peter B.: A mindfulness-based intervention to increase resilience to stress in university students (the Mindful Student Study): A pragmatic randomised controlled trial, in: The Lancet Public Health 3/2 (2018), e72–e81.

Goldberg, Simon B./Riordan, Kevin M./Sun, Shufang/Davidson, Richard J.: The empirical status of mindfulness-based interventions: A systematic review of 44 meta-analyses of randomized controlled trials, in: Perspectives on Psychological Science (2021).

Heidenreich, Thomas/Michalak, Johannes: Achtsamkeit und Akzeptanz: Opium für das Volk?, in: PiD-Psychotherapie im Dialog 8/02 (2007), 194–195.

Hu, Tianqiang/Zhang, Dajun/Wang, Jinliang: A meta-analysis of the trait resilience and mental health, in: Personality and Individual Differences 76 (2015), 18–27.

Illouz, Eva: : Resilienz – gesellschaftliche Auswirkungen einer psychologischen Theorie, in: Verhaltenstherapie & psychosoziale Praxis 51/3 (2019), 467–474.

Joyce, Sadhbh/Shand, Fiona/Bryant, Richard A./Lal, Tara J./Harvey, Samuel B.: Mindfulness-based resilience training in the workplace: Pilot study of the internet-based Resilience@Work (RAW) mindfulness program, in: Journal of Medical Internet Research 20/9 (2018), e10326.

Joyce, Sadhbh/Shand, Fiona/Tighe, Joseph/Laurent, Steven J./Bryant, Richard A./Harvey, Samuel B.: Road to resilience: A systematic review and meta-analysis of resilience training programmes and interventions, in: BMJ Open 8/6 (2018), e017858.

Kabat-Zinn, Jon: Full catastrophe living: The program of the stress reduction clinic at the University of Massachusetts Medical Center, New York 1990.

Kuyken, Willem/Warren, Fiona C./Taylor, Rod S./Whalley, Ben/Crane, Catherine/Bondolfi, Guido/Hayes, Rachel/Huijbers, Marloes/Ma, Helen/ Schweizer, Susanne/Segal, Zindel V./Specken, Anne/Teasdale, John D./ Van Heeringen, Kees/Williams, Mark/Byford, Sarah/Byng, Richard/ Dalgleish, Tim: Efficacy of mindfulness-based cognitive therapy in prevention of depressive relapse: An individual patient data meta-analysis from randomized trials, in: JAMA Psychiatry 73/6 (2016), 565–574.

Lebares, Carter C./Hershberger, Amy O./Guvva, Ekaterina V./Desai, Aditi/ Mitchell, James/Shen, Wen/Reilly, Linda M./Delucchi, Kevin L./ O'Sullivan, Patricia S./Ascher, Nancy L./Harris, Hobart W.: Feasibility of formal mindfulness-based stress-resilience training among surgery interns: A randomized clinical trial, in: JAMA Surgery 153/10 (2018), e182734-e182734.

Masten, Ann S.: Ordinary magic: Resilience processes in development, in: American Psychologist 56/3 (2001), 227.

Reivich, Karen/Shatté, Andrew: The resilience factor: 7 essential skills for overcoming life's inevitable obstacles, New York City 2002.

Rupprecht, Silke/Falke, Pia/Kohls, Niko/Tamdjidi, Chris/Wittmann, Marc/ Kersemaekers, Wendy: Mindful leader development: How leaders experience the effects of mindfulness training on leader capabilities, in: Frontiers in Psychology 10 (2019), 1081.

Rupprecht, Silke/Koole, Wibo/Chaskalson, Michael/Tamdjidi, Chris/West, Michael: Running too far ahead? Towards a broader understanding of mindfulness in organisations, in: Current Opinion in Psychology 28 (2019), 32–36.

Segal, Zindel V./Williams, Mark/Teasdale, John: Die Achtsamkeitsbasierte Kognitive Therapie der Depression, Tübingen 2015.

Southwick, Steven M./Charney, Dennis S.: The science of resilience: Implications for the prevention and treatment of depression, in: Science 338/6103 (2012), 79–82.

Thompson, Rachel W./Arnkoff, Diane B./Glass, Carol R.: Conceptualizing mindfulness and acceptance as components of psychological resilience to trauma, in: Trauma, Violence, & Abuse 12/4 (2011), 220–235.

Wells, Caryn M./Klocko, Barbara A.: Principal well-being and resilience: Mindfulness as a means to that end, in: NASSP Bulletin 102/2 (2018), 161–173.

Yuan, Yue: Mindfulness training on the resilience of adolescents under the COVID-19 epidemic: A latent growth curve analysis, in: Personality and Individual Differences 172 (2021), 110560.

Resilienz und Normativität

Zur Debatte um die philosophisch-ethische Anschlussfähigkeit des Resilienzkonzepts

Armin G. Wildfeuer

Begriff und Konzept der Resilienz haben seit Anfang der 70er Jahre des 20. Jahrhunderts zuerst in der Ökologie, dann in der Entwicklungspsychologie und schließlich in den Sozialwissenschaften eine steile Karriere hinter sich gebracht. Ihr Reiz liegt u. a. in der Hoffnung, dass Natur- und Gesellschaftsforscher nun näher zusammenrücken und die Disziplinengrenzen zwischen deskriptiv-empirischen Naturwissenschaften und den Human- und Sozialwissenschaften, die sowohl in ihrer Theorie- wie Begriffsbildung auf deskriptiv-präskriptiven bzw. empirisch-normativen Mischkonzepten fußen,[1] in einem multidisziplinären Diskurs[2] überwinden.

Auch für den Resilienzbegriff gilt – ebenso wie für seine Gegenbegriffe Vulnerabilität, Fragilität, Störanfälligkeit oder Prekarietät – dieser deskriptiv-normative Mischcharakter der Verschränkung von Faktischem und Normativem. Denn auch für den Resilienzbegriff als einen „Schlüsselbegriff des 21. Jahrhunderts" gilt, so Ulrich Bröckling: „Schlüsselbegriffe, in denen sich die Signatur einer Zeit paradigmatisch verdichtet, sind selten rein deskriptiv. [...] Resilienz ist ein Grenzbegriff, der zwischen analytischer Beschreibungskategorie und normativer Handlungsorientierung changiert und gerade durch seine Mehrdeutigkeit zwischen wissenschaftlichen Disziplinen und Praxisfeldern vermitteln und auf diese Weise Plausibilität und politische Wirkmächtigkeit gewinnen kann."[3]

Der folgende Beitrag rückt die Frage nach der Bedeutung der normativen Dimension des Resilienzkonzepts in den Mittelpunkt. Deren Beachtung wird

---

1 Vgl. *Johannes Ahrens/Raphael Beer/Uwe H. Bittlingmayer/Jürgen Gerdes*: Normativität. Über die Hintergründe sozialwissenschaftlicher Theoriebildung, Wiesbaden 2011.

2 Vgl. dazu Rüdiger Wink (Hg.): Multidisziplinäre Perspektiven der Resilienzforschung, Wiesbaden 2016; Henrik Thorén: Resilience as a Unifying Concept, in: International Studies in the Philosophy of Science 28/3 (2014), 303–324; Maria Karidi/Martin Schneider/Rebecca Gutwald (Hg.): Resilienz. Interdisziplinäre Perspektiven zu Wandel und Transformation. Wiesbaden 2018.

3 *Ulrich Bröckling*: Resilienz. Über einen Schlüsselbegriff des 21. Jahrhunderts, in: Soziopolis (24.07.2017). Online abrufbar unter: https://www.soziopolis.de/resilienz.html, letzter Zugriff: 07.04.2021; vgl. *Fridolin Simon Brand/Kurt Jax*: Focusing the Meaning(s) of Resilience. Resilience as a Descriptive Concept and a Boundary Object, in: Ecology and Society 12/1 (2007), Art. 23.

zwar immer wieder angemahnt und deren zentrale Stellung für ein adäquates Gesamtverständnis von Resilienz immer wieder betont, aber deren explizite Bearbeitung – sieht man von Fällen ab, wo Resilienz selbst zur normativen Forderung etwa im politischen Bereich wird[4] – nur relativ selten systematisch in Angriff genommen.[5] Wie bedeutsam diese Klärung freilich für die Plausibilität des Resilienzkonzepts insgesamt ist, das zeigt sich u. a. auch daran, dass die vermutete Nicht-Normativität des Resilienzdenkens dazu führt, normative Ersatzkonzepte wie etwa das des „Social Futuring" als eine Art „normative framework" für das Resilienzdenken anzustoßen.[6]

Der Frage nach den normativen Implikationen der Resilienzidee wird im Folgenden in drei Abschnitten nachgegangen:

In einem ersten Abschnitt (*1. Systemresilienz und generelle Normativität: Ein analytischer Blick auf den Resilienzbegriff*) wird gefragt, in welcher Weise von Resilienz als von einem normativ-deskriptiven Mischkonzept gesprochen werden kann und inwiefern die Anwendung des Konzepts sowohl im naturalen wie im humanen Bereich prinzipiell nicht ohne starke normative Annahmen auskommt.

Ein zweiter Abschnitt (*2. Humane Resilienz und spezielle Normativität: Normative Implikationen und Grundlagen individuumszentrierter Resilienz*) widmet sich der Frage nach den normativen Ansprüchen, die sich aus anthropologischen Basisannahmen für die Anwendung des Resilienzdenkens im humanen Bereich ergeben. Deren unbedingt geforderte Beachtung macht Resilienz von menschlichen Individuen allererst sinnvoll aussagbar.

Ein dritter Abschnitt (*3. Resilienz und historische Normativität: Die Anschlussfähigkeit des Resilienzdenkens an die Tradition philosophisch-ethischer Theoriebildung*) geht der Frage nach der „historischen" Normativität des Resilienzdenkens nach, mithin der Frage, inwiefern sich die Resilienzidee als anschlussfähig erweist an bestimmte, in der Geistes- und Ethikgeschichte begegnende normativ-ethische Theorieansätze.

---

4   Vgl. z. B. *Elena B. Pavlova/Tatiana A. Romanova*: Resilience in EU Discourse. A New Norm in Relations with Russia?, in: Russia in Global Affairs 17/4 (2019), 110–126.

5   Vgl. *Andrea M. Keessen/Jurrien M. Hamer/Helena F. M. W. van Rijswick/Mark Wiering*: The Concept of Resilience from a Normative Perspective. Examples from Dutch Adaptation Strategies, in: Ecology & Society 18/2 (2013), art. 45; *Henrik, Thorén/Lennart Olsson*: Is resilience a normative concept?, in: Resilience 6/2 (2018), 112–128; *Julian Nida-Rümelin/Rebecca Gutwald*: Der philosophische Gehalt des Resilienzbegriffs. Normative Aspekte, in: Münchner Theologische Zeitschrift 67 (2016), 250–262; *Martin Schneider/Markus Vogt*: Responsible resilience. Rekonstruktion der Normativität von Resilienz auf Basis einer responsiven Ethik, in: Gaia – Ecological Perspectives for Science and Society 26/1 (2017), 174–181.

6   Vgl. *János Csák*: Social futuring – A Normative framework, in: Society and Economy 40/1 (2018), 21–45; *Zoltán Oszkár Szántó/Petra Aczél/János Csák/Chris Ball*: Foundations of the Social Futuring Index, in: Információ's Társadalom 19/4 (2020), 115–132.

1. Systemresilienz und generelle Normativität: Ein analytischer Blick auf den Resilienzbegriff

Die Frage nach der evaluativen Aufladung und dem normativen Gehalt des Resilienzkonzepts ist Gegenstand vieler Diskussionen. Dabei können grundsätzlich[7] drei Antworten begegnen: Erstens könnte vor allem mit Blick auf die Herkunft des Konzepts aus der Ökologie und mit Verweis auf Holling[8] behauptet werden, das Konzept habe einen rein deskriptiven Charakter. Oder es wird – zweitens – anerkannt, dass das Konzept normativ oder zumindest implizit normativ ist. Neben der Behauptung reiner Deskriptivität wie primärer Normativität des Systems begegnet aber auch – insbesondere bei neueren Definitionsversuchen – die Ansicht, es handle sich bei Resilienz um eine Art Hybridkonzept, das Merkmale beider Varianten aufweise und in sich vereinigt. Ein wiederkehrender Diskussionspunkt ist die Frage, ob der Resilienzbegriff selbst in seiner Anwendung von normativen Voraussetzungen abhängig ist, so dass Resilienz nur dann zugeschrieben werden kann, wenn diese bei der Entität, von der Resilienz ausgesagt wird, gegeben sind. Eine Antwort auf die Frage nach dem prinzipiellen Zusammenhang von Resilienz und genereller Normativität macht eine philosophische Analyse des Resilienzsbegriffs nötig.

1.1 Die Basisidee hinter dem Resilienzkonzept: Persistenz der Eigentümlichkeit des Systems als wichtigste Norm

Wie die Literatur und die Vielfalt der Definitionsversuche von Resilienz zeigt, gibt es nicht nur eine, sondern viele und definitorisch unterschiedlich komplexe Begriffe von Resilienz. Dennoch wird man im Sinne einer Art Wittgenstein'schen „Familienähnlichkeit"[9] von einem gemeinsamen Begriffskern ausgehen können, selbst dann, wenn der Resilienzbegriff je nach der Disziplin, in der er eingesetzt wird (u. a. Ökologie, Ökonomie, Psychologie, Sozialwissenschaften usw.), stark unterschiedliche Konnotationen und Schwerpunkte hat.

Eine seinen Ursprüngen treu bleibende und mit vielen Konzepten kompatible „enge", für die Analyse der normativen Implikationen aber hinreichende Definitionsvariante von Resilienz bieten Thorén/Olsson:

---

7 Vgl. die Übersicht bei *Brand/Jax*: Focusing the Meaning(s) of Resilience.
8 Vgl. *Crawford Stanley Holling*: Resilience and stability of ecological systems, in: Annual Review of Ecology and Systematics 4/1 (1973), 1–23.
9 Vgl. *Ludwig Wittgenstein*: Philosophische Untersuchungen, Frankfurt a. M. 1982.

> Resilienz ist die Fähigkeit eines Systems S, eine Störung D unter Beibehaltung seiner identitätsbildenden Eigentümlichkeit I zu absorbieren.[10]

Die Definition besteht aus drei auslegungsbedürftigen Komponenten, nämlich S (für system/System), D (für disturbance/Störung) und I (für property/identitätsstiftende Eigentümlichkeit). Der Definition zufolge erweist sich mithin ein System dann und nur dann als resilient, wenn es dann, wenn es einer Störung unterworfen wird, durch die Störung hindurch in seiner identitätsstiftenden Eigentümlichkeit erhalten bleibt. Der Fokus auf die „Beibehaltung der Eigentümlichkeit des Systems" setzt die Resilienzidee ab von der Vorstellung, es handele sich bei Resilienz um eine starre Stabilität bzw. um die Fähigkeit, nach der Störung zu einem bestimmten, fest fixierten Referenzzustand zurückzukehren, wie das Holling[11] anfänglich unterstellt hatte und wie es vielfach vor allem in der Anwendung auf den sozial-humanen Bereich kritisiert worden ist. Diese Engführung kann dann vermieden werden, wenn zwischen dem System (S) und der spezifischen Eigentümlichkeit des Systems (I), mit Blick auf die Resilienz und Persistenz ausgesagt wird, unterschieden wird. Das das System wesentlich Kennzeichnende (I) kann dabei eine bestimmte Funktion oder Struktur eines Systems meinen, sich aber auch auf quantitative wie auch rein qualitative Merkmale beziehen. Es ist diese Eigentümlichkeit, die die Identität des Systems (I) ausmacht, die trotz der Störung erhalten geblieben ist oder erhalten bleiben soll.

Diese Eigentümlichkeit für ein gegebenes System zu spezifizieren, bedeutet, Persistenzkriterien für dieses System anzugeben, die das System zu dem machen, was es seiner Natur nach ist. Resilienzkonzepte können dabei mit expliziten oder impliziten Persistenzkriterien operieren, wobei es selten vorkommt, dass Persistenzkriterien eindeutig benannt werden. Weil es bei Resilienz nicht darum geht, im Sinne einer starren Resilienz in einem bestimmten Systemzustand zu verharren, sondern um die Fähigkeit eines Systems, wiederkehrende Störungen so zu absorbieren, dass wesentliche Strukturen, Prozesse und Rückkopplungen des Systems erhalten bleiben, sind die Beibehaltung wesentlicher Strukturen, Prozesse und Rückkopplungen das wichtigste Persistenzkriterium. Man könnte auch formulieren: Die Persistenz ist die wichtigste Norm der Resilienzidee. Diese Norm hängt freilich davon ab, wie dieses Resilienzkriterium inhaltlich gefüllt wird und was als das Wesentliche eines Systems betrachtet wird. Was das Wesentliche eines Systems ist, stellt sich freilich nicht von selbst dar oder nimmt Maß an objektiv Gegebenem, sondern

---

10 „Resilience is the ability of a system S to absorb some disturbance D whilst maintaining property I." *Thorén*: Resilience as a Unifying Concept, 311; vgl. *Thorén/Olsson*: Is resilience a normative concept?

11 Vgl. *Holling*: Resilience and stability of ecological systems.

verdankt sich in seiner konkreten Bestimmung dem Resultat eines Deutungsvorgangs, an dessen Ende eine allgemeinbegriffliche Festlegung steht, für die im besten Fall induktive Plausibilitäten angeführt werden können.

Die Störungen (D) des Systems können aus einer systemseitigen und einer weltseitigen, d. h. störungsobjektbezogenen Perspektive betrachtet werden. Ganz unabhängig davon freilich, ob diese Störungen auf völlig unabhängig von dem gestörten System beruhenden Gegebenheiten basieren und eine gleichsam eigene Entität mit eigener Ontologie darstellen, zu einer Störung des Systems (S) i. e. S. wird die störende Gegebenheit immer erst dann, wenn D tatsächlich in irgendeiner Hinsicht auf S einwirkt, wobei es vom Kontext abhängt, sich auf die systemseitige oder die weltseitige Komponente einer gegebenen Störung zu konzentrieren. Resiliente Systeme sind flexibel und ihre Flexibilität ist oft konstitutiv für ihre Resilienz. Die systemseitige Komponente der Störung lässt sich dann als eine Anpassung an die Störung betrachten. In einer Hinsicht flexibel zu sein, ermöglicht es einem System, in anderer Hinsicht etwas festzuhalten. Resilienz bestünde dann in einer Anpassungsleistung des Systems unter Beibehaltung der strukturellen Identität bzw. der wesentlichen Eigentümlichkeit (I) des Systems. Anders gewendet: Das System passt sich um der Erhaltung seiner Eigentümlichkeit willen an. Dies entspricht der bereits gemachten Feststellung, dass die Persistenz der Systemeigentümlichkeit die oberste Norm der Resilienzidee ist. Wenn wir mithin unter Resilienz verstehen, dass etwas durch eine Störung hindurch erhalten bleibt, so muss es eine Trennung geben zwischen dem, was die Kontinuität des Systems ausmacht, und dem, was dessen Eigentümlichkeit ausmacht und was gestört werden kann. Was es mithin im konkreten Fall bedeutet, ein System zu stören, ist davon abhängig, was als Persistenz dieses Systems verstanden wird. Die Formulierung von Persistenzkriterien jedoch hängt unter anderem aber von den Bedürfnissen, Absichten und Interessen derjenigen ab, die den Begriff von etwas verwenden, die versuchen, ein Ereignis zu erklären, das Verhalten eines Systems vorherzusagen, Merkmale zweier Systeme zu vergleichen, Interventionen zu entwerfen oder einfach nur interessante Hypothesen aufzustellen. All dies erfordert einen unterschiedlichen Grad an Präzision der Festlegung von Persistenzkriterien und ist abhängig von unterschiedlichen ontologischen und epistemologischen Festlegungen.

1.2 Resilienz als evaluativer Begriff auf dem Hintergrund der Unterscheidung deskriptiver und normativer Begriffe

Wie lassen sich nun, so ist zu fragen, deskriptive und normative Aspekte von Resilienz unterscheiden? Prima vista ist die Unterscheidung einfach: Deskriptive Aussagen spezifizieren, was der Fall ist, und normativen Aussagen bestehen in

Präskriptionen, d. h. Vorschriften dessen, was der Fall sein sollte oder als solches wünschenswert ist. Eine Möglichkeit, normative Begriffe zu analysieren, besteht darin, sie als evaluative, d. h. wertorientierte oder wertgeladene Begriffe zu betrachten. Solche Konzepte funktionieren üblicherweise auf folgende Weise: Sie liefern Gründe für Handlungen, wobei ihre korrekte Anwendung nicht davon abhängt, dass sich die Welt in einem bestimmten Zustand befindet. Evaluative Begriffe sind, wie Bernard Williams[12] sagen würde, handlungsleitend („action-guiding"), aber nicht weltgeleitet („world-guided"), d. h. wir bestimmen mit ihnen nicht, was der Fall ist. In dieser Kategorie finden wir bekannte Begriffe wie „gut" und „falsch". Was aber als „gut" oder „falsch" bezeichnet wird, hängt von den Werten und wertenden Stellungnahmen bestimmter Personen oder Gruppen ab, nicht von einem bestimmten, weltseitig objektiv vorliegenden und von wertenden Subjekten unabhängigen Zustand. Deskriptive Begriffe wie „klein", „Baum", „Jahr" etc. hingegen funktionieren in umgekehrter Weise: Sie liefern keinen Grund für ein Handeln, sondern ihre korrekte Anwendung hängt im Wesentlichen davon ab, wie die Welt ist oder zumindest davon, als was sie betrachtet wird. Deskriptive Begriffe sind mithin „weltgeleitet", aber nicht „handlungsleitend".

Jenseits dieser beiden Kategorien scheint es eine weitere Klasse von Begriffen zu geben, die die Unterscheidungsmerkmale sowohl von deskriptiven als auch von evaluativen Konzepten in sich vereint. Es handelt sich um Begriffe, die sowohl Gründe für Handlungen liefern, als uns auch darüber etwas sagen, wie die Welt ist. Williams nennt diese Konzepte „thick evaluative concepts" (starke evaluative Begriffe), im Gegensatz zu „thin evaluative concepts" („schwache evaluative Begriffe", d. h. Begriffe, die rein evaluativ sind). Beispiele für solche „thick evaluative concepts" sind beispielsweise verschiedene Tugenden wie Mut, Grausamkeit, Freundlichkeit, Gelassenheit, Wahrhaftigkeit etc.[13] Ein „starker" normativer oder evaluativer Begriff ist eine Art von Begriff, der sowohl einen signifikanten Grad an deskriptivem Inhalt hat, als auch gleichzeitig evaluativ bzw. normativ aufgeladen ist. So kann z. B. „Mut" grob deskriptiv charakterisiert werden als „sich der Gefahr entgegenstellen, um ein wertvolles Ziel zu fördern". Gleichzeitig aber beinhaltet die Charakterisierung von jemandem als mutig typischerweise auch die Zuschreibung einer moralisch guten Eigenschaft, mithin ein evaluatives Urteil.

Ist Resilienz in dem eingeführten Sinne mithin normativ? Und wenn ja, in welchem Sinne, in einem „schwachen" (rein evaluativen) oder einem „starken" (deskriptiv-normativem) Sinn? Es leuchtet unmittelbar ein, dass es sich beim Resilienzbegriff nicht um einen „schwachen" oder rein evaluativen Begriff handeln kann. Der Begriff hätte ansonsten keinerlei deskriptiven Gehalt. Prima vista plausibler wäre es daher, die Idee der Resilienz als ein starkes evaluatives

---

12 Vgl. *Bernard Williams*: Ethics and the limits of philosophy. London, 2006, 140f. und 150–152.
13 Vgl. *Williams*, Ethics and the limits of philosophy, 140–142.

Konzept verstehen zu wollen. Jedoch auch dies erweist sich als problematisch. Denn es bleibt weiterhin unklar, was es ist, das resilient ist, und ungeklärt, ob Resilienz für sich betrachtet prinzipiell gut oder schlecht ist. So kann etwa sowohl die Diktatur in Nordkorea wie auch die Demokratie in Deutschland resilient genannt werden, insofern sie sich gegenüber Störfaktoren als widerstandsfähig erwiesen haben. Es leuchtet daher ein, dass der Resilienzbegriff nicht automatisch eine positive oder negative Konnotation bei sich führt, wie das für „starke normative Begriffe" nach Williams gegeben sein müsste. Die Trennung des Resilienzbegriffs von einer damit zwangsläufig verbundenen wertenden Konnotierung freilich unterscheidet den Resilienzbegriff mithin signifikant von den oben angeführten „starken evaluativen Begriffen" wie „Mut" oder „Grausamkeit", mit denen unmittelbar immer eine eindeutige positive oder negative Konnotation verbunden ist. Denn mutig zu sein, kann niemals an sich schlecht sein, auch wenn das Ergebnis der Disposition einer bestimmten Person, mutig zu sein, nachteilige Folgen für diese Person (oder andere) haben kann.

In dem von Bernard Williams vorgeschlagenen Sinn kann es sich beim Resilienzbegriff, so muss man konsequenterweise folgern, mithin nur mehr um einen deskriptiven Begriff handeln. Resilienz wäre demnach als die faktische und empirisch belegbare Eigenschaft eines Systems zu begreifen, als „widerstandsfähig", „robust" etc. beschrieben werden zu können, wobei die Zuschreibung unabhängig von wertenden Aussagen über das zugrundeliegende System erfolgt. Anders gewendet: Ob die Resilienz eines Systems S wünschenswert ist oder nicht, hängt dann schlichtweg davon ab, was S ist. Diktaturen sind nicht wünschenswert, also ist auch deren Resilienz nicht wünschenswert. Dies macht den Resilienzbegriff und die Resilienzidee selbst noch nicht zu einem normativen oder evaluativen Konzept. Zu prüfen wäre nur noch, ob es nicht die Anwendung auf bestimmte Arten von Systemen ist, bei der Werte auf eine Weise ins Spiel kommen, die für die Frage nach dem Zusammenhang von Resilienz und Normativität von Bedeutung sein kann. Die Beispiele der zutreffenden Anwendung eines deskriptiven Resilienzbegriffs gleichermaßen auf Diktaturen wie Demokratien bei gleichzeitig moralisch induzierter Scheu, den Resilienzbegriff auf beides anzuwenden, mag in diese Richtung deuten.

1.3 Implikationen eines Verständnisses von Resilienz als Anpassung

Wenn die Normativität nicht im Begriff der Resilienz selbst zu suchen ist, sondern vom Zustand desjenigen Systems abhängt, auf das der Resilienzbegriff Anwendung findet, dann müssen wir uns nochmals der Frage nach der Persistenz bzw. dem Beharren des Systems zuwenden. Wenn die Eigentümlichkeit eines Systems (I) oder einer der davon abhängigen Variablen über einen bestimmten Zeitraum beibehalten wird, dann kann das System über diesen Zeitraum als persistent betrachtet werden. Wenn es innerhalb dieses Zeitintervalls eine Störung des Systems gibt und diese Störung diese Eigentümlichkeit (I) nicht oder nicht ausreichend beeinflusst, dann ist das System belastbar. Ist ein System gestört, dann muss sich etwas am System geändert haben oder irgendwie beeinflusst worden sein. Das gestörte System (S) muss sich also einerseits in seinen wesentlichen Eigenschaften erhalten, andererseits aber auch an die durch die Störung verursachten Gegebenheiten anpassen können, um weiterhin beharren zu können. Der Begriff der Resilienz wäre mehr oder weniger nutzlos, wenn wir nicht angemessen zwischen dem System, das sich anpasst, und dem System, das zusammenbricht, differenzieren könnten. Der Resilienzgedanke ist folglich nur dann kohärent zu gebrauchen, wenn er von einer Anpassung des Systems ausgeht. Anpassung ist dabei nicht als Zeichen für einen Mangel an Widerstandsfähigkeit, sondern geradezu als Zeichen für die Widerstandsfähigkeit des Systems selbst zu verstehen.

M. a. W.: Für die Zuschreibung von Resilienz ist die Erhaltung der spezifischen Eigentümlichkeit (I) des Systems (S) ausschlaggebend. Das System muss sich um der Erhaltung dieser Eigentümlichkeit willen ggf. an die durch eine Störung gegebene neue Situation anpassen, um seine Funktionalität zu wahren. Wichtig ist es also, was wir als Bedingung für das Fortbestehen eines Systems ansehen und was wir als dessen wesentliches Persistenzkriterium ansetzen. Anders gewendet: Je nachdem, was wir als wesentlich für ein System (I) ansehen, kann ein und dasselbe Ereignis entweder als Zeichen für das Vorhandensein von Resilienz oder als Zeichen für das Fehlen von Resilienz gedeutet werden.

Ein Beispiel aus dem Themenfeld Migration[14] mag dies verdeutlichen: Wird das Eigentümliche (I) als Bedingung für das Fortbestehen einer Gemeinschaft (S) in der Bindung an einen bestimmten Ort (Gemeinde) gesehen, dann muss eine Gemeinschaft dann als zerbrochen gelten, wenn sie gezwungen ist, diesen Ort (aufgrund von dauerhaften Naturkatastrophen, politischen Unruhen etc.) zu verlassen. Wird das Eigentümliche (I) jedoch anders bestimmt, z. B. als die Interaktion der Individuen innerhalb der Gemeinschaft oder ihr Wohlergehen, dann kann man diesen Fall von Migration als eine Anpassung und damit als einen Indikator für die Resilienz der Gemeinschaft (S) dann betrachten, wenn die Interaktion trotz des Ortswechsels erhalten geblieben ist. Kurzum: Ein und dieselbe Situation kann, je nachdem, wie wir das System (S) in seiner Eigentümlichkeit (I) wahrnehmen, als Hinweis auf das Vorhandensein von Resilienz im System oder auf das Fehlen derselben verstanden werden.

Es gibt also immer alternative Möglichkeiten, ein System zu beschreiben. Eine wichtige Funktion, der die Formulierung einer Systembeschreibung dient, ist die präzise Angabe der Beharrungskriterien für ein bestimmtes System. Die

---

14 Vgl. *W. Neil Adger*: Social and ecological resilience: Are they related?, in: Progress in Human Geography 24/3 (2000), 347–364.

Bestimmung dessen, was Persistenz für ein bestimmtes System bedeutet und worin dieses (I) besteht, hat erhebliche Auswirkungen darauf, wie Resilienz für dieses System zu verstehen ist. Tatsächlich stehen oft Alternativen zur Verfügung, die zu einem Verständnis von Resilienz führen, das sich in signifikanter Weise unterscheidet. Je nachdem, was für ein bestimmtes System als zentral erachtet wird, werden unterschiedliche Systembeschreibungen als Möglichkeiten, I im Schema zu fixieren, anwendbar. Im Ergebnis heißt dies: Jede Anwendung von Resilienz impliziert eine gewisse Konstruktion oder Annahme darüber, was tatsächlich die Systempersistenz ausmacht, oder zumindest eine Vorstellung davon, was das für ein System Wesentliche bzw. Identitätsstiftende (I) ist, das ein System über die Zeit hinweg dasselbe sein lässt.

In diesem Zusammenhang muss darauf hingewiesen werden, dass es nicht unwahrscheinlich ist zu vermuten, dass Urteile über die Identität eines bestimmten Systems zumindest manchmal auch von den Interessen des Beobachters (und nicht von der – sei es auch eine nur imaginär vorgestellten – Natur des Systems) geprägt sind. In der Tat, es gibt immer mehrere zulässige Beschreibungen für ein System, also einen „Systempluralismus". Gäbe es für jedes System nur eine einzige zulässige Beschreibung, dann würde man von einem „Systemmonismus" sprechen müssen, der zwar den Vorteil hätte, dass das Resilienzkonzept prinzipiell in all seinen Elementen eindeutig beschreibbar wäre, aber den Nachteil, mit substantiellen erkenntnistheoretischen und ontologischen Implikationen belastet zu sein. Allein schon jedoch das bloße Vorhandensein von Beschreibungsalternativen stellt den Systemmonismus massiv in Frage. Dies gilt für „naturale" und „soziale" Systeme gleichermaßen.

Aber auch der Systempluralist sieht sich mit Herausforderungen konfrontiert, auch wenn diese anderer Natur sind. Hier hängt die angemessene Anwendung des Resilienzkonzepts von der Perspektive ab, die man auf das zu untersuchende System einnimmt. Diese Perspektive ist unweigerlich mit Interessen und Werten verbunden. Das erklärt es, warum die eine Weise, ein System zu konstruieren, das System als resilient und adaptiv darstellt, eine andere aber als wenig resilient oder fragil. Der Pluralist ist weniger durch einen bestimmten ontologischen Rahmen oder substanzielle Annahmen über das zugrundeliegende System eingeschränkt, sondern verlässt sich eher auf einen normativen oder axiologischen Rahmen, der die Auswahl einer Perspektive gegenüber einer anderen leitet. Dies trifft nicht nur für eine pluralistischen Sichtweise sozialer Systeme zu, für die es immer mehrere verschiedene zulässige Beschreibungen gibt. Selbst die Anwendung des Resilienzkonzepts innerhalb der Ökologie beruht auf einer Reihe von Idealisierungen, Spezifikationen, substantiellen Annahmen und selbst Wertungen, die alles andere als deskriptiv offensichtlich sind.

1.4 Die sekundäre Normativität des Resilienzkonzepts

Akzeptiert man den Kern der obigen Argumentation, dann lässt sich folgern, dass es sich beim Resilienzbegriff an sich um einen der abstrakten Intention nach deskriptiven Begriff handelt, der aber in seiner Anwendung auf naturale und humane Systeme darauf angewiesen ist, starke normative oder evaluative Annahmen zu machen. Denn die Verwendung des Begriffs hängt wesentlich von einer bestimmten Konstruktion des zugrunde liegenden Systems ab. Diese Konstruktion wiederum beruht auf normativen Annahmen über dieses System (S), sein Funktionieren und dessen wesentliche Eigentümlichkeiten (I). Dies ist besonders deutlich in Bezug auf soziale Systeme. Der Resilienz-Theoretiker muss sich mithin entweder auf weitreichende ontologische Behauptungen einlassen oder aber sich auf eine Reihe von Werten und Normen in Bezug auf die zu untersuchenden Systeme festlegen. Die Annahme, dass Resilienz eine Art natürliche Eigenschaft von Systemen ist, könnte dem Konzept zwar einen Glanz wissenschaftlicher Objektivität verleihen, lässt sich aber insbesondere mit Blick auf soziale Systeme schon deshalb nicht behaupten, weil die Eigentümlichkeit des Systems sich immer einer normativ aufgeladenen Konstruktionsleistung verdankt. Der Resilienzkonzept ist deshalb zwar seiner Intention nach deskriptiv, in seiner Anwendung aber setzt es immer die evaluative Auflagung des zu untersuchenden Systems voraus. Dem Einsatz deskriptiv-empirischer Elemente in der Anwendung des Resilienzkonzepts ist daher eine Art „epistemologischer Bescheidenheit" anzuraten und das Bewusstsein, dass die Zuschreibung von Resilienz von der normativ-konstruktiven Auflagung des Systems, von dem sie ausgesagt werden soll, wesentlich abhängig bleibt.

2. Humane Resilienz und spezielle Normativität: Normative Implikationen und Grundlagen individuumszentrierter Resilienz

Die obigen Ausführungen betrafen im Wesentlichen einen generellen Resilienzbegriff, der auf Entitäten bezogen war, die sich prima vista als „System" identifizieren lassen, wie dies für naturale (Ökosystem) wie auch für soziale Systeme (Staat, Organisation, Institution, Gesellschaft etc.) gleichermaßen zutrifft. Dabei hat sich herausgestellt, dass der Resilienzbegriff zwar seiner Intention nach ein deskriptiver Begriff ist, aber in der konkreten Anwendung Resilienz nie alleine nur aufgrund empirischer Daten festgestellt werden kann, sondern von normativen Vorannahmen abhängt, wie das zu untersuchende System (S) und seine Eigentümlichkeiten (I) bestimmt wird. In seiner

Anwendung ist Resilienz mithin als ein normatives Konzept zu betrachten. Lassen sich aber, so ist nun zu fragen, die bislang gewonnenen Erkenntnisse auch für den individualhumanen Untersuchungsbereich fruchtbar machen? Und wie lassen sich die normativen Grundlagen eines individuumszentrierten Resilienzkonzepts genauer bestimmen? Wir fragen also nach der „speziellen" oder konkreten, d. h. durch die Angabe bestimmter Werthorizonte systemspezifisch bestimmten Normativität, die der Vorstellung humaner Resilienz prinzipiell zugrunde liegen muss, damit der Resilienzbegriff angemessen Anwendung finden kann.

Eine Antwort ergibt sich dann, wenn wir die oben (1.1) dargestellte Definition von Resilienz, der zufolge Resilienz die Fähigkeit eines Systems (S) meint, eine Störung (disturbance) D unter Beibehaltung seiner identitätsstiftenden Eigenheiten (I) zu absorbieren, auf den individualanthropologischen Kontext zu übertragen versuchen. Dabei wird allererst genauer zu bestimmen sein, was individualanthropologisch mit „System" (S), „Störung" (D) und „Eigenheit" (I) gemeint sein kann.

2.1 Das „System" Mensch als in Entwicklung befindliche Ordnung der Grunddimensionen des Menschseins

Intuitiv sperren wir uns dagegen, den Menschen als Person wie ein „System" zu explorieren. Doch der Systembegriff ist, wird er nur adäquat verstanden, nämlich als neuzeitlicher Nachfolgebegriff für den Ordnungsbegriff und nicht schon eingegrenzt auf das Systemverständnis unterschiedlicher systemtheoretischer Ansätze, auch auf den Menschen ohne Verlust des Humanen angemessen anwendbar. Denn von System sprechen wir immer dann, wenn eine Gesamtheit von differenten Elementen mit unterschiedlichen Eigenschaften vorliegt, die aufgrund bestimmter geordneter Beziehungen eine Ganzheit bildet und als organisierte Strukturganzheit nach außen hin abgegrenzt ist. Systeme bilden mithin nach einer bestimmten Ordnung gegliederte Einheiten, die als Organisationsform aus verschiedenen Komponenten bestehen.

In Sinne einer aus differenten, aber aufeinander bezogenen Elementen bestehen dynamischen Ordnungseinheit lässt sich freilich auch die Entität Mensch deuten, sofern man nicht etwa rein monistische (z. B. streng deterministische) oder extrem dualistische Anthropologien vertritt, die entweder Differenz in Einheit oder Ganzheit in beziehungslose Dualität auflösen. Denn noch ganz unabhängig von unterschiedlichen historisch begegnenden Ausprägungen von Anthropologien lässt sich festhalten, dass Menschsein immer in folgenden (differenten) Dimensionen entfaltet wird, aus deren geordnetem Zusammenwirken sich erst ein Gesamtbild des Systems Mensch ergibt. Diese Komponenten lassen sich als Dimensionen des Menschseins beschreiben. Sie sind als Faktoren und Strukturelemente nur gedanklich zu trennen, bilden eine Ganzheit und stehen in ständiger Wechselwirkung zueinander. Unterschiedliche anthropologische Modell unterscheiden sich lediglich in den Hierarchisierungen der Dimensionen unter dem Primat einer bestimmten Dimension. Allen Modellen aber gleich ist, dass ein geordnetes Zusammenwirken dieser Dimensionen intendiert ist sowie eine intra- und interpersonale Sphäre des Menschseins unterschieden werden kann:

– Zu den *intra-personalen Dimensionen*, die eher die Innenseite des Menschen betreffen, gehören 1. die kognitiv-rationale, 2. die emotional-affektive und 3. die volitiv-strebende Dimension.
– Zu den *inter-personalen Dimensionen* des Menschseins, die eher die Außenseite betreffen, werden 1. die sozial-kommunikative Dimension, 2. die kulturell-historisch-ethische Dimension und 3. die ökologisch-naturale Dimension gerechnet.

An der *Schnittstelle zwischen Innen und Außen* ist zum einen die biologisch-leibliche Dimension anzusiedeln sowie die für das Handeln des Menschen vorausgesetzte psycho-motorische Dimension.

Alle Dimensionen tragen bereits ihre je eigenen normativen Ansprüche in sich, die auf ihrer jeweiligen Ebene zum Gelingen des Menschseins beitragen. So steht die kognitiv-rationale Dimension unter dem Anspruch der *Vernünftigkeit*, die emotional-affektive Dimension unter dem Anspruch der *Ausgeglichenheit*, die volitiv-strebende unter dem Anspruch der *Werthaftigkeit* des Angestrebten, die biologisch-leibliche Dimension unter dem Anspruch der *Gesundheit*, die psycho-motorische-Dimension unter dem Anspruch des *Handlungserfolgs*, die sozial-kommunikative Dimension unter dem Anspruch gelingender *Kooperation*, die kulturell-historisch-ethische Dimension unter dem Anspruch friedlicher *Koexistenz*. Es kann sogar von einer spezifischen Resilienz dieser Einzeldimensionen gesprochen werden, so u. a. etwa mit Blick auf die kognitiv-rationale Dimension von einer „epistemischen Resilienz"[15] oder mit Blick auf die kulturell-ethische Dimension von einer „moralischen"[16] oder „ethischen Resilienz".[17] Für das Gelingen des „Gesamtsystems Mensch" als eines geordneten Ganzen dieser unterschiedlichen Dimensionen ist jedoch von größter Bedeutung, dass diese acht Dimensionen des Menschseins in Wechselwirkung zueinander stehen und sich im Laufe der ontogenetischen Entwicklung des Individuums gegenseitig

---

15 Vgl. *Clemens Sedmak*: Innerlichkeit und Kraft. Studie über epistemische Resilienz (Forschungen zur europäischen Geistesgeschichte, 14), Freiburg i. Br. 2016.
16 Vgl. *Annette Rivard/Cary A. Brown*: Moral Distress and Resilience in the Occupational Therapy Workplace, in: Safety 5/1 (2019), art. 10.
17 Vgl. *Ursula Wagner/Guido Fiolka*: Ethische Resilienz. Ein integraler Ansatz für Training und Coaching von Integrität bei Führungskräften, in: Wirtschaftspsychologie 3 (2012), 65–78.

bedingen, ausprägen und in ihrem Zusammenwirken Teil der Identität des Individuums werden. Eine Fehlentwicklung in einer Dimension wirkt sich herausfordernd auf alle anderen Dimensionen aus.

2.2 Die Autorschaft für die konkrete Lebenspraxis als schützenswerte Eigentümlichkeit und Eigenheit der Person

Was ist die zu erhaltende Eigentümlichkeit, die dieses anthropologische System auszeichnet, das sich auf der Ebene des Individuums bzw. der Person je unterschiedlich und einmalig ausprägt? Die Erhaltung (Beharrung, Persistenz) dieser Eigentümlichkeit ist die normative Grundforderung für die Anwendung des Resilienzbegriffs im humanen Bereich schlechthin. Sie erhalten zu müssen setzt voraus, dass sie durch eine signifikante Störung für die Entwicklung des Individuums bedroht werden kann und die Person sich mit Blick auf sie als resilient erweisen soll.

Die Handlungsdimension nimmt für den Menschen und sein Selbstverständnis eine zentrale Stellung ein. Denn durch das Handeln, durch seine Praxis,[18] drückt sich der Mensch nach Außen aus, bringt sein Inneres zur Sprache und umgekehrt nimmt der Mensch über seine Handlungen Kontakt zur Mit- und Umwelt auf. Erfolgreiches Handeln, in dem das Individuum seine Selbstwirksamkeit im gelingenden Zusammenspiel aller anthropologischen Dimensionen erfährt, ebenso wie es wahrnimmt, dass es tatsächlich Autor seines eigenen Lebens ist, geschieht immer aus der gelungenen Synthese der unterschiedlichen Dimensionen des Menschseins heraus. „Autorschaft"[19] setzt freilich sittliche Subjektivität und diese wiederum Freiheit und Vernünftigkeit voraus, deren Gegebenheit sittliche Verantwortung begründet. „Autorschaft" setzt als seine Bedingung zudem voraus, dass die Gründe, nach denen das Subjekt sein Leben gestaltet, kohärent sind und aus dieser Kohärenz heraus die lebensgestaltende Praxis leiten.

Die Erhaltung dieser autonomen Autorschaft als Praxisfähigkeit zur Gestaltung des eigenen Lebens, so könnte man sagen, ist das wichtigste Worumwillen und die zentrale normative Grundlage der Resilienzforderung mit Blick auf Individuen. Diese Praxisfähigkeit kann freilich gestört werden, zum einen durch innere und äußere Faktoren, zum anderen durch Ausfall der Funktionalität der Einzeldimensionen des Menschseins (z. B. der körperlichen Dimension bei Krankheit, der sozialen Dimension bei sozialer Exklusion und mangeln-

---

18 Vgl. *Armin G. Wildfeuer*: Art. „Praxis", in: Petra Kolmer/Armin G. Wildfeuer (Hg.): Neues Handbuch philosophischer Grundbegriffe, Freiburg i. Br. 2011, Bd. 2, 1774–1804.

19 Vgl. dazu *Julian Nida-Rümelin*: Über menschliche Freiheit, Stuttgart 2012; *Julian Nida-Rümelin*: Humanistische Reflexionen, Berlin² 2018, 201–278.

der Partizipation, der psycho-motorischen Dimension bei psychischen Erkrankungen etc.). Im Ertrag wird die innere wie äußere, negative wie positive Freiheit des Menschen eingeschränkt. Auch wenn die Inkohärenzen in der Bewältigung der Lebenspraxis zunehmen, entstehen zwangsläufig Probleme mit der Autorschaft. Diese Störfaktoren erschweren, wenn nicht gar verunmöglichen das Eigentümliche des Individuums, nämlich Autor seines Lebens zu sein. Das Individuum gerät dann nicht selten in eine im Letzten existentielle Krise, weil es in Teilaspekten das Gefühl verliert, verantwortlich für das zu sein, was es tut, die Entscheidungshoheit über sein eigenes Leben, mithin im letzten das „dominium super seipsum" als Autor seine Lebens zu verlieren. Solche existentiellen Krisen führen nur dann nicht zu einer nachhaltigen Störung des Systems, wenn das Individuum sich auf individualpsychologischer Ebene gegenüber den Störfaktoren als resilient erweist und seine Handlungsfähigkeit („agency") erhalten bleibt.[20]

2.3 Merkmale resilienter Autorschaft auf psychosozialer Ebene: comprehensibility – meaningfullness – manageability

„Ohne das Konzept von Autorschaft", so die These von Nida-Rümelin und Gutwald, „kann es kein Konzept von Resilienz geben".[21] „Autorschaft", so könnte man erläutern, meint den normativen Anspruch jedes Individuums, in und aus Freiheit Herr der Gestaltung seines eigenen Lebens (dominium super se ipsum) und seiner individuellen Entwicklungsmöglichkeiten zu sein, ohne in seinen Zielen und Handlungen determiniert und berechenbar zu sein. Die Frage freilich ist: Über welche Fähigkeiten muss ein Individuum verfügen, um sich gegenüber Störfaktoren seiner „Autorschaft" als resilient zu erweisen? Was macht Resilienz bei einzelnen Personen aus? Über welche Ressourcen muss eine Person verfügen, um mit Störfaktoren, die die Eigenheit des Individuums sowie seine „Systemintegrität" bedrohen, produktiv umgehen zu können? Und welche Voraussetzungen muss ein Individuum erfüllen, um die Kohärenz der Lebensgestaltung als einer der wichtigen Voraussetzungen für das Gelingen von Autorschaft leisten zu können?

Für den individualpsychologischen Anwendungsbereich der Resilienzidee haben Nida-Rümelin und Gutwald[22] nachvollziehbar darauf hingewiesen, dass das aus der Medizinsoziologie stammenden Konzept der Salutogenese, wie es

---

20 Vgl. *Rachael Field* (2019): Resilience, Self-Management and Agency, in: Joy Higgs und Prakash (Hg.): Practice wisdom. Values and interpretations (Practice futures 3), Leiden/Boston, 69–78; *Ute Kelly/Rhys Kelly*: Resilience, solidarity, agency – grounded reflections on challenges and synergies, in: Resilience 5/1 (2017), 10–28.
21 *Nida-Rümelin/Gutwald*: Der philosophische Gehalt des Resilienzbegriffs, 259.
22 Vgl. *Nida-Rümelin/Gutwald*: Der philosophische Gehalt des Resilienzbegriffs, 253f.

Aharon Antonovsky[23] in den 80er Jahren entwickelt hat, ein Begriffsinstrumentarium zur Verfügung stellt, mit dem genauer verstanden werden kann, was Resilienz bei einzelnen Personen ausmacht, auch wenn beide Konzepte nicht deckungsgleich sind.[24] Antonovsky richtet sein Augenmerk dabei auf die Frage, welche „generalisierten Widerstandsressourcen" der Menschen hat, um „Stressoren" zu bewältigen. Von Resilienz könnte demnach dann gesprochen werden, wenn ein Individuum eine Bedrohung als „Stressor" erlebt und das Individuum über die notwendigen Widerstandsressourcen verfügt, um diesen Stressor so zu bewältigen, dass seine Eigenheit keinen nachhaltigen Schaden nimmt bzw. die Integrität des Individuums gewahrt bleibt.

Doch welche „Widerstandsressourcen" bilden das „Resilienzpotential", das ein Individuum ausschöpfen können muss, um Krisen, Schocks, Niederlagen, Enttäuschungen wie insgesamt Stress so zu bewältigen, dass Autorschaft erhalten bleibt? Antonovsky geht bei seiner Antwort von der Idee eines „Kohärenzsinns"[25] aus. Der Kohärenzsinn ist die Empfindungsfähigkeit eines Individuums für die stimmige Verbundenheit mit sich selbst, dem sozialen Gefüge und den Vorgängen, Ereignissen und Vorkommnissen in der Welt. Er definiert das Gefühl der Zufriedenheit und Zugehörigkeit. Die Grundhaltung des Kohärenzgefühls ist ein tiefes Gefühl des Vertrauens.[26] Denn wer über „Kohärenzsinn" verfügt, dem gelingt es, eine Art Ordnung zwischen der Welt und seinen Handlungen herzustellen. Das Konzept des Kohärenzsinns ist nicht nur das Kernstück der Theorie der Salutogenese Antonovskys,[27] sondern nach Nida-Rümelin/Gutwald auch das „Herzstück von Resilienz: Zur Resilienz einer Person trägt es bei, wenn es ihr gelingt, die belastenden Vorgänge, mit denen sie konfrontiert ist, zu interpretieren und sich ihnen gegenüber in einer bestimmten Weise zu verhalten."[28] Ähnlich heißt es bei Olsson u. a.: „Sense of coherence

---

23 Vgl. *Aaron Antonovsky*: Salutogenese. Zur Entmystifizierung der Gesundheit (Forum für Verhaltenstherapie und Psychosoziale Praxis 36), Tübingen 1997.
24 Vgl. *Markus Hieber*: Zur Ähnlichkeit und Verschiedenheit von Salutogenese und Resilienz, München 2015; *Carmen Schmitz*: Gesund trotz Risikobelastung? Resilienz und Salutogenese. Zwei Konzepte zur Erhaltung und Verbesserung von Gesundheit, in: Menno Baumann/Carmen Schmitz/Andreas Zieger (Hg.): Rehapädagogik, Rehamedizin, Mensch. Einführung in den interdisziplinären Dialog humanwissenschaftlicher Theorie- und Praxisfelder, Baltmannsweiler 2010, 95–107.
25 *Antonovsky*: Salutogenese, 33.
26 Vgl. *Pius Gründler*: Salutogenese und Kohärenzsinn. Darstellung eines Konzeptes der Gesundheitspsychologie. Vergleiche und Anwendungen, Freiburg/Schweiz 1995; *Susanne Singer/Elmar Brähler*: Die „Sense of Coherence Scale". Testhandbuch zur deutschen Version, Göttingen 2007; *Caroline Weibel*: Kohärenzsinn und psychisches Wohlbefinden, Zürich 2002.
27 Vgl. *Aaron Antonovsky*: Health, stress, and coping, San Francisco 1979; Antonovsky, Salutogenese.
28 *Nida-Rümelin/Gutwald*, Der philosophische Gehalt des Resilienzbegriffs, 353.

may be viewed as a part of resilience and is the essence of salutogenic theory."[29] Dass der Kohärenzsinn von seiner Anlage und Bedeutung her viele Elemente mit dem teilt, was überlicherweise unter „Vernunft" und deren Aufgaben verstanden wird, darauf sei hier nur hingewiesen.[30]

Antonovsky definiert den Kohärenzsinn als „a global orientation that expresses the extent to which one has a pervasive, enduring though dynamic feeling of confidence that (1) the stimuli deriving from one's internal and external environments in the course of living are structured, predictable, and explicable *(comprehensibility)*; (2) the resources are available to one to meet the demands posed by these stimuli *(manageability)*; and (3) these demands are challenges, worthy of investment and engagement *(meaningfulness)*."[31] Die genannten drei Komponenten, die jeweils spezifische Aspekte von Autorschaft aufweisen und gleichzeitig als Merkmale resilienter Personen identifiziert werden können, lassen sich folgendermaßen auslegen:

Verständlichkeit (comprehensibility): Die Person muss eine Art Sicht auf die sie umgebende Welt aufrechterhalten, die die Vorgänge *kohärent* hält. Das erste Merkmal resilienter Personen ist damit die Verständlichkeit bzw. englisch *comprehensibility*. In einem banalen Sinne heißt das nichts anderes, als dass die Person einen noch verlässlichen Realitätsbezug hat. Die Stressfaktoren werden also nicht als so stark empfunden, dass die Person sich gegenüber den Störungen abschirmt und diese nicht mehr wahrnimmt. Sofern sich Menschen als Akteure in einer Welt mit Überraschungen verstehen, bedeutet Resilienz, in der Lage zu sein, die eigene Praxis als Ganze kohärent zu halten und sie gegenüber äußeren und unerwarteten Störungen durchzuhalten. Die sinnstiftenden Haltungen und Wertungen einer Person dürfen dabei nicht durch die äußeren Einflussnahmen allein, mithin ohne eigene Einsicht zerstört werden. Erlebnisse werden nicht als willkürlich oder chaotisch wahrgenommen, sondern in einen geordneten und erklärbaren Zusammenhang gebracht. Dies setzt die Fähigkeit voraus, die Welt und sich darin im Zusammenhang zu deuten und sich im Denken zu orientieren. Nur so kann das Subjekt durch Schicksalsschläge ausgelöste Krisen realistisch einschätzen, ohne sie zu verdrängen.

Bedeutsamkeit/Sinnhaftigkeit (meaningfullness): Eng im Zusammenhang damit steht die Fähigkeit von Menschen, ihrem eigenen Handeln und dem Handeln anderer Bedeutung, Sinnhaftigkeit und damit auch Werthaftigkeit abzugewinnen. Das Gefühl der Sinnhaftigkeit macht erlebbar, dass sich Anstrengungen und Mühen lohnen, auch wenn es Kraft und Nerven kostet. Oft werden

---

29 Martin Olsson/Kjell Hansson/Ann-Marie Lundblad/Marianne Cederblad: Sense of coherence. Definition and explanation, in: *International Journal of Social Welfare* 15/3 (2006), 219–229, 219.

30 Vgl. dazu *Armin G. Wildfeuer*: Vernunft, in: Petra Kolmer und Armin G. Wildfeuer (Hg.): Neues Handbuch philosophischer Grundbegriffe, Bd. 3, Freiburg i. Br. 2011, 2333–2370.

31 *Aaron Antonovsky*: Unraveling the mystery of health. How people manage stress and stay well, San Francisco Calif. 1987, 19.

Schicksalsschläge mit einem Sinn unterlegt, der aber für die psychische Stabilität nicht unwichtig ist und es Menschen erlaubt über diese Krisen hinwegzukommen. Ein schwerer Schicksalsschlag wird hier z. B. als Hinweis dafür verstanden, dass das bisherige Leben korrigiert werden müsste oder schlimme Erfahrungen werden als Erweiterungen der eigenen Persönlichkeit gedeutet. Das Anliegen von Viktor Frankls[32] Logotherapie, zu lernen, Sinnbezüge in seinem Leben zu suchen und herzustellen, kommt hier zum Tragen. Mit Blick auf Autorschaft meint Bedeutsamkeit, dass das Subjekt wertend Stellung nimmt und z. B. einem Schicksalsschlag mit Blick auf eine Neuausrichtung seines Lebens eine entwicklungsrelevante Bedeutung zuweist.

Handhabbarkeit/Bewältigbarkeit (manageability): Personen, die ein hohes Maß an Resilienz aufweisen, sind meist davon überzeugt die Dinge im Griff zu haben bzw. sie „handhaben" zu können. Sie verhalten sich nicht nur reaktiv als bloß Getriebene der Umstände. Sie haben auch nicht das Gefühl, mit etwas konfrontiert zu sein, das unheimlich ist und ihnen Angst bereitet. Vielmehr setzen sie sich aktiv mit den Geschehnissen auseinander und haben Ressourcen, damit umzugehen. Man könnte auch von „Selbstwirksamkeit" und „Handlungsfähigkeit" sprechen. Die Gründe, die ich habe, so und nicht anders zu handeln, lassen sich auch in dieser Situation aufrechterhalten.

Der Kohärenzsinn meint, so könnte man zusammenfassen, eine Grundhaltung zum Leben: Die Welt, die Vorgänge in ihr und die eigene Verortung in ihr werden auf dem Hintergrund der Synthese der Grunddimensionen des Menschseins als verstehbar, bewältigbar und sinnhaft verstanden.

3. Resilienz und historische Normativität: Die Anschlussfähigkeit des Resilienzdenkens an die Tradition philosophisch-ethischer Theoriebildung

Normative Theorien und ethische Theorien unterscheiden sich darin, dass erstere nur auf die Existenz des Gesollten hinweisen, letztere aber ein bestimmtes Gesolltes als Norm angeben. Alle ethischen Theorien sind in diesem Sinne konkret-normativ. Ob sich aus ihrer je konkreten Normativität Analogien zum Resilienzdenken aufzeigen lassen, das soll im Folgenden an ausgewählten Beispielen kurz dargestellt werden. Indikator dafür, dass das Resilienzdenken in der Anwendung auf den Menschen ohne normative Bezugnahmen nicht

---

32 Vgl. *Viktor E. Frankl*: Der Wille zum Sinn. Ausgewählte Vorträge über Logotherapie, Bern/Stuttgart/Wien, 1972.

auskommt, ist der Umstand, dass in fast allen Ethikansätzen seit der Antike analoge Konstellationen zu normativ aufgeladenen Resilienzvorstellungen begegnen. Denn als resilient soll sich das sittliche Subjekt immer mit Blick auf die Störungen erweisen, die dessen sittliche Integrität, dessen moralische Freiheit und Verantwortlichkeit in Frage stellt und zu bösen und unsittlichen Handlungen führt. Dass unterschiedliche Ethiken auch mit unterschiedlichen Basisanthropologien verbunden sind, ist für die Resilienzproblematik vorerst unerheblich. Alle Ethikansätze, so ließe sich nachweisen, setzen seit der griechischen Antike[33] beim sittlichen Subjekt so etwas wie einen moralischen Kohärenzsinn voraus, dessen spezifische Konnotationen sich im Anschluss an die spezifischen Resilienzfaktoren („comprehensibility", „meaningfulness", „manageability") darlegen lassen. Denn der philosophische Entsprechungsbegriff für „Kohärenzsinn" wäre in der Terminologie der Philosophie „Vernunft" als das Vermögen, sich in Zusammenhängen und aus Zusammenhängen heraus zu orientieren, Kohärenzen und Ordnungen zu suchen, zu finden oder ggf. zu erfinden. Im Kontext der Ethik wäre der Kohärenzsinn als „praktische Vernunft" zu spezifizieren. Kurzum: Es scheint aussichtsreich, nach Anschlussmöglichkeiten des Resilienzdenkens in der Geschichte der Philosophie, insbesondere der Geschichte der ethischen Theoriebildung zu suchen.

3.1 Tugendethik: Resilienz als tugendhafte Haltung

Andrew Sayer vertritt die „These, dass Tugendethik und Sozialwissenschaft voneinander lernen können."[34] Demnach müsste es auch lohnend sein, nach Familienänhnlichkeit zwischen Resilienzkonzept und Tugendethik zu fragen, zumal aus der Resilienz- und Traumaforschung bekannt ist, dass – so würde Aristoteles sagen – eine mittlere Haltung,[35] die zwischen dem Extrem der totalen Betroffenheit und Selbstzerstörung und dem Extrem der Gleichgültigkeit und Verdrängung liegt, am geeignetsten ist, Handlungsfähigkeit zu erhalten und nach vorne zu blicken, sich einen neuen Plan zu machen und sich Ziele zu setzen. Aristoteles würde eine solche Haltung, die ungefähr dem entspräche, was wir oben mit Kohärenzsinn bezeichnet haben, „Besonnenheit" nennen. Auch die Tugend der Tapferkeit, bei der es ja nicht so sehr um Angriff, als um das

---

33 Vgl. *Karen Piepenbrink*: ‚Resilienz' im klassischen Athen: Krisenbewältigungskompetenz in zeitgenössischen Narrativen, in: Frankfurter elektronische Rundschau zur Altertumskunde 42 (2020), 46–59.

34 *Andrew Sayer*: Tugendethik und Sozialwissenschaft, in: Soziale Passagen 10/1 (2018), 29–43, 29.

35 Tugend wird von Aristoteles definiert als „jene Haltung in unserm Wollen, welche die rechte Mitte einschlägt und diese Mitte durch die Vernunft bestimmt, so wie sie der Einsichtige zu bestimmen pflegt" (Eth. Nik. B, 6; 1106 b 36).

Widerstehen gegenüber feindlichen und bedrohenden Gegebenheiten geht,[36] könnte Anknüpfungspunkte für das Resilienzdenken bieten.[37] Überhaupt könnten auch sonstige mit dem Tugendbegriff verbundene Konnotationen es nahelegen, Tugendethiken als Vorbilder des Resilienzdenkens zu identifizieren. Denn Tugend meint eine durch fortgesetzte Übung erworbene Lebenshaltung, eine Disposition (Charakter) der emotionalen und kognitiven Kräfte und Fähigkeiten, das als richtig und gut Erkannte zu verfolgen, so dass es weder aus Zufall noch aus Zwang, sondern aus Freiheit, gleichwohl mit einer gewissen Notwendigkeit, nämlich aus dem Können und der Ich-Stärke einer sittlich gebildeten Persönlichkeit heraus geschieht. Dieses Verständnis von Tugend hat viel gemein mit der Idee der Resilienz. Denn wie Resilienz müssen auch Tugenden im Überwinden von und Scheitern an Störfaktoren in einem Gewöhnungsprozess erst erworben werden. Resilient ist, so könnte man sagen, wer über einen sittlich gefestigten Charakter[38] verfügt und nicht in für den Lebensvollzug gefährliche Extreme verfällt, die wie Störfaktoren des Systems wirken und die Erreichung des Ziels, nämlich das Glück, verunmöglichen. Was sich mit Blick auf das Aristotelische Tugendkonzept sagen lässt, das muss sich freilich dann auch für Thomas von Aquin behaupten lassen.[39]

Zurecht werden von verschiedener Seite Einwände gegen eine solch vorschnelle Anknüpfungsmöglichkeit erhoben. Christoph Horn, der nach „Resiliente[n] Persönlichkeiten" in der „Diskussion um den Tugendbegriff in der Antike und heute" fragt, weist auf das Problem der Übertragung der modernen Begriffe „Resilienz" und „Krise" auf antike Texte hin.[40] Dass die Frage ‚resilienter' Widerstandsfähigkeit bereits Gegenstand antiker Philosophie war, stehe außer Zweifel. Doch während die moderne Tugendethik im Stil fachbezogener Expertendiskurse primär aktzentriert, kontextualistisch und gemeinschaftsbezogen argumentiere, sei die antike Tugendethik von vornherein am Zusammenwirken von individueller, praxistauglicher Lebenskunst und gelingendem Gemeinwohl orientiert gewesen und habe geradezu die Funktion der Anleitung zu solcher Lebenskunst innegehabt. „Ungeachtet der Konzentration auf den Einzelnen sei es nicht um eine Art Privatmoralität zum eigenen Nutzen

---

36 Vgl. *Jörn Müller*: Tapferkeit, in: Petra Kolmer und Armin G. Wildfeuer (Hg.): Neues Handbuch philosophischer Grundbegriffe, Bd. 3, Freiburg i. Br. 2011, 2159–2167.
37 Vgl. *Craig Steven Titus*: Resilience and the virtue of fortitude. Aquinas in dialogue with the psychosocial sciences, Washington, D.C. 2006.
38 Vgl. *Craig Steven Titus*: The psychology of character and virtue (The John Henry Cardinal Newman lectures 4), Arlington, Va., Washington, D.C. 2009.
39 Vgl. *Craig Steven Titus*: Resilience and Christian virtues. What the psychosocial sciences offer for the renewal of Thomas Aquinas' moral theology of fortitude and its related virtues. Thèse de doctorat, Université de Fribourg 2002.
40 Vgl. *Christoph Horn*: Resiliente Persönlichkeiten? Die Diskussion um den Tugendbegriff in der Antike und heute, in: Cornelia Richter (Hg.): Ohnmacht und Angst aushalten. Kritik der Resilienz in Theologie und Philosophie (Religion und Gesundheit 1), Stuttgart 2017, 31–46.

gegangen, sondern um das Vorbild tugendhafter Persönlichkeiten für das harmonische Zusammenwirken aller an der Sozialität Beteiligten."[41]

Wesentlich kritischer und die politische Stoßrichtung des Haltungsbegriffs sehr viel stärker, gelegentlich bis zur Überzeichnung akzentuierender sieht Jan Slaby die Anknüpfungsmöglichkeit der Resilienzidee an den Tugendbegriff.[42] Slaby warnt vor leichtfertigen „Vereinnahmungen des Haltungskonzeptes"[43] über „oberflächliche Parallelen"[44] hinaus. Denn, so die „Kehrseite dieser Begriffsverwandtschaft: Als Subjektivierungsprogramm für die katastrophischen Terrains der globalen Gegenwart und Zukunft umfasst Resilienz lediglich eine Schrumpfform dessen, was einmal unter dem Begriff der Haltung befasst war. Das im Zeichen der Resilienz skizzierte Subjektideal ist das Bild eines halbierten, seiner gestaltenden Kräfte und Initiativen beraubten Subjekts. Insbesondere hat das resiliente Subjekt jegliche politische Handlungsfähigkeit und politische Fantasie preisgegeben. Nicht zuletzt korrespondiert dem Resilienzideal eine Vorstellung der Welt als permanenter Katastrophe, einer Zone der Verheerung ohne Aussicht auf dauerhafte Stabilität, Sicherheit oder Frieden."[45]

Im Kern der Kritik, dem Mangel an Gemeinwohlorientierung und der Außerachtlassung politischer Verantwortlichkeit im Resilienzbegriff, der einen Vergleich zum Tugendbegriff schwierig mache, ähneln sich die Einschätzungen Horns und Slabys: „*Haltung reclaimed*: Aus Resilienz – diesem dürren *ethos*-Surrogat für durch Austerität verödete Terrains – werde wieder Haltung, die weltbildende Kraft des Politischen."[46] In gewisser Weise – wenn auch nicht explizit – geht die Kritik an einem individualistischen Resilienzbegriff, wie sie schon Thomas Gabriel[47] vorgetragen hat, in eine ähnliche Richtung. Gabriel weist Anhand ausgewählter empirischer Studien nach, „dass resiliente Individuen nicht aus sich selbst heraus widerstandsfähig [sind]. Resilienz ist primär als das Produkt protektiver Faktoren zu verstehen, die individuelle Entwicklung im sozialen Nahraum begleiten."[48]

---

41 Cornelia Richter (Hg.) (2017): Ohnmacht und Angst aushalten. Kritik der Resilienz in Theologie und Philosophie (Religion und Gesundheit 1), Stuttgart 2017, 20.
42 Vgl. *Jan Slaby*: Kritik der Resilienz, in: Frauke A. Kurbacher und Philipp Wüschner (Hg.): Was ist Haltung? Begriffsbestimmung, Positionen, Anschlüsse, Würzburg 2016, 273–298.
43 *Slaby*: Kritik der Resilienz, 274.
44 *Slaby*: Kritik der Resilienz, 274.
45 *Slaby*: Kritik der Resilienz, 274f.
46 *Slaby*: Kritik der Resilienz, 296.
47 Vgl. *Thomas Gabriel*: Resilienz – Kritik und Perspektiven, in: Zeitschrift für Pädagogik 51 (2005), 107–217.
48 *Gabriel*: Resilienz, 207.

3.2 Epikur und die Stoiker: Resilienz als innere Gelassenheit

Auf eine Anschlussmöglichkeit des Resilienzkonzepts an die Philosophie und Ethik der nachklassischen Zeit, wie sie in den Epikureischen wie insbesondere auch den Stoischen Traditionssträngen vorliegen, weist Nida-Rümelin/Gutwald ebenfalls hin.[49] Eine Verbindung vor allem zwischen der Stoischen Lebenskunstlehre und dem Resilienzdenken ist insbesondere auch in der populären Ratgeberliteratur zum Thema Resilienz fast schon in Mode gekommen.[50] Ein Blick auf den jeweils zentralen Tugenden beider Weltanschauungen – die *apátheia*, d. h. die Leidens- und Leidenschaftslosigkeit für die Stoiker und für den Epikureismus die *ataraxía*, d. h. die Fähigkeit nicht erschüttert zu werden,[51] mag die Anschlussfähigkeit plausibel erscheinen lassen.

Das Dogma der epikureischen Resilienzstrategie war der Rückzug ins Private und die Sorge um sich selbst als zentrale Lebensaufgabe, um den stressmachenden Faktoren zu entkommen.[52] Die logozentrische Strategie der Stoiker beruhte auf der Annahme, dass die Welt gewissen Vernunftregeln gehorcht.[53] Sie beruht ferner auf der Erkenntnis der Unterscheidung zwischen *adiáphora*, d. h. Dinge, die ich nicht unterscheiden kann und denen ich auf jeden Fall indifferent gegenüberstehen soll, und den Dingen, die *eph' hemin* sind, d. h. Dinge, die wir kontrollieren und denen gegenüber das Handlungssubjekt wertend Stellung nehmen kann. Alles andere ist jenseits dessen, was der Mensch

---

49 Vgl. *Nida-Rümelin/Gutwald*: Der philosophische Gehalt des Resilienzbegriffs, 255f.
50 Vgl. z. B. *Felix Amhoff*: Stoizismus heute. Was uns die stoische Philosophie lehrte und wie wir diese in unserem Alltag nutzen können. Resilienz trainieren, Gelassenheit lernen und innere Ruhe finden, Vachendorf 2021; *William B. Irvine*: Stoic Challenge. A Philosopher's Guide to Becoming Tougher, Calmer, and More Resilient, Manhatten 2019; *Johannes Lichtenberg*: Stoizismus. Die Philosophie der Resilienz und Gelassenheit. Wie Du die Lehre der Stoa im Alltag verwendest, gezielt deine Resilienz erhöhst, Gelassenheit lernst und deine Emotionen kontrollierst, Hamburg² 2020; *Vincent Schubert*, Vincent: Stoizismus für Anfänger. Wie Sie die Philosophie der Stoiker verstehen und die Lehre der Stoa in der Praxis anwenden – Mehr Gelassenheit und Resilienz im Alltag. Hamburg 2020; *Adrian Ulleitner*: Stoizismus – Weisheit der Antike. Energie und Resilienz stärken durch die stoische Philosophie. Mit den Prinzipien der Stoiker Gelassenheit, Freiheit und innere Ruhe finden. Inklusive 30-Tage-Übungsplan, Berlin² 2020; *Matthew J. van Natta*: The beginner's guide to Stoicism. Tools for emotional resilience & positivity. Emeryville, CA. 2019; *Marcus Wagenhof*: Stoizismus. Wie Sie durch die Philosophie und Lehre der Stoa die völlige Kontrolle über Ihre Emotionen erhalten, Ihre Resilienz steigern und zur absoluten inneren Ruhe und Gelassenheit finden, Berlin² 2020.
51 Vgl. *Anthony A. Long/David N. Sedley*: Die hellenistischen Philosophen. Texte und Kommentare. Sonderausgabe, Stuttgart 2006.
52 Vgl. *Epikur* (2011): Von der Überwindung der Angst. Eine Auswahl aus seinen Schriften, den Fragmenten und doxographischen Berichten. Griechisch – Lateinisch – Deutsch, hrsg. v. Gerhard Krüger (Aschendorffs Sammlung lateinischer und griechischer Klassiker), Münster³ 2011.
53 Vgl. *Long/Sedley*: Die hellenistischen Philosophen.

kontrollieren kann. Er sollte diesem gegenüber daher völlig indifferent sein und keine Gefühle der Abneigung oder Zuneigung entwickeln. Diese Indifferenz bzw. Gelassenheit macht, so könnte man sagen, die Resilienz des Menschen aus. Geling ihm dies, dann, so die stoische Lebenskunstlehre, dann erweist er sich als resilient gegenüber den Schicksalsschlägen und den Zumutungen des Lebens.

Sowohl die stoische wie die epikureische Philosophie gehen von Voraussetzungen aus, die wir – etwa mit Blick auf die Vernunftordnung der Welt, die Rolle der Seele als Mikrokosmos etc. – unter neuzeitlich-modernen Bedingungen nicht mehr teilen würden und die den Erfordernissen, unter denen wir über Resilienz sprechen, nicht entsprechen. Dazu gehört vor allem die Sicht auf die Seele als einer zentralen Instanz, über die wir immer schon in Kontakt mit der Welt stehen, ohne auf die empirische Welt zugreifen zu müssen. Eine solchermaßen „gebriefte" Seele bedarf auch der anderen Subjekte nicht und reift nicht an ihnen. Ihr Weg zu sich und zur Welt führt exklusiv über sie selbst. Die Außenwelt wird prinzipiell als Störfaktor auf diesem Weg zu sich und zum Logos begriffen. Dass eine solche Anthropologie als Grundlage für Resilienzkonzepte nicht tauglich ist, liegt auf der Hand.

3.3   Patristik: Resilienz als innere Seelenkraft

Dieser Vorbehalt gilt auch für den Versuch, Resilienz unter Rückgriff auf die Anthropologie der Kirchenväter als innere Seelenkraft zu verstehen. Denn nicht wenige christliche Gelehrte insbesondere im Zeitalter der Kirchenväter haben Elemente des stoischen bzw. epikureischen Gedankenguts in ihre Werke aufgenommen und weiterentwickelt. Es lohnt sich daher, dieser Fährte nachzugehen und zu fragen, was wir aus den frühchristlichen Texten im Hinblick auf die moderne Resilienzforschung gewinnen können. Die Widerstandsfähigkeit der Seele und ihre innere Seelenkraft bilden hierzu die Anknüpfungspunkte.[54] Für Clemens Sedmak ist das patristische Resilienzkonzept paradigmatisch für das in allen Epochen begegnende Problem des Zusammenhangs von Innerlichkeit und Kraft unter dem Stichwort einer „epistemischen Resilienz".[55]

Herausgegriffen sei ein prominentes Beispiel, das auch Rückschlüsse auf platonisch-neuplatonische Resilienzstrategien eröffnet. Augustinus thematisiert den Umgang mit Bedrohung, von außen oder innen vor allem in seinen Confessiones.[56] Den Ordo- bzw. Logos-Gedanken der Stoiker aufgreifend, demzufolge die Welt einer vernünftigen, d. h. göttlichen Ordnung unterworfen ist und

---

54   Vgl. Clemens Sedmak/Malgorzata Bogaczyk-Vormayr (Hg.): Patristik und Resilienz. Frühchristliche Einsichten in die Seelenkraft, Berlin 2012; mit eher systematischem Fokus vgl. *Malgorzata Bogaczyk-Vormayr*: Resilienz und Seelenstärkung, in: Münchener Theologische Zeitschrift 67 (2016), 263–275.
55   Vgl. *Sedmak*: Innerlichkeit und Kraft.
56   Vgl. *Aurelius Augustinus*: Confessiones – Bekenntnisse, Lateinisch/Deutsch, Stuttgart 2009.

in dem der Mensch nur begrenzte Einflussmöglichkeiten hat, bestimmt Augustinus als oberstes Ziel menschlichen Strebens das Glück, das jedoch nur durch Vernunft und gleichzeitige Ablehnung der körperlichen Leidenschaften erreichbar ist. Um dieses zu erreichen, entwirft Augustinus eine Art christlich-philosophischer Resilienzstrategie. Den Part der Systemstörung weist er den körperlichen Begierden zu, so dass eine asketische Lebensweise die wichtigste Resilienzmaßnahme dagegen ist.

Es ist jedoch „fraglich, ob die Strategie der Askese, die Augustinus vertritt, die nötige Verstehbarkeit bzw. die Bedeutsamkeit für den Kohärenzsinn eines Individuums liefern kann."[57] In diesem Zusammenhang liegt es auch nicht weit, sich an der Problematik einer dualistisch verfassten Anthropologie zu reiben, die wesentliche Dimensionen des Menschseins ausklammert, so dass grundsätzlich daran gezweifelt werden muss, ob eine auf einer platonisch-neoplatonischen Basis gestaltete Anthropologie und Ethik mit dem geforderten resilienzförderlichen Kohärenzsinn des Individuums grundsätzlich kompatibel ist. Auch die ausschließliche Fixierung auf die Seele als das in den Blick genommene Resilienzsubjekt ist ebenso problematisch wie die dadurch bedingte Außerachtlassung der systemischen Pluridimensionalität des Menschseins.

3.4 Dewey und der Amerikanische Pragmatismus: Resilienz als Weisheit

In jüngster Zeit bemüht sich vor allem der Amerikanische Pragmatismus, einen Beitrag zur philosophischen Deutung des Resilienzphänomens zu leisten.[58] Denn Resilienz sei „a philosophically interesting and important concept" und Aufgabe der Philosophie sei es, das herauszuarbeiten, was wir in einem ersten Abschnitt als „identitätsstiftende Eigentümlichkeit (I)" eines Systems bezeichnet haben, die sich als normative Grundlage jeder Resilienzaussage identifizieren lassen muss. „Discussion of resilience likewise carry embedded value judgements, especially about the assumed ‚core purpose' of a system that ought to be preserved."[59] Parker kommt zu dem Schluss: „Calls for resilience are in many cases calls for a philosophical rethinking of what is essential, of what is actually

---

57 *Nida-Rümelin/Gutwald*: Der philosophische Gehalt des Resilienzbegriffs, 257.
58 Vgl. *Sarah H. Woolwine/Justin Bell*: American Pragmatism, Disability, and the Politics of Resilience in Mental Health Education, in: David Boonin (Hg.): The Palgrave Handbook of Philosophy and Public Policy, Cham 2018, 623–634; Kelly A. Parker, Kelly A./Heather E. Keith (Hg.): Pragmatist and American philosophical perspectives on resilience (American Philosophy Series) Lanham/Maryland 2020.
59 *Kelly A. Parker*: Introduction. Resilience as a Philosophical Concept, in: Kelly A. Parker und Heather E. Keith (Hg.): Pragmatist and American philosophical perspectives on resilience (American Philosophy Series), Lanham/Maryland 2020, VII–XVIII, XI.

needed in a place, and of how best to provide it."⁶⁰ So verdienstvoll das Unterfangen ist, das Resilienzkonzept mithilfe der Philosophie des Pragmatismus zu reformulieren, so problematisch ist es gleichzeitig, wie sich etwa an Paul Benjamin Cherlins Aufsatz „Resilience as Wisdom: A Metaphysical Groundwork"⁶¹ zeigen lässt. Im Ausgang vom denken John Deweys entwickelt Cherlin eine Metaphysik der Resilienz, indem er Deweys Emphase für den kontingenten, sich entwickelnden und sozial vermittelten Charakter unserer Welt folgt, um einen Zugang zum Resilienzdenken als einem sozialen Phänomen zu entwickeln, das weit über einen persönlichen Charakterzug hinausgeht. Resilienz muss daher, so Cherlin, als eine sich entwickelnde Disposition und als ein adaptiver Prozess („resilience can be recognized as a developed disposition and as an adaptive process"⁶²) begriffen werden. Sie ist weniger Resultat als permanent voranschreitende Tätigkeit, gleichsam eine Form der Weisheit: „Described either way, resilience as a component of human experience is not something that is given, but is rather a form of wisdom that is actively achieved and maintained."⁶³ Weisheit aber, folgt man Deweys Metaphysik, erkennt in allen Dingen das Verbindende und versteht, dass Dinge in dynamischen Systemen immer aufeinander bezogen sind. „Resilience is that force through which conflicting phenomena are actively transfigured into events with meaning. It is a form of wisdom, or a component part of a wise disposition, that acknowledges and harnesses those tensions and rhythms that are generic to nature in order to create possibilities for fullfillment and equilibrium."⁶⁴ Der Kohärenzsinn der Salutogenese, der Resilienz von Individuen allererst ermöglicht, taucht nun im Amerikanischen Pragmatismus im Anschluss an die Metaphysik Deweys modifiziert als Weisheit wieder auf.

4. Schluss: Ein vorläufiger Ertrag

Der Erträge der vorausgehenden Ausführungen lassen sich folgendermaßen zusammenfassen:

1. Mit Blick auf die Frage nach der generellen Normativität des Resilienzdenkens erweist sich die Idee der Resilienz, folgt man den diesbezüglichen Differenzierungen von Bernard Williams, ein rein deskriptives Konzept. Erst in

---

60 *Parker*: Introduction, XII.
61 Vgl. *Paul Benjamin Cherlin*: Resilience as Wisdom. A Metaphysical Groundwork, in: Kelly A. Parker und Heather E. Keith (Hg.): Pragmatist and American philosophical perspectives on resilience(American Philosophy Series), Lanham/Maryland 2020, 3–18.
62 *Cherlin*: Resilience as Wisdom, 6.
63 *Cherlin*: Resilience as Wisdom, 6.
64 *Cherlin*: Resilience as Wisdom, 15.

der konkreten Anwendung auf bestimmte Sachgebiete, denen immer schon eine wertgeladene Deutung dessen vorausgeht, was das Eigentümliche des zu untersuchenden Systems ist, wird Resilienz zu einem normativen Konzept. In der Anwendung ist das Resilienzkonzept daher sogar ein primär normatives Konzept, das auf nicht-empirischen evaluativen Annahmen basiert. Das Resilienzkonzept teils dieses Schicksal mit ähnlich gelagerten Konzepten wie etwa dem der Nachhaltigkeit, deren Herkunft aus der Ökologie noch kein Indiz dafür ist, dass der deskriptiv-empirische Anteil des Konzepts in der Übertragung auf die Sphäre des Humanen ausschlaggebend für die Anwendbarkeit und Brauchbarkeit des Konzepts wird. Für den Einsatz des Konzepts in den Human- und Sozialwissenschaften ist es daher unerlässlich, dass diese sich des hohen normativen Anteils des Konzepts bewusst sind, die dabei gemachten normativen Implikationen und Wertannahmen offenlegen und zur Diskussion stellen.

2. Mit Blick auf die Frage nach der speziellen, bereits auf konkreten Wertsetzungen basierenden Normativität, lässt sich das Resilienzkonzept nur dann angemessen umsetzen, wenn die spezifische Eigentümlichkeit des Menschseins und die Verwobenheit seiner Dimensionen Berücksichtigung findet. Als Kern der Eigentümlichkeit des Menschseins, gegenüber dessen Störung Resilienz erforderlich ist, um das „System" Mensch in seinem Funktionieren aufrecht zu erhalten, haben wir den Begriff der „Autorschaft" in Anschlag gebracht. Das Resilienzdenken kann mit Blick auf die Anwendung im humanen Bereich nur dann fruchtbar sein, wenn es von einer Sicht des Menschen als Autor seines Lebens, mithin als sittlichem Subjekt ausgeht, das sein Leben in und aus Freiheit, mithin auch unter Risiko und Unsicherheit in einem komplexen Entwicklungsprozess handelnd gestalten und dafür Verantwortung übernehmen muss. Man könnte dies die oberste anthropologisch-ethische Norm des Resilienzdenkens nennen.

3. Mit Blick auf die Frage nach der „historischen" Normativität des Resilienzdenkens, mithin auf die Frage, inwiefern sich die Resilienzidee als anschlussfähig erweist an in der Geistes- und Ethikgeschichte begegnende Theorieansätze, lassen sich zwar Struktur- und Begriffsanalogien – u. a. etwa zum Tugendbegriff – herstellen, der Erkenntnisertrag für beide Seiten des Vergleichs ist allerdings gering. Zum einen, weil das Resilienzkonzept sich auch die historischen Belastungen, unter denen bestimmte Anthropologien und Ethikansätze stehen, einhandelt, zum anderen, weil der Resilienzbegriff sowohl die Tiefe als auch die Breite der historisch begegnenden normativ aufgeladenen Begriffe und Vorstellungen, wie sie Anthropologie und Ethik bieten, von seiner begrenzten Operationalität her nur verkürzt abbilden kann. Überhaupt erweisen sich vordergründige Strukturanalogien bei näherer Betrachtung schnell als oberflächlich und trivial. Selbst die nachvollziehbare, ja auf den ersten Blick fruchtbare Deutung von Resilienz als Weisheit im Anschluss an den Pragmatismus Deweys hängt im letzten an der Plausibilität der gemachten metaphysischen Grundannahmen. Unproblematischer und auch fruchtbarer

lassen sich Ethik und Resilienzkonzept allerdings dann verbinden, wenn sie – ganz unabhängig von der Frage nach vermeintlichen Begriffsanalogien – von vorneherein im Sinne einer Angewandten Ethik aufeinander bezogen werden, z. B. im Kontext einer „Responsiven Ethik"[65] oder einer Ethik, die den Capability Approach in den Mittelpunkt rückt (vgl. Gutwald 2015).[66] Ansonsten bleibt nichts anderes übrig, als mit Blick auf die Resilienzidee und ihre Anwendung im Bereich des Humanen Anthropologie und Ethik mit den Human- und Sozialwissenschaften weiterhin in einem lebendigen Diskurs zu halten.

Literaturverzeichnis

Adger, W. Neil (2000): Social and ecological resilience. Are they related? in: Progress in Human Geography 24/3 (2000), 347–364.
Ahrens, Johannes/Beer, Raphael/Bittlingmayer, Uwe H./Gerdes, Jürgen: Normativität. Über die Hintergründe sozialwissenschaftlicher Theoriebildung, Wiesbaden 2011.
Amhoff, Felix: Stoizismus heute. Was uns die stoische Philosophie lehrte und wie wir diese in unserem Alltag nutzen können. Resilienz trainieren, Gelassenheit lernen und innere Ruhe finden, Vachendorf 2021.
Antonovsky, Aaron: Health, stress, and coping, San Francisco 1979.
Antonovsky, Aaron: Unraveling the mystery of health. How people manage stress and stay well. San Francisco Calif. 1987.
Antonovsky, Aaron: Salutogenese. Zur Entmystifizierung der Gesundheit (Forum für Verhaltenstherapie und Psychosoziale Praxis 36), Tübingen 1997.
Augustinus, Aurelius: Confessiones – Bekenntnisse, Lateinisch/Deutsch, Stuttgart 2009.
Bogaczyk-Vormayr, Małgorzata: Resilienz und Seelenstärkung, in: Münchener Theologische Zeitschrift 67 (2016), 263–275.
Brand, Fridolin Simon/Jax, Kurt: Focusing the Meaning(s) of Resilience. Resilience as a Descriptive Concept and a Boundary Object, in: Ecology and Society 12/1 (2007), Art. 23.
Bröckling, Ulrich: Resilienz. Über einen Schlüsselbegriff des 21. Jahrhunderts, in: Soziopolis (24.07.2017). Online abrufbar unter: https://www.soziopolis.de/resilienz.html, letzter Zugriff: 07.04.2021.
Cherlin, Paul Benjamin: Resilience as Wisdom. A Metaphysical Groundwork, in: Kelly A. Parker und Heather E. Keith (Hg.): Pragmatist and American philosophical perspectives on resilience (American Philosophy Series), Lanham/Maryland 2020, 3–18.
Csák, János: Social futuring – A Normative framework, in: Society and Economy 40/1 (2018), 21–45.

---

65 Vgl. etwa *Schneider/Vogt*: Responsible resilience; *Markus Vogt/Martin Schneider*: Responsive Ethik. Reflexionen zum Theorie-Praxis-Verhältnis am Beispiel von Resilienz und sozialem Wandel, in: Bernhard Emunds (Hg.): Christliche Sozialethik – Orientierung welcher Praxis? Baden-Baden 2018, 179–200.
66 Vgl. *Rebecca Gutwald*: Was uns nicht umbringt, macht uns härter? Resilienzförderung bei armen Kindern aus Sicht des Capability-Ansatzes, in: Zeitschrift für Praktische Philosophie 2/1 (2015), 129–158.

Epikur: Von der Überwindung der Angst. Eine Auswahl aus seinen Schriften, den Fragmenten und doxographischen Berichten. Griechisch – Lateinisch – Deutsch, hrsg. v. Gerhard Krüger (Aschendorffs Sammlung lateinischer und griechischer Klassiker), Münster³ 2011.

Field, Rachael: Resilience, Self-Management and Agency, in: Joy Higgs und Prakash (Hg.): Practice wisdom. Values and interpretations (Practice futures 3), Leiden/Boston 2019, 69–78.

Frankl, Viktor E.: Der Wille zum Sinn. Ausgewählte Vorträge über Logotherapie, Bern/Stuttgart/Wien 1972.

Gabriel, Thomas: Resilienz – Kritik und Perspektiven, in: Zeitschrift für Pädagogik 51 (2005), 107–217.

Gründler, Pius: Salutogenese und Kohärenzsinn. Darstellung eines Konzeptes der Gesundheitspsychologie. Vergleiche und Anwendungen, Freiburg/Schweiz 1995.

Gutwald, Rebecca: Was uns nicht umbringt, macht uns härter? Resilienzförderung bei armen Kindern aus Sicht des Capability-Ansatzes, in: Zeitschrift für Praktische Philosophie 2/1 (2015), 129–158.

Hieber, Markus: Zur Ähnlichkeit und Verschiedenheit von Salutogenese und Resilienz, München 2015.

Holling, Crawford Stanley: Resilience and stability of ecological systems, in: Annual Review of Ecology and Systematics 4/1 (1973), 1–23.

Horn, Christoph: Resiliente Persönlichkeiten? Die Diskussion um den Tugendbegriff in der Antike und heute, in: Cornelia Richter (Hg.): Ohnmacht und Angst aushalten. Kritik der Resilienz in Theologie und Philosophie (Religion und Gesundheit 1), Stuttgart 2017, 31–46.

Irvine, William B.: Stoic Challenge: A Philosopher's Guide to Becoming Tougher, Calmer, and More Resilient, Manhattan 2019.

Karidi, Maria/Schneider, Martin/Gutwald, Rebecca (Hg.): Resilienz. Interdisziplinäre Perspektiven zu Wandel und Transformation, Wiesbaden 2018.

Keessen, Andrea M./Hamer, Jurrien M./van Rijswick, Helena F. M. W./Wiering, Mark: The Concept of Resilience from a Normative Perspective. Examples from Dutch Adaptation Strategies, in: Ecology & Society 18/2 (2013), art. 45.

Kelly, Ute/Kelly, Rhys: Resilience, solidarity, agency – grounded reflections on challenges and synergies, in: Resilience 5/1 (2017), 10–28.

Lichtenberg, Johannes: Stoizismus. Die Philosophie der Resilienz und Gelassenheit. Wie Du die Lehre der Stoa im Alltag verwendest, gezielt deine Resilienz erhöhst, Gelassenheit lernst und deine Emotionen kontrollierst, Hamburg² 2020.

Long, Anthony A./Sedley, David N.: Die hellenistischen Philosophen. Texte und Kommentare. Sonderausgabe, Stuttgart 2006.

Müller, Jörn: Tapferkeit, in: Petra Kolmer und Armin G. Wildfeuer (Hg.): Neues Handbuch philosophischer Grundbegriffe, Bd. 3, Freiburg i. Br. 2011, 2159–2167.

Nida-Rümelin, Julian: Über menschliche Freiheit, Stuttgart 2012.

Nida-Rümelin, Julian: Humanistische Reflexionen, Berlin² 2018.

Nida-Rümelin, Julian/Gutwald, Rebecca: Der philosophische Gehalt des Resilienzbegriffs. Normative Aspekte, in: Münchner Theologische Zeitschrift 67 (2016), 250–262.

Olsson, Martin/Hansson, Kjell/Lundblad, Ann-Marie/Cederblad, Marianne: Sense of coherence. Definition and explanation, in: International Journal of Social Welfare 15/3 (2006), 219–229.

Parker, Kelly A.: Introduction. Resilience as a Philosophical Concept, in: Kelly A. Parker und Heather E. Keith (Hg.): Pragmatist and American philosophical perspectives on resilience (American Philosophy Series), Lanham/Maryland 2020, VII–XVIII.

Parker, Kelly A./Keith, Heather E. (Hg.): Pragmatist and American philosophical perspectives on resilience (American Philosophy Series), Lanham/Maryland 2020.

Pavlova, Elena B./Romanova, Tatiana A.: Resilience in EU Discourse. A New Norm in Relations with Russia?, in: Russia in Global Affairs 17/4 (2019), 110–126.

Piepenbrink, Karen: ‚Resilienz' im klassischen Athen. Krisenbewältigungskompetenz in zeitgenössischen Narrativen, in: Frankfurter elektronische Rundschau zur Altertumskunde 42 (2020), 46–59.

Richter, Cornelia (Hg.): Ohnmacht und Angst aushalten. Kritik der Resilienz in Theologie und Philosophie (Religion und Gesundheit 1), Stuttgart 2017.

Rivard, Annette/Brown, Cary A.: Moral Distress and Resilience in the Occupational Therapy Workplace, in: Safety 5/1 (2019), art. 10.

Sayer, Andrew: Tugendethik und Sozialwissenschaft, in: Soziale Passagen 10/1 (2018), 29–43.

Schmitz, Carmen: Gesund trotz Risikobelastung? Resilienz und Salutogenese. Zwei Konzepte zur Erhaltung und Verbesserung von Gesundheit, in: Menno Baumann/Carmen Schmitz/Andreas Zieger (Hg.): Rehapädagogik, Rehamedizin, Mensch. Einführung in den interdisziplinären Dialog humanwissenschaftlicher Theorie- und Praxisfelder, Baltmannsweiler 2010, 95–107.

Schneider, Martin/Vogt, Markus: Responsible resilience: Rekonstruktion der Normativität von Resilienz auf Basis einer responsiven Ethik, in: Gaia – Ecological Perspectives for Science and Society 26/1 (2017), 174–181.

Schneider, Martin; Vogt, Markus: Responsive Ethik. Reflexionen zum Theorie-Praxis-Verhältnis am Beispiel von Resilienz und sozialem Wandel, in: Bernhard Emunds (Hg.): Christliche Sozialethik – Orientierung welcher Praxis? Friedhelm Hengsbach SJ zu Ehren. Baden-Baden 2018, 179–197.

Schubert, Vincent: Stoizismus für Anfänger. Wie Sie die Philosophie der Stoiker verstehen und die Lehre der Stoa in der Praxis anwenden – Mehr Gelassenheit und Resilienz im Alltag, Hamburg 2020.

Sedmak, Clemens: Innerlichkeit und Kraft. Studie über epistemische Resilienz (Forschungen zur europäischen Geistesgeschichte 14), Freiburg i. Br. 2016.

Sedmak, Clemens/Bogaczyk-Vormayr, Malgorzata (Hg.): Patristik und Resilienz. Frühchristliche Einsichten in die Seelenkraft, Berlin 2012.

Singer, Susanne/Brähler, Elmar: Die „Sense of Coherence Scale". Testhandbuch zur deutschen Version, Göttingen 2007.

Slaby, Jan: Kritik der Resilienz, in: Frauke A. Kurbacher und Philipp Wüschner (Hg.): Was ist Haltung? Begriffsbestimmung, Positionen, Anschlüsse, Würzburg 2016, 273–298.

Szántó, Zoltán Oszkár/Aczél, Petra/Csák, János/Ball, Chris: Foundations of the Social Futuring Index, in: Információ´s Társadalom 19/4 (2020), 115–132.

Thorén, Henrik: Resilience as a Unifying Concept, in: International Studies in the Philosophy of Science 28/3 (2014), 303–324.

Thorén, Henrik/Olsson, Lennart: Is resilience a normative concept?, in: Resilience 6/2 (2018), 112–128.

Titus, Craig Steven: Resilience and Christian virtues. What the psychosocial sciences offer for the renewal of Thomas Aquinas' moral theology of fortitude and its related virtues. Thèse de doctorat, Université de Fribourg 2002.

Titus, Craig Steven: Resilience and the virtue of fortitude. Aquinas in dialogue with the psychosocial sciences, Washington D.C. 2006.

Titus, Craig Steven: The psychology of character and virtue (The John Henry Cardinal Newman lectures 4), Arlington, Va./Washington, D.C. 2009.

Ulleitner, Adrian: Stoizismus – Weisheit der Antike. Energie und Resilienz stärken durch die stoische Philosophie. Mit den Prinzipien der Stoiker Gelassenheit, Freiheit und innere Ruhe finden. Inklusive 30-Tage-Übungsplan, Berlin ²2020.

van Natta, Matthew J.: The beginner's guide to Stoicism. Tools for emotional resilience & positivity, Emeryville, CA. 2019.

Vogt, Markus/Schneider, Martin: Responsive Ethik. Reflexionen zum Theorie-Praxis-Verhältnis am Beispiel von Resilienz und sozialem Wandel, in: Bernhard Emunds (Hg.): Christliche Sozialethik – Orientierung welcher Praxis?, Baden-Baden 2018, 179–200.

Wagenhof, Marcus: Stoizismus. Wie Sie durch die Philosophie und Lehre der Stoa die völlige Kontrolle über Ihre Emotionen erhalten, Ihre Resilienz steigern und zur absoluten inneren Ruhe und Gelassenheit finden, Berlin ²2020.

Wagner, Ursula/Fiolka, Guido: Ethische Resilienz. Ein integraler Ansatz für Training und Coaching von Integrität bei Führungskräften, n: Wirtschaftspsychologie 3 (2012), 65–78.

Weibel, Caroline: Kohärenzsinn und psychisches Wohlbefinden, Zürich 2002.

Wildfeuer, Armin G.: Art. „Praxis", in: Petra Kolmer und Armin G. Wildfeuer (Hg.): Neues Handbuch philosophischer Grundbegriffe, Bd. 2., Freiburg i. Br. 2011, 1774–1804.

Wildfeuer, Armin G.: Vernunft, in: Petra Kolmer und Armin G. Wildfeuer (Hg.): Neues Handbuch philosophischer Grundbegriffe, Bd. 3, Freiburg i. Br. 2011, 2333–2370.

Williams, Bernard: Ethics and the limits of philosophy, London 2006.

Wink, Rüdiger (Hg.): Multidisziplinäre Perspektiven der Resilienzforschung, Wiesbaden 2016.

Wittgenstein, Ludwig: Philosophische Untersuchungen, Frankfurt a.M. 1982.

Woolwine, Sarah H./Bell, Justin: American Pragmatism, Disability, and the Politics of Resilience in Mental Health Education, in: David Boonin (Hg.): The Palgrave Handbook of Philosophy and Public Policy, Cham 2018, 623–634.

Vulnerabilität, Vulneranz und Resilienz[†]

Zur Überwindung binärer Codierungen in der Resilienzforschung

Hildegund Keul

Einleitung: Resilienz – vom „Hammerzauberwort" zum Analysebegriff

Vor einiger Zeit mokierte sich eine Kolumne der „Süddeutschen Zeitung" über Zauberwörter und machte als deren Gipfel das „Hammerzauberwort" Resilienz aus.[1] Während sich der Begriff in der Alltagssprache stetig weiter verwurzelt, wächst die Kritik an seiner gar zu simplen Verwendung. Auch die DFG-Forschungsgruppe „Resilienz in Religion und Spiritualität" trägt dazu bei. Aber ein Begriff wird wissenschaftlich nicht unbrauchbar, sobald er in der Alltagssprache inflationär gebraucht wird. Stattdessen stellt sich eine Herausforderung: Wie wird aus einem „Hammerzauberwort" wieder ein wissenschaftlicher Analysebegriff, der in seiner Differenzierung dazu beiträgt, komplexe Sachverhalte besser zu verstehen?

Dieser Frage gehe ich im folgenden Beitrag nach. Dabei rücke ich die Resilienz aus einem benachbarten Diskurs in den Blick, der Vulnerabilitätsforschung. Beide, die Resilienz- und Vulnerabilitätsforschung, befassen sich mit ähnlich gelagerten, aber komplementären Problemlagen. Ihre beiden Schlüsselbegriffe sind mittlerweile Teil der Alltagssprache und fordern die Forschung heraus, ihre Analysen zu schärfen. Ist es da nicht vielversprechend, zwischen beiden Forschungsfeldern Brücken zu bauen und Erkenntnisse aus dem je fremden Forschungsfeld in die eigene Forschung aufzunehmen und weiterzuentwickeln? Im Kontext dieses Anliegens stelle ich die Grundsatzfrage, wie sich Vulnerabilität und Resilienz zueinander verhalten. Dass eine binäre Codierung nicht funktioniert, wird dabei schnell klar. Muss Vulnerabilität abgesenkt werden, um Resilienz zu erhöhen – oder kann das Erhöhen von Vulnerabilität

---

[†] Gefördert durch die Deutsche Forschungsgemeinschaft (DFG) – Projektnummer 389249041.
[1] „ein Großteil der Wissenschaftler verspricht sich viel, wenn nicht alles von der – Obacht, Hammerzauberwort! – Resilienz als diskursiver Formation." (Vgl. „Streiflicht" der SZ vom 25.2.2020, 1)

zugleich die Resilienz erhöhen? Und kann Resilienz auch durch die Anwendung von Gewalt gesteigert werden, so dass von einer „vulneranten Resilienz"[2] zu sprechen ist? Abschließend mache ich einen Vorschlag, wie die binäre Codierung zu überwinden und die Komplexität beider Forschungsfelder besser erfasst werden kann.

1. Vulnerabilität und Resilienz – das Problem der binären Codierung

Bei der Erfassung von Resilienz als eine Art Heilsbegriff geht es um ein Problem, das mir als Theologin besonders vertraut ist. Lange Zeit versuchte die Theologie, ihre Schlüsselbegriffe rein positiv – und damit normativ – zu bestimmen und alles, was dem widersprechen könnte, als nicht zu diesem Begriff gehörig auszugrenzen. Beispielsweise wenn „die katholische Kirche" als Ort des Heils schlechthin bestimmt wurde, die allein über die Heilsrituale der Sakramente verfügt – andere Religionsgemeinschaften oder gar säkulare Gruppen könnten demnach niemals an die Heilsbedeutung der Kirche heranreichen. Dann aber wurde ab 2010 in Deutschland öffentlich sichtbar, dass die katholische Kirche mit Missbrauch und Vertuschungsgewalt ein Ort von Menschenrechtsverbrechen ist. Hier diente die exklusive Rede vom Heil dazu, das selbst erzeugte Unheil zu verdecken. Die Sakramente, allen voran die Beichte, erwies sich als unsägliche, vulnerante Machtpraxis. Die Rede von „Gnade" kann dazu dienen, die Gnadenlosigkeit von Tätern und Vertuschern zu tarnen; die überschwängliche Rede von „Gastfreundschaft" dazu, Missbrauchstäter der Justiz zu entziehen und ihnen im Ausland Unterschlupf zu ermöglichen. Aus meiner Sicht als Theologin kann ich daher nur sagen: Die ausschließlich positive Bestimmung von Schlüsselbegriffen ist nicht nur verharmlosend, sondern sogar gefährlich. Sie verdeckt eine Gewaltsamkeit, die mit umso höherer Kraft wirken kann, je stärker die rein positive Begriffsbestimmung erfolgt.

Die Problematik zeigt sich bei Resilienz sowie komplementär bei Vulnerabilität. Beide Begriffe haben eine gemeinsame Geschichte, in der sie häufig als Wortpaar gebraucht wurden, die einen Gegensatz ausdrücken. Vereinfacht ausgedrückt: Während *Resilienz* in diesem Gegensatzpaar als rein

---

2 In den letzten Jahren etabliert sich „Vulneranz" als Fachbegriff für die spezifische menschliche Gewaltsamkeit, die sowohl berechnend dem Selbstschutz dienen als auch explosiv werden kann wie im Krieg, bei Ausschreitungen oder Folterungen; der sehr weite Begriff „Gewalt" wird damit spezifiziert; siehe Hildegund Keul: Schöpfung durch Verlust. Band I: Vulnerabilität, Vulneranz und Selbstverschwendung nach Georges Bataille, Würzburg 2021, insb. 101–112.

positiver Begriff (Heilsbegriff, Zauberwort ...) konstituiert wurde, wurde *Vulnerabilität* entsprechend als rein negativer Begriff verstanden. Sie bedeutet Schwäche, Ohnmacht, Passivität, mangelnde Widerstandskraft, Abhängigkeit, Unsicherheit, Stressanfälligkeit, Lethargie. Auf der anderen Seite bedeutet Resilienz: Sicherheit, Stärke, Kreativität, Autonomie, Stressbewältigung, Leistungsfähigkeit, Aktivität.

Hierfür lassen sich zahllose Beispiele nennen. In „Resilienz – Kritik eines populären Konzepts" stellen Stamm/Halberkann zunächst fest, dass die Bestimmung des Resilienzbegriffs interdisziplinär ausführlich diskutiert wurde, „ohne dass jedoch bisher ein Konsens über seine Definition erzielt worden wäre". Und dann heißt es: „Einzige Gemeinsamkeit bildet das Verständnis, wonach Resilienz das positive Gegenkonstrukt zur Vulnerabilität darstellt, d. h. zur genetisch und/oder biographisch erworbenen Verletzbarkeit des Menschen".[3]

Wie bereits gesagt, wurde die Bestimmung von Resilienz als „Heilsbegriff"[4] von verschiedenen Seiten in Zweifel gezogen. Genauso wurden in der Vulnerabilitätsforschung Stimmen laut, die sich gegen eine rein negative Bestimmung der Vulnerabilität als pure Unheilskategorie wandten.[5] So kritisierte die Ethikerin Erinn Gilson bereits 2014 aus Sicht der Vulnerabilitätsforschung „a reductively negative understanding of vulnerability". Zwar sei es richtig: „in some cases, being vulnerable means being susceptible to pain, stigma and injustice".[6] Aber bedeutet Vulnerabilität deswegen immer „liability to injury, weakness, dependency, powerlessness, incapacity, deficiency, and passivity"?[7] Gilson vertritt die These, dass Verwundbarkeit eine Offenheit für mitmenschliche Beziehungen bedeutet, Berührbarkeit, Empathie und solidarisches Handeln ermöglicht und Basis sozialen Lebens ist.

---

3   *Margit Stamm/Isabelle Halberkann*: Resilienz. Kritik eines populären Konzepts, in: Sabine Andresen/Claus Koch/Julia König (Hg.): Vulnerable Kinder. Interdisziplinäre Annäherungen (Kinder, Kindheiten, Kindheitsforschung 10), Wiesbaden 2015, 61–76, hier 61. – Im Sammelband spielt die Binarität keine prägende Rolle und verweist damit auf eine Forschungslücke: Die Vulnerabilitäts- und Resilienzforschung sind in ihren Grundsatzfragen noch zu wenig miteinander verbunden.

4   Siehe auch: *Markus Vogt/Martin Schneider*: Zauberwort Resilienz. Analysen zum interdisziplinären Gehalt eines schillernden Begriffs, in: Münchner Theologische Zeitschrift 67/3 (2018), 180–194.

5   Ein Beispiel für ein ‚negatives' Verständnis aus der Pädagogik: „Der Begriff der Resilienz umschreibt diese Widerstandsfähigkeit gegenüber belastenden Umständen und Ereignissen und stellt somit einen positiven Gegenbegriff zur Vulnerabilität dar." (*Thomas Gabriel*: Resilienz. Kritik und Perspektiven, in: Zeitschrift für Pädagogik 51/2 (2005), 207–217.)

6   *Erinn C. Gilson*: The Ethics of vulnerability. A feminist analysis of social life and practice (Routledge studies in ethics and moral theory 26), New York/London 2014, 4.

7   Ebd., 5.

> Die Resilienzforschung stellt die rein ‚positive' Bestimmung des eigenen Schlüsselbegriffs infrage, die Vulnerabilitätsforschung die rein ‚negative' Bestimmung von Vulnerabilität – eine komplementäre Entwicklung.

Der Kritik zum Trotz entfaltete die Entgegensetzung beider Schlüsselbegriffe eine große Wirksamkeit. Die Frage, wie sich Vulnerabilität und Resilienz zueinander verhalten, findet dann eine einfache Antwort: Sie sind miteinander verbunden wie eine Waage, bei der der Gewinn auf der einen Seite zum Verlust auf der anderen Seite führt. Steigt die Resilienz, so sinkt die Vulnerabilität; steigt die Vulnerabilität, so sinkt die Resilienz. Die binäre Codierung begreift das Verhältnis beider Größen als Nullsummenspiel. Gewinn und Verlust gleichen sich aus, das Ergebnis ist Null. Nimmt man ‚Vulnerabilität versus Resilienz' als Gegensatzpaar zum Ausgangspunkt, so lässt sich das Ziel wissenschaftlicher Forschung klar bestimmen: *reducing vulnerability and enhancing resilience*; Vulnerabilität ist zu reduzieren, Resilienz zu steigern.

Eine binäre Codierung hat für beide Seiten Konsequenzen. So wird Vulnerabilitätsforschung ausschließlich als Schwachstellenanalyse betrieben. An welchen Stellen ist ein Mensch, eine Institution, ein technisches System; ein Lebewesen, ein Ökosystem, eine Landschaft vulnerabel in dem Sinn, dass dort Schädigungen eintreten können? Wer die Schwachstellen kennt, kann ihnen entgegenwirken und damit die Resilienz steigern.

Diskursgeschichtlich ist dabei wichtig, dass die binäre Codierung hauptsächlich aus den Natur- und Lebenswissenschaften stammt, auch wenn sie punktuell in Human- und Geisteswissenschaften übernommen wurde.[8] Natur- und lebenswissenschaftliche Forschungen zur Resilienz, die in der binären Codierung arbeiten, haben erhebliche Erfolge zu verzeichnen. Wer möchte nicht wissen, wo der Ort, an dem man lebt, Schwachstellen hat und wie dieser Gefahr entgegenzuwirken ist, so dass die Resilienz gegenüber Stürmen, Hagelschlag, Überflutung usw. steigt? Trotzdem stellt sich die Frage: funktionieren Vulnerabilität und Resilienz immer nach einer solchen binären Codierung? Sonja Deppisch (HafenCity Universität Hamburg) moniert: „However, in literature vulnerability is sometimes conceptualized as the opposite of resilience, in the sense that if vulnerability is reduced, resilience is increased, especially relating to environment change, risks and disasters [...]. [W]ith a vulnerability focus we look at the ‚susceptibility or violability' of individuals, groups or structures against harms and risks while with a resilience lens we are focusing more on the ability also of persons as well as groups and structures up to a whole system to prevent or re-organize after damage has occurred."[9]

---

8   Siehe hierzu *Keul*: Schöpfung durch Verlust I, 78–96.
9   *Sonja Deppisch*: Cities and Urban Regions Under Change – Between Vulnerability, Resilience, Transition and Transformation, in: Dies. (Hg.): Urban Regions Now & Tomorrow: Between vulnerability, resilience and transformation. Wiesbaden 2017, 1–15, hier 4. – Der Sammelband „Urban Regions Now & Tomorrow: Between vulnerability, resilience and transformation" überschreitet die konservative Lesart von Resilienz als ‚nach Störung in

Deppisch bemerkt direkt anschließend, dass dies eine recht eingeschränkte Sicht auf Resilienz sei. Dies gilt genauso von Vulnerabilität. Verschiedene Disziplinen machen mittlerweile darauf aufmerksam, dass das Verhältnis beider Größen zueinander weitaus komplexer ist, als es auf den ersten Blick erscheint. So weist die Psychologin Insa Fooken in „Multidisziplinäre Perspektiven der Resilienzforschung" darauf hin, dass „vulnerabilitätsbezogene[n] Risikofaktoren und resilienzaffine[n] Schutzfaktoren [...] in komplexer und nichtlinearer Weise wechselseitig aufeinander bezogen"[10] seien. Wenn die Metapher von der Waage treffend wäre, dürfte es keine gleichzeitige Ausprägung von sowohl Vulnerabilität als auch Resilienz geben. Aber empirisch lassen sich Störungen feststellen, „scheinbar paradoxe Zusammenhänge".[11] Ähnliche Ergebnisse zeigt die Sicherheitsforschung der Politikwissenschaften: Eine Gesellschaft wird nicht zwangsläufig resilienter, wenn sie versucht, unverwundbar zu werden, indem sie Gewalt gegen andere Staaten ausübt. Die Vulneranz kann wie ein Bumerang mit verstärkendem Effekt auf sie zurückfallen.[12]

Fazit: Das Bild von der Waage trifft die Sachlage nicht, sondern das Spannungsfeld ist viel komplexer, als es auf den ersten Blick erscheint. Erhöhte Vulnerabilität führt nicht automatisch zum Absinken der Resilienz. Verborgene Kreuzbeziehungen, multiple Wechselwirkungen und überraschende Gegenbewegungen erzeugen Dynamiken, die die Simplizität binärer Codierungen überschreitet. Was bedeutet dies für die Resilienzdebatten?

2. Resilienzsteigerung durch das Erhöhen der eigenen Vulnerabilität

Wie kann Resilienz gesteigert werden? Diese Leitfrage der Forschung hat in vielen Bereichen hohe Relevanz, so in der Psychologie im Umgang mit Erkrankungen; in der Klimafolgenforschung im Blick auf die destruktive Kraft des globalen Temperaturanstiegs; in der Armutsforschung im Blick auf den erneut steigenden Hunger in der Welt; in der Pädagogik im Blick auf den Umgang mit marginalisierten Kindern und Jugendlichen; in der Theologie mit Blick auf den Umgang der Opfer von Missbrauch und Vertuschung mit ihren Verletzungen. Innerhalb einer binären Codierung gibt es auf die Leitfrage nur eine Antwort:

---

einen früheren Zustand zurückspringen', indem er als dritte Kategorie „transformation" einbezieht.
10 *Insa Fooken*: Psychologische Perspektiven der Resilienzforschung, in: Rüdiger Wink (Hg.): Multidisziplinäre Perspektiven der Resilienzforschung (Studien zur Resilienzforschung 1), Wiesbaden 2016, 13–45, hier 16.
11 Ebd.
12 Genaueres zu *Münkler/Wassermann* siehe unten, 3.2, auch Fußnote 51.

Resilienz kann gesteigert werden durch das Absenken der Vulnerabilität. Dass dies in vielen Fällen richtig ist und Forschung in dieser Richtung seine Berechtigung hat, sei unbestritten. Aber ist das Absenken der Vulnerabilität die *einzige* Strategie der Resilienzsteigerung?

Aus Sicht der Vulnerabilitätsforschung, die die Handlungspotentiale der Vulnerabilität umfassend untersucht, ist die Antwort ein entschiedenes *Nein*. Das Erhöhen von Vulnerabilität führt nicht automatisch zum Absinken der Resilienz. Es ist keinesfalls so, dass sie immer schwächt und schädigt, so dass sie in jedem Fall strikt zu vermeiden wäre. Resilienz kann auch gesteigert werden, indem man – ganz im Gegenteil – Vulnerabilität freiwillig erhöht und bewusst das Risiko eingeht, verletzt zu werden. Vulnerabilität kann Kreativität, Stärke, Handlungskompetenz steigern. Das Absenken von Vulnerabilität zur Resilienzsteigerung als „one-and-only"-Strategie wird der Komplexität der Realität nicht gerecht.

> Gibt es Formen von Vulnerabilität, die Kreativität, Stärke, Handlungskompetenz steigern? Wo kann aus Verwundbarkeit Stärke wachsen, wenn sie freiwillig riskiert wird?

Für eine Theologin liegt es nahe, an dieser Stelle auf Märtyrer:innen zu verweisen. Im Christentum steht der Gekreuzigte im Mittelpunkt, der sich dazu entscheidet, lieber der Gewalt zum Opfer zu fallen, als selbst Gewalt auszuüben. Nach christlichem Verständnis ist dieses Sacrifice ein Akt des Widerstandes gegen die menschliche Vulneranz.[13] Christliche Märtyrer:innen stehen in dieser Tradition. Sie erhöhen freiwillig ihre Verwundbarkeit – sie hätten eine Alternative, diese wird ihnen häufig sogar aufgedrängt. Aber sie gehen nicht den Weg, der Sicherheit und Schutz verspricht, sondern entscheiden sich für volles Risiko. Dabei ist der entscheidende Punkt: In diesem riskanten Glaubensakt gewinnen sie Stärke, indem sie ihr Leben riskieren und es am Ende sogar verlieren. Das war auch der Weg Mahatma Gandhis. Er wurde am Ende seines Lebens erschossen und verlor sein Leben. Aber niemand würde behaupten, dass er eine schwache Figur war. Hoch vulnerabel, entwickelte er mit dieser ‚gewagten Vulnerabilität' Stärke, Durchhaltevermögen und Überzeugungskraft. Er erwies sich im Widerstand und durch den Widerstand als resilient. Daran konnte auch der gewaltsame Tod nichts ändern – er ist noch heute eine Gallionsfigur gewaltfreien Widerstands.

---

13 Siehe *Hildegund Keul*: Schöpfung durch Verlust. Band II: Eine Inkarnationstheologie der Vulnerabilität, Vulneranz und Selbstverschwendung, Würzburg 2021, 130–140.

2.1 Judith Butlers „deliberate exposure to harm"

Aber das Märtyrertum ist keinesfalls ein Spezialfall von Religion, der für säkulare Kontexte keine Relevanz habe. Freiwillige Vulnerabilität, die bis zum Äußersten geht, hat auch im Säkularen ihren Ort, wie derzeit der Ukraine-Krieg zeigt.[14] Dabei markiert das Martyrium den Extremfall, der die Aufmerksamkeit auf ein viel weiteres Phänomen lenkt. Der Sammelband „Vulnerability in Resistance", den Judith Butler mit Kolleginnen 2016 publizierte,[15] verweist auf die elementare Bedeutung *freiwilliger* Vulnerabilität, auch wenn sie das Martyrium im klassisch-religiösen Sinn nicht thematisiert. Der Sammelband geht der Frage nach, welche Rolle Vulnerabilität in sozialen Bewegungen spielt, die sich trotz drohender Polizeigewalt mit Demonstrationen öffentlich für Demokratie und Menschenrechte einsetzen. Er steht dem Resilienzbegriff skeptisch gegenüber bis hin zu Sarah Brackes Aufforderung, der Resilienz zu widerstehen (resist resilience).[16] Dennoch sind die Überlegungen für die Resilienzdebatten aufschlussreich, weil es um politischen Widerstand geht und Widerstandskraft – sehr allgemein gesprochen – zur Resilienz gehört. Die Studie besagt, dass sich Vulnerabilität und Widerstand nicht zwangsläufig widersprechen und daher nicht mit binären Codierungen zu erfassen sind. Zwar wird Vulnerabilität üblicherweise „understood only as victimization and passivity, invariably the site of inaction".[17] Stattdessen müsse sie begriffen werden als „one of the conditions of the very possibility of resistance."[18] Vulnerabilität kann aktiv sein, indem sie in der politischen Auseinandersetzung als riskanter Spieleinsatz eingebracht wird.

Mit dieser Fragestellung gehört die Studie zu jenem Feld der Vulnerabilitätsforschung, die die binäre Codierung zwischen Vulnerabilität auf der einen Seite und Stärke, Widerstandskraft, Sicherheit, Handlungskompetenz, Resilienz auf der anderen Seite aufbricht, indem sie den eigenen Schlüsselbegriff komplexer fasst. Das Spezifische an *Vulnerabilität* in Abgrenzung zu *Verwundung* liegt ja darin, dass sie ein Zukunftsbegriff ist und von einer Verwundung spricht, die zukünftig geschehen kann, aber nicht geschehen muss. Wenn man mit Vulnerabilität konfrontiert wird, stellt sich die Frage, ob man die mögliche Verwundung verhindern will oder kann, oder ob man – beispielsweise in einer Feindschaft – diese Verwundung wünscht und etwas dafür tut, dass sie eintritt.

---

14 Am eindrücklichsten zeigt dies aus meiner Sicht: *Serhij Zhadan*: Himmel über Charkiw. Nachrichten vom Überleben im Krieg, Frankfurt 2021.

15 Judith Butler/Zeynep Gambetti/Leticia Sabsay (Hgg.): Vulnerability in Resistance, Durham/London 2016.

16 *Sarah Bracke*: Bouncing Back. Vulnerability and Resistance in Times of Resilience, in: Judith Butler/Zeynep Gambetti/Leticia Sabsay (Hgg.), Vulnerability in Resistance, Durham/London 2016, 52–75.

17 *Judith Butler/Zeynep Gambetti/Leticia Sabsay*: Introduction, in: Dies. (Hgg.), Vulnerability in Resistance, Durham/London 2016, 1–11, hier 1.

18 Ebd.

Vulnerabilität fordert demnach zum Handeln auf. Sie ist nicht per se passiv, wie es das Alltagsverständnis vermutet.

Bei Butler und Kolleginnen lautet die Leitfrage, wie Vulnerabilität im politischen Widerstand zur Ressource werden kann. Menschen setzten beispielsweise in einer Demonstration, bei der Polizeigewalt droht, ihren Körper bewusst einer Gefahr aus. Der entscheidende Punkt ist damit „the exposure of the body to power".[19] Es geht um „modes of deliberate exposure",[20] also um ein Handeln, das sich *freiwillig* einer gefährlichen Macht aussetzt. Demonstrierende wissen um drohende Polizeigewalt, gehen aber trotzdem zur Demonstration. In den letzten Jahren geschah dies beispielsweise 2020 in Belarus, 2022 im Iran; aber auch 1989 bei den Demonstrationen in Deutschland, die den Fall der Mauer bewirkten. Im Wagnis, das Menschen damit eingehen, mobilisieren sie ihre Vulnerabilität und setzen sie aktiv ein. Um prekäre gesellschaftliche Zustände und inhumane Lebensumstände öffentlich zu adressieren und Veränderungen auf den Weg zu bringen, braucht es das Risiko, sich der herrschenden Macht öffentlich auszusetzen. Auch hier folgt Verwundbarkeit den Machteffekten, die sowohl auf Körper einwirken als auch von ihnen erzeugt werden.

In ihrem Beitrag „Rethinking Vulnerability and Resistance" führt Butler aus: „even as public resistance leads to vulnerability, and vulnerability [...] leads to resistance, vulnerability is not exactly overcome by resistance, but becomes a potentially effective mobilizing force in political mobilizations."[21] Die Formulierung „vulnerability is not exactly overcome" ist nicht genau genug. Präziser müsste es heißen: die Demonstrierenden *erhöhen* bewusst ihre Vulnerabilität. Menschen, die bei einer von Polizeigewalt bedrohten Demonstration mitmachen, gehen das Risiko ein, verletzt zu werden durch Waffen, Festnahme, Folter, im Extremfall bis zur Tötung. Sie erhöhen ihre Vulnerabilität drastisch und tun dies freiwillig.[22] Dies läuft dem Bedürfnis nach Schutz und Sicherheit zuwider. Wer für sich selbst einen Vorteil herausschlagen wollte, würde zuhause bleiben. Aber es gibt einen Wert, auf den man setzt und für den es sich lohnt, das Risiko einzugehen – beispielsweise die Hoffnung auf Demokratisierung oder auch nur ein besseres Wohlergehen für die nächste Generation. Das Handeln

---

19 Ebd.
20 Ebd., 6.
21 *Judith Butler*: Rethinking Vulnerability and Resilience, in: Judith Butler/Zeynep Gambetti/Leticia Sabsay (Hgg.): Vulnerability in Resistance, Durham/London 2016, 12–27, 14.
22 In meiner Forschung hat sich die religionstheoretische Unterscheidung zwischen Victim und Sacrifice als hilfreich und notwendig gezeigt. In Abgrenzung zu Victim bezeichnet Sacrifice ein Opfer, das jemand freiwillig bringt, um ein höheres Ziel zu erreichen oder zu einem größeren Ganzen beizutragen. Was Butler und ihre Kolleginnen aus verschiedenen Perspektiven als „the deliberate exposure to harm" oder „taking a risk with their own bodies, exposing themselves to possible harm" (ebd., 12) beschreiben, ist ein klassischer Fall von Sacrifice. Victim und Sacrifice funktionieren ebenfalls nicht als binäre Codierung; ein Sacrifice kann victimisieren, und eine Victimisierung kann in ein Sacrifice verwandelt werden.

zielt nicht auf den eigenen Vorteil, im Gegenteil. Wer im Risiko getötet wird und so das eigene Leben verliert, bringt das größte Opfer (Sacrifice), das einem Menschen überhaupt möglich ist.

> „The deliberate exposure to harm"[23] nenne ich kurz *freiwillige Vulnerabilität*: sich freiwillig einer Gefahr aussetzen, ein Risiko eingehen, eine Verwundung in Kauf nehmen, und dadurch die eigene Vulnerabilität erhöhen.

Um in den Widerstand zu gehen, müssen Menschen ihre Angst vor der eigenen Vulnerabilität überwinden und sich selbst öffentlich, oder wie Butler sagt: „performativ", mit ihrer Vulnerabilität aussetzen und sie aktiv ins Spiel der politischen Kräfte einbringen. In einem Akt der Selbstverschwendung wird Vulnerabilität zur „potentially effective mobilizing force in political mobilizations".[24] Im Widerstand sind „modes of deliberate exposure"[25] erforderlich und unverzichtbar, um sozial und politisch etwas in Bewegung zu bringen.

Die Verschwendung, die im Risiko des politischen Widerstands praktiziert wird, setzt wegen des hohen Risikos und der mit Händen greifbaren Gefahr überwältigende Gefühle und zugleich überbordende Tatkraft frei. Sie aktiviert eine tiefe Verbundenheit mit anderen Menschen, die das Risiko ebenfalls eingehen. Die Kommunikation wird intensiv, bei manchen Demonstrationen sogar ekstatisch. Politischer Widerstand in Diktaturen erfordert eine Verschwendung, die Opfer bringt und keine Gegengabe erwarten kann, sondern im Gegenteil schwere Verluste befürchten muss. Wer sich aber in einem Akt der Verschwendung selbst ins politische Spiel einbringt, stellt sich in den Dienst eines größeren Ganzen und partizipiert an der Kraft, die in diesem Größeren zirkuliert. Aus diesem Grund sind Demonstrationen, wo Menschen sich großen Gefahren aussetzen, meist nicht kleinlaut-verhuscht, sondern bekommen Festcharakter wie ein Tanz, der gemeinschaftlich am Abgrund eines Vulkans getanzt wird. Hier geschieht das, was Georges Bataille „l'effervescence de la vie"[26] nennt: aus einer Bedrohung heraus braust das Leben auf zu seiner höchsten Intensität.

Dass die Mobilisierung durch das Erhöhen der eigenen Vulnerabilität geschieht, benennt Butler nicht explizit, auch wenn sie das Risiko benennt, verletzt zu werden. Wahrscheinlich entgeht ihr deswegen jenes Paradox, das sich im Akt des Widerstandes ereignet: Menschen leisten Widerstand gegen ein vulnerantes System, indem sie die eigene Vulnerabilität erhöhen. Die naheliegende Antwort auf die Bedrohung wäre, sich selbst und alles, was man zum Eigenen zählt, vor Verwundung zu schützen und so die Vulnerabilität abzusenken. Aber das Gegenteil geschieht. Ich nenne dies das „Verschwendungsparadox": Die

---

23　*Butler*: Rethinking Vulnerability and Resilience, 20.
24　Ebd., 14.
25　*Butler/Gambetti/Sabsay*: Introduction, 6.
26　*Bataille, Georges*: Die Aufhebung der Ökonomie. Hg. v. Gerd Bergfleth, München³ 2001, 36. – Siehe hierzu *Keul*: Schöpfung durch Verlust I, 231–243.

Demonstrierenden setzen in einem Akt der Selbstverschwendung ihr Leben aufs Spiel, um Leben zu gewinnen.

Das Verschwendungsparadox ist auch für die Resilienzforschung bedeutsam und noch nicht in seiner Tragweite erforscht. Hier stellt sich die Frage, inwiefern Menschen, die ihr Leben riskieren, um Leben zu gewinnen, dabei selbst automatisch schwächer werden oder ob es auch Fälle gibt, wo sie an Stärke gewinnen. Neben Gandhi und den tradierten Märtyrer:innen gibt es viele Beispiele, die für Letzteres sprechen. Aktuell zeigt es die belarussische Bürgerrechtlerin und Oppositionsführerin Swetlana Tichanowskaja, bei der sich noch 2019 nicht abzeichnete, welche Rolle sie in Belarus und der EU kurze Zeit später spielen würde. Sie machte eine überraschende politische Karriere, die ihr wahrlich nicht in die Wiege gelegt war, indem sie ihr Leben für die Demokratisierung ihres Landes aufs Spiel setzte. Mit ihrer erfolgreichen Präsidentschaftskandidatur erhöhte sie ihre Vulnerabilität drastisch. Mittlerweile bewegt sich die Pädagogin in globalen Kontexten, als habe sie nie etwas anderes getan.

2.2 *Das Verschwendungsparadox – Lebensgewinn durch Lebensverlust*

Aber das Verschwendungsparadox ist nicht auf politischen Widerstand beschränkt, sondern es zeigt sich in vielen weiteren Lebensbereichen. Als Beispiel nenne ich einen Forschungsbereich, der weit entfernt zu liegen scheint, aber über das Verschwendungsparadox verbunden ist: die Armutsforschung. Das Buch „Handeln in Hungerkrisen" entstand im Kontext eines DFG-Graduiertenkollegs und gibt einen Einblick in die Problematik von Vulnerabilität, Klimawandel und Hunger. Hier kritisiert der Klimahistoriker Dominik Collet, dass der Vulnerabilitätsbegriff zu eng und zu statisch gefasst wird. Eine Folge dieser Engführung sei, dass die Opfer (Victims) von Hungerkrisen ausschließlich als passiv-Leidende wahrgenommen werden, obwohl sie in ihrer Vulnerabilität aktiv werden und handeln. So erhöhen Eltern, die sich Lebensmittel vom Mund absparen, um sie ihren Kindern zu geben, ihre eigene Vulnerabilität, um den Kindern ein Weiterleben zu ermöglichen. Wenn die Forschung dies übersieht, so übersieht sie die Handlungskompetenz von Opfern, die sich mitten in äußerst widrigen Umständen entwickelt. „Anstatt als aktiv Handelnde werden die betroffenen Gruppen als passive Opfer in einem zunehmend bedrohten Ökosystem wahrgenommen. Übersehen wird so, dass Individuen und Gruppen Risiken auch absichtsvoll eingehen können und sollen und dass Adaptionen nicht nur Verlust, sondern auch Chancen bedeuten".[27]

---

27 Dominik Collet: Vulnerabilität als ‚Brückenkonzept' der Hungerforschung, in: Dominik Collet/Ansgar Schanbacher/Thore Lassen (Hgg.): Handeln in Hungerkrisen. Neue Perspektiven auf soziale und klimatische Vulnerabilität, Göttingen 2012, 13–25, hier 19.

Handlungskompetenz in widrigen Umständen ist wiederum eine Frage der Resilienz. Der Blick auf Klimawandel, Armut und Hunger ändert sich, wenn man die aktive Seite der Vulnerabilität einbezieht im Sinne von Spieleinsatz, den man riskiert (Sacrifice). Menschen in Armut sind nicht nur passive Victims, sondern sie entwickeln z. B. in Familienverbänden eigene Strategien, um in der Armut bestehen zu können. Wenn Forschung die freiwillige Verwundbarkeit (aktiv) außeracht lässt und nur die Victimisierung (passiv) beleuchtet, dann erscheint eine verwundbare soziale Gruppe ausschließlich als Opfer (Victim) und damit schwach, wenig resilient. Dann betreibt der Diskurs selbst das, was die Forschung eine „Vulnerabilisierung des Sozialen"[28] nennt. Wenn die Resilienzforschung Stärken erfassen will, muss sie auch erforschen, wo und warum freiwillig Vulnerabilität erhöht und damit ein Risiko eingegangen wird.

> Das Verschwendungsparadox bedeutet, durch Lebensverlust einen Lebensgewinn zu erzeugen. Politisches Paradebeispiel ist hierfür der Herbst 1989, wo Menschen ihr Leben riskierten und teils hohe Verluste erlitten, damit aber den Sturz der Berliner Mauer ermöglichten. Aber es gibt auch eine biblische Fassung: „Wer sein Leben zu bewahren sucht, wird es verlieren; wer es dagegen verliert, wird es gewinnen." (Lk 17,33)

Ein weiteres Beispiel für das Verschwendungsparadox, wo die freiwillige Steigerung der eigenen Verwundbarkeit die eigene Resilienz zu steigern vermag, sind all jene Menschen, die von Missbrauch und Vertuschungsgewalt geschädigt wurden, dann aber in einem widerständigen Akt die Kraft finden, diese Verbrechen öffentlich zu machen. Sie müssen damit rechnen, dass sie von vielen Seiten attackiert werden, insbesondere, wenn auf Täterseite eine sehr starke Institution steht, wie die katholische Kirche oder die sozial bestens vernetzte Odenwaldschule, ein Fußballverein usw. Die Attacken, die mit Leugnung und Verleugnung, Bagatellisierung der Vulneranz und öffentlicher Beschämung arbeiten, können die Traumatisierung des primären Missbrauchs erneut wachrufen und verstärken (Retraumatisierung). Aber nur, wenn Überlebende dieses Wagnis eingehen, indem sie ihre eigene Vulnerabilität erhöhen, können Gewalttäter:innen gestoppt werden.

Fazit: Freiwillige Verwundbarkeit und mit ihm das Verschwendungsparadox spielen in sehr unterschiedlichen Forschungskontexten eine Rolle – wie in der psychologischen Resilienzforschung; in der Armuts- und Migrationsforschung; in der Erforschung von Missbrauch und Vertuschungsgewalt; mit den politikwissenschaftlichen Überlegungen zur „strategischen Vulnerabilität".[29] Daher

---

28 *Hans-Joachim Bürkner:* Vulnerabilität und Resilienz. Forschungsstand und sozialwissenschaftliche Untersuchungsperspektiven (Working Paper), Erkner: Leibniz-Institut für Regionalentwicklung und Strukturplanung 2010, 36.
29 Zitat aus dem Titel: *Herfried Münkler/Felix Wassermann:* Von strategischer Vulnerabilität zu strategischer Resilienz, in: Lars Gerhold/Jochen Schiller (Hgg.): Perspektiven der Sicherheitsforschung. Beiträge aus dem Forschungsforum öffentliche Sicherheit, Frankfurt a. M. 2012, 77–95.

liegt die Folgerung nahe, dass es nicht um Einzelphänomene geht, sondern dass sich hier etwas Systemisches zeigt. Paradoxe haben etwas sehr Erhellendes, denn sie brechen binäre Codierung auf. Indem das Verschwendungsparadox Gegenphänomene offenlegt, zeigt es, dass die Binarität nicht funktioniert. Solche Gegenphänomene treten auf, aber nicht automatisch. Freiwillige Vulnerabilität, die auf einen Lebensgewinn hofft, kann die Resilienz derer, die das Risiko eingehen, auch drastisch reduzieren. Damit eröffnet sich ein neues Forschungsfeld, beispielsweise mit der Frage, wann freiwillige Verwundbarkeit zur Retraumatisierung führt und wann es stattdessen zur Steigerung der Resilienz kommt. Hierzu wären empirischen Studien zum Verschwendungsparadox notwendig. Paradoxe verhelfen der Vulnerabilitäts- und Resilienzforschung dazu, die Komplexität der eigenen Forschungsfelder zu begreifen und interdisziplinär zu analysieren.

3. Resilienzsteigerung durch Gewalt gegen Andere – vulnerante Resilienz

Zu ihrer programmatischen Kritik der Resilienz als „Wellness- und Sehnsuchtsbegriff" merkt Cornelia Richter an, dass „dessen neoliberales Optimierungspotential neben der Ökonomie auch die Politik mit großem Interesse zur Kenntnis genommen hat".[30] Was sich hier andeutet: Resilienz hat ein Gewaltproblem. Bislang wurde dieses Problem nicht systematisch bearbeitet, aber es wurde in verschiedenen Kontexten zumindest bereits benannt. Im Folgenden nenne ich Beispiele aus unterschiedlichen Themenfeldern, die die Breite der Problematik aufzeigen.

---

30 *Cornelia Richter*: Vorwort, in: Dies. (Hg.): Ohnmacht und Angst aushalten. Kritik der Resilienz in Theologie und Philosophie (Religion und Gesundheit 1), Stuttgart 2017, 11.

3.1 Fallbeispiel Gerold Becker:[31] Resilienz durch Vulneranz in Missbrauch und Vertuschungsgewalt

Gerold Becker, der 2010 als pädokrimineller Serientäter enttarnt wurde, leitete von 1972 bis 1985 die Odenwaldschule, den „Leuchtturm der Reformpädagogik".[32] Gegen ihn wurden immer wieder Beschwerden über sexuelle Gewalt vorgebracht, aber im System unterdrückt. Erst als seine Taten 2010 bekannt wurden, stürzte Becker kurz vor seinem Tod im Juli 2010 vom Himmel der Reformpädagogik ab. Seine Schule musste 2015 schließen. Beckers Vita ist eine Erfolgsgeschichte der Resilienz, allerdings mit dem Pferdefuß, dass diese Resilienz durch Vulneranz gegen Andere erzielt wurde.

Aber warum sollte hier der Resilienzbegriff verwendet werden, was bei Gewalttätern bislang nicht üblich ist? Die Antwort ist einfach: Weil die üblichen Kriterien der Resilienz auf ihn zutreffen. Die DFG-Forschungsgruppe 2686 definiert: „Wir bestimmen Resilienz als Fähigkeit und / oder dynamischen Prozess einer adaptiven Bewältigung von Stress und Widrigkeiten (Adversity) bei Aufrechterhaltung und Entwicklung psychischer und physischer Funktionalität."[33] Mit diesen Worten könnte man die Biografie Beckers beschreiben: sowohl Fähigkeit als auch dynamischer Prozess; adaptive Bewältigung von Herausforderungen; private und berufliche Entwicklung und Aufrechterhaltung der Funktionalität.

Becker hatte in seinem Leben einige Krisen und widrige Umstände zu bewältigen. Nach dem Abitur platzte der Wunsch eines Architekturstudiums schnell. Becker ging zur Evangelischen Theologie, wo er mit „befriedigend" abschloss. Das Vikariat in Linz/Österreich brach er nach kurzer Zeit ab und verließ den Ort fluchtartig. Er musste „einen Ausweg aus einer Notlage suchen"[34]

---

31   Im deutschsprachigen Kontext ist Gerold Becker wohl der Missbrauchsfall, der am besten dokumentiert und analysiert ist. Die Vertuschungsgewalt tritt besonders hervor bei *Jürgen Oelkers*: Pädagogik, Elite, Missbrauch. Die ‚Karriere' des Gerold Becker, Weinheim/Basel 2016. – Zum Folgenden siehe auch: *Hildegund Keul*: Gefaehrliche Heilsversprechen. Missbrauch und Vertuschung an der Odenwaldschule, in: feinschwarz.net vom 9.7.2020. Online abrufbar unter: www.feinschwarz.net/gefaehrliche-heilsversprechen-missbrauch-und-vertuschung-an-der-odenwaldschule/ (zuletzt abgerufen am 10.02.2023).

32   Zitat aus dem Titel der Studie: *Heiner Keupp/Florian Straus* et al.: Die Odenwaldschule als Leuchtturm der Reformpädagogik und als Ort sexualisierter Gewalt. Eine sozialpsychologische Perspektive (Sexuelle Gewalt in Kindheit und Jugend), Wiesbaden 2019.

33   *Cornelia Richter/Franziska Geiser*: „Hilft der Glaube oder hilft er nicht?" Von den Herausforderungen, Religion und Spiritualität im interdisziplinären Gespräch über Resilienz zu erforschen, in: Cornelia Richter (Hg.): An den Grenzen des Messbaren. Die Kraft von Religion und Spiritualität in Lebenskrisen (RuG 3). Stuttgart 2021, 9–36, hier 20.

34   *Oelkers*: Pädagogik, Elite, Missbrauch, 91. – Oelkers geht davon aus, dass Becker wegen des Verdachts floh, „einen Jungen aus seiner Jugendgruppe sexuell missbraucht zu haben" (ebd., 79).

und studierte Pädagogik, wo er aber mit seinem Dissertationsvorhaben scheiterte. Verschärfend kam hinzu, dass er schon während seines Studiums Jungen missbrauchte und unter Verdacht geriet. Das alles erzeugte eine Vulnerabilität, die im Desaster hätte enden können. Aber ohne eine Lehramtsausbildung oder gar ein Examen wurde er Lehrer einer sehr renommierten Schule und machte Karriere, wurde dort zunächst Oberstufenkoordinator, dann Schulleiter. Als solcher hatte Becker das Problem zu bewältigen, dass der hoch angesehenen Schule der Absturz drohte. Er musste neue Schüler:innen einwerben und hatte mit gravierenden Alltagsproblemen wie maroden sanitären Anlagen zu kämpfen. Er musste die Eltern bei der Stange halten und sich in der Bildungspolitik um finanzielle Absicherung kümmern. Zu dieser Krise kamen persönlich widrige Umstände. Einige Lehrer:innen wollten seine mangelnde Qualifikation sowie seinen eigenwilligen Führungsstil nicht tolerieren. Einige Schüler beklagten sich über ihn, in der Schule kursierten Gerüchte von sexuellen Übergriffen; wenige Eltern nahmen ihr Kind von der Schule, weil diese zuhause vom Missbrauch erzählt hatten. Für einen Missbrauchstäter ist das gefährlich. Aber Becker meisterte alle Krisen und widrigen Umstände mit Bravour. Er wurde einer der beliebtesten Redner und Publizisten Deutschlands. Da er die Klaviatur der Heilsversprechen perfekt beherrschte, wuchs sein Ansehen in der evangelischen Kirche. Statt in den Abstieg zu rutschen, wurde seine Schule als „UNESCO-Projektschule für Menschenrechte und Demokratie" geadelt. Als Astrid Lindgren den Friedenspreis des Deutschen Buchhandels erhielt, durfte Becker die Laudatio halten.

Im Folgenden gehe ich einige Definitionselemente durch, wie sie die DFG-Forschungsgruppe „Resilienz in Religion und Spiritualität" für „Resilienz" verwendet.[35]

- Die Fähigkeit, in dynamischen Prozessen Stress und Widrigkeiten zu bewältigen und seine psychische und physische Funktionalität aufrechtzuerhalten und weiter zu entwickeln – sie war bei Becker sehr hoch. Zudem war dieser Prozess dynamisch, individuell, interpersonal, sozial und umweltbezogen ein Glanzstück. Der Missbrauchstäter reagierte situativ angemessen und flexibel auf die Herausforderungen, die sich ihm stellten.
- Besonders hoch waren seine „Ambiguitäts- und Komplexitätstoleranz" sowie seine „Fähigkeit der sinnhaften (‚meaningful') Artikulation".[36] Seine Vorträge und Publikationen zogen Menschen in ihren Bann und wurden als sehr sinnhafte Artikulation gehört. Den inneren Widerspruch zwischen den öffentlichen Heilsversprechen und seiner Vulneranz konnte er offensichtlich gut aushalten.

---

35 Angelehnt an die Überlegungen von *Richter/Geiser*: „Hilft der Glaube oder hilft er nicht?", 20 f.
36 Ebd.

– Auch mit „der konstruktiven Verknüpfung von negativen und positiven Emotionen / Affekten, Wahrnehmungen, Einschätzungen, Erwartungen sowie deren konterregulative[n] Konsequenzen"[37] kam Becker zurecht. Er kontrollierte und regulierte seine Emotionen in der Öffentlichkeit meisterlich. Ob bei seiner Resilienz sein Glaube geholfen hat, kann wohl nicht mehr festgestellt werden. Aber man könnte fast denken, dass er den berühmten „Schutzmantel" besaß, der ihn „vor Krisen jeglicher Art zu schützen" vermochte.[38]

Becker galt sogar als charismatisch, charmant, lebensfroh, zugewandt und humorvoll. Wie hoch seine Resilienz war, lässt sich am besten daran ablesen, dass er niemals strafrechtlich zur Verantwortung gezogen wurde und sich nicht persönlich für seine Taten rechtfertigen musste. Allerdings – was weiß man, wenn man weiß, dass er hoch resilient war? Etwas Entscheidendes fehlt, dies einschätzen zu können: seine Vulneranz gegen junge Menschen, die seiner Obhut anvertraut wurden. Dabei war seine Resilienz in doppelter Weise vulnerant. Zum einen durch den sexuellen Missbrauch selbst; zum anderen, weil Becker seine spezielle Vulnerabilität, als Missbrauchstäter enttarnt zu werden, dadurch absenkte, dass er gegen seine Opfer mit Vertuschungsgewalt vorging. Er steigerte seine Resilienz, indem er junge Menschen, die sich zur Wehr setzen wollten, erneut verletzte. Wenn einer der Betroffenen den Missbrauch offenzulegen versuchte, dann war das ein kritischer Moment im Täterleben. Becker löste das Problem, indem er seine Opfer verächtlich machte, sie als Lügner verleugnete und sie problematisierte.[39] Die Fallhöhe einiger Jugendlichen war besonders hoch, wenn sie zuvor in der Schule als Auserwählte galten, weil sie eine ‚besondere' Beziehung zu Becker hatten. Sie fielen besonders tief, wenn sie nach dem Versuch der Offenlegung von Becker diskreditiert, lächerlich gemacht, verleumdet, gedemütigt und mit Beschämung bestraft wurden. Wahrscheinlich ahnten einige Opfer diese Gefahr und unterließen die Offenlegung.

Auch Zeug:innen, die Hilfe suchten oder die Übergriffe publik machen wollten – Beckers morgendlicher ‚Griff unter die Bettdecke' war in der Schule bekannt – wurden systematisch diskreditiert.[40] Wahrscheinlich mussten auch die wenigen Eltern, die ihre Kinder wegen sexueller Übergriffe von der Schule nahmen, ebenfalls solche Diskreditierungen befürchten – was besonders heikel

---

37 Ebd.
38 Ebd. – *Richter/Geiser* distanzieren sich zu Recht von der Schutzmantel-Vorstellung von Resilienz, weil sie zu kurz greift.
39 Als Theologin kann ich mir den seelsorglich-besorgten Ton, den Becker in einer solchen Situation anschlug, gut vorstellen, beispielsweise wenn ein Vater zum Gespräch kam; in etwa: Ja, das ist mir auch schon ein paarmal aufgefallen, dass XY es mit der Wahrheit nicht so genau nimmt; manchmal habe ich sogar den Eindruck, dass das etwas Bösartiges hat; da müssen wir etwas unternehmen … Vertuschungsgewalt ist perfide.
40 Vgl. *Amelie Fried*: Die rettende Hölle. Amelie Fried über die Odenwaldschule, in: Frankfurter Allgemeine Zeitung Online vom 14.03.2010.

war, wenn sie eine gesellschaftlich angesehene Position innehatten. In einem System, das Missbrauch vertuscht, sind diejenigen, die das System durchbrechen wollen, erhöhter Vulnerabilität ausgesetzt. Auch das breite Täternetzwerk, das Becker knüpfte, schützte den Haupttäter. Es steigerte seine Resilienz, denn seine Mittäter waren erpressbar. Vertuschungsgewalt ist der Versuch, durch erneute Vulneranz die eigene Resilienz zu steigern – Resilienzgewinn durch Vulneranz.

Außerdem gibt es eine prekäre Rückwirkung von der Resilienz durch Vertuschungsgewalt auf die Vulneranz des primären Missbrauchs: Die hohe Resilienz, die Becker sich durch seine Vernetzungen auch in den Raum von Politik und Medien[41] erarbeitet hatte, ermöglichte ihm erst die enorme Vulneranz, die er gegen Kinder und Jugendliche ausübte. Je resilienter er selbst durch seinen „Schutzmantel" wurde, desto mehr konnte er sie durch seine Machtzugriffe verletzen. Seine Resilienz war vielschichtig vulnerant.

> Je resilienter, desto vulneranter – so verhält es sich bei Missbrauchstäter:innen, die Vertuschungsgewalt anwenden und vom System durch Vertuschung geschützt werden.

Was das Wechselspiel von Vulnerabilität, Vulneranz und Resilienz angeht, so ist Becker kein Einzelfall, sondern ein Paradebeispiel. Zwar ist sein Werdegang besonders gut belegt und wissenschaftlich analysiert, aber das Phänomen „Resilienz durch Vulneranz" zeigt sich beispielsweise in der katholischen Kirche an allen Ecken und Enden.[42] Häufig ist die Vertuschungsgewalt bereits in den Missbrauch selbst eingeschrieben, wenn den Opfern weisgemacht wird, dass es sich bei den sexuellen Handlungen um ein Geheimnis handelt, das um Gottes willen nicht preisgegeben werden darf. Verstärkt wird dies speziell von mystischen Begründungen für die sexuellen Handlungen, wofür eine Studie von Céline Hoyeau zu Macht und Missbrauch unzählige Beispiele liefert, insbesondere bei den Brüdern Thomas und Marie-Dominique Philippe.[43] Deren weit geknüpftes Täternetzwerk innerhalb eines noch größeren Vertuschungssystems ermöglichte es, dass die Vulneranz mit der Resilienz wuchs. Hier zeigt sich, was für die katholische Kirche insgesamt galt und weithin noch gilt: Sie verfügt(e) über eine hohe Resilienz, solange ihr System der Vertuschungsgewalt funktioniert(e). Erst wenn Missbrauch und Vertuschung öffentlich bekannt werden, kommt es zu jenem Kipp-Punkt, wo das Vertrauen gegenüber der Kirche abrutscht, die Mitgliederzahlen drastisch sinken und das öffentliche Ansehen größten Schaden erleidet. Das Verletzlichkeitsparadox tritt ein: Je stärker die

---

41 Bereits im November 1999 waren die Missbrauchsvorwürfe mit einem Bericht der „Frankfurter Rundschau" öffentlich geworden. Dies blieb ohne öffentliche Resonanz – die Vertuschung funktionierte auch in den Medien.
42 Zu Missbrauch und Vertuschungsgewalt in der katholischen Kirche s. *Keul*: Schöpfung durch Verlust I, 379–420.
43 *Céline Hoyeau*: Der Verrat der Seelenführer. Macht und Missbrauch in Neuen Geistlichen Gemeinschaften, Freiburg 2023, 199–233.

Sicherheitsstrategien sind, die vor dem Eintritt eines Schadens bewahren sollten, desto höher ist der Schaden, wenn er trotzdem eintritt.[44]

3.2 Weitere Ansatzpunkte in der Forschung – Neoliberalismus, Politikwissenschaft und Soziologie

Die eben erläuterte Problematik betrifft nicht nur Missbrauch und Vertuschungsgewalt. Sie taucht in verschiedenen Diskursen auf, insbesondere wo der Resilienzbegriff kritisiert wird, wenn auch die Vulneranz nicht immer explizit als Kern des Problems benannt wird. Ein Blick auf drei Bereiche soll dies verdeutlichen: die verbreitete Kritik an einer neoliberalen Verzweckung der Resilienz; die gesellschaftspolitischen Debatten um „vulnerable Gruppen", die in der Soziologie zur Corona-Politik geführt wurden; und in der Politikwissenschaft die Komplexität der Sicherheitspolitik bis hin zur Vulneranz des Terrorismus.

Ein bereits breit diskutiertes Feld ist die neoliberal propagierte Resilienz. Demnach soll in der globalisierten Arbeitswelt durch die Förderung der Resilienz die Vulnerabilität von Menschen gesenkt werden, damit ihnen noch mehr Lasten auferlegt werden können. Die Förderung von Resilienz wird zur Pflicht, die eigene Resilienz stetig zu steigern. Längere Arbeitszeit, niedrigere Löhne, schlechtere Arbeitsbedingungen – wer besonders resilient ist, kann auch besonders widrige und sogar widerwärtige Arbeitsbedingungen aushalten. Und es gibt immer Menschen, die noch resilienter zu sein versprechen als diejenigen, die gerade in einem Unternehmen tätig sind. Auch hier ist die Vulneranz der Kern des Problems. Von Betroffenen wird verlangt, dass sie die Vulneranz, die das System mit widrigen Arbeitsbedingungen gegen sie wendet, freiwillig gegen sich selbst richten. Wer scheitert und unter die Räder globaler Ökonomien gerät, hat es allein sich selbst zuzuschreiben: Du warst nicht resilient genug.[45]

Für die Vulneranz, die aus dem Spannungsfeld von Vulnerabilität und Resilienz entsteht, bietet auch der Frankfurter Soziologe Stephan Lessenich einen Ansatzpunkt. Er stellt in Frage, ob der Staat mit seiner Politik der Vulnerabilität, wie sie während der Corona-Pandemie betrieben wurde, tatsächlich den Lebensschutz über die Wirtschaft gestellt habe. War eine umfassende *Politik für das Leben* vorrangig? Lessenich verneint dies. Mit Rückgriff auf Judith Butler legt er frei, dass es um den Schutz nur *bestimmter* vulnerabler Gruppen ging, beispielsweise der finanzstarken Senior:innen. Die „demokratisch-kapitalistischen Gesellschaften [...] betreiben keine Politik *für das Leben*, ohne Wenn und Aber,

---

44 Zum Verletzlichkeitsparadox siehe *Keul*: Schöpfung durch Verlust I, 25–27.
45 Siehe das interdisziplinäre Dossier „Resilienz" von „medico international" (www.medico.de/resilienz/) sowie: medico international: Fit für die Katastrophe? Kritische Anmerkungen zum Resilienzdiskurs im aktuellen Krisenmanagement. Gießen 2017.

ohne Ansicht der Person – sondern immer, und bis heute, eine Politik *mit dem Leben*, die sich durch ihre soziale Selektivität und ihre zumindest implizite Hierarchisierung des Lebenswerten auszeichnet."[46] Er fährt fort: „Müssten, wenn es um das abhängige, bedürfte, versehrte Leben geht, nicht eigentlich – und ganz offensichtlich – die *Geflüchteten* in den Lagern an der europäischen Peripherie ganz vorne rangieren auf der sozialpolitischen Prioritätenskala?"[47] Diejenigen mit höchster Vulnerabilität standen bei den Schutzmaßnahmen jedoch an einer der untersten Stellen.

Das Argument Lessenichs kann vulnerabilitätstheoretisch weitergeführt und verschärft werden. Menschen in Flüchtlingslagern erhielten während der Pandemie nicht nur weniger Schutz. Vielmehr erhöhen die Strategien, die die Wohlhabenden zum eigenen Schutz etablierten, die bereits sehr hohe Vulnerabilität der Geflüchteten drastisch.[48] Um die einheimische Bevölkerung vor Infektionsgefahr zu schützen, wurden die Lager wie Moria auf der Insel Lesbos noch strenger abgeriegelt, als sie es zuvor bereits waren. Lebensressourcen wurden noch knapper, die medizinische Versorgung noch schlechter, die mediale Berichterstattung noch fragiler. Als soziale Gruppe sind Menschen in Lagern potenziert pandemie-gefährdet, denn sie müssen auf viel zu engem Raum leben, können die erforderlichen Hygiene-Standards nicht einhalten und verfügen nur rudimentär über Gesundheitsversorgung. Als Anfang September 2020 Moria durch Brandstiftung in Flammen aufging, verloren die dort lebenden Menschen auch noch ihre letzten Habseligkeiten. Was zuvor an Hilfsmaßnahmen wie Schulen mühsam aufgebaut worden war, wurde mit einem Schlag vernichtet. Hilfe aus den wohlhabenden EU-Ländern war kaum zu erwarten, denn diese waren mit Corona und möglichen Präventionsmaßnahmen befasst.

Wer hoch vulnerabel war, aber sozial nicht als besonders schützenswert galt, musste während der Pandemie befürchten, auch noch von den Schutzstrategien der Wohlhabenden getroffen zu werden. Dies gilt auch für die Gruppe der Obdachlosen, deren harte Lebensbedingungen sich durch die Schutzmaßnahmen drastisch verschlechterte. Bei der Rede von „die Vulnerablen", die besonderen Schutz brauchen, sind daher auch jene destruktiven Machtwirkungen zu beachten, die von Schutzstrategien ausgehen. „Schutz" gilt allgemein als etwas, das Schaden abwehrt. Zur ganzen Wahrheit gehört aber, dass Schutz häufig auf Kosten Anderer geht, indem er zur Abwehr oder Aggression führt. Während bestimmte Strategien das Eigene schützen, können sie damit zugleich Andere der Gefahr aussetzen, deren Vulnerabilität erhöhen oder sogar direkt Schaden zufügen. Was die Einen schützt, die über ausreichende Ressourcen

---

46 *Stephan Lessenich*: Leben machen und sterben lassen. Die Politik mit der Vulnerabilität, in: WSI-Mitteilungen 73/6 (2020), 454–461, hier 455.
47 Ebd., 457.
48 Vgl. *Keul*: Schöpfung durch Verlust I, 30.

verfügen, erhöht die Vulnerabilität Anderer, bei denen dies nicht der Fall ist. Wo man alles daransetzt, sich selbst und das Eigene zu schützen, müssen häufig Andere den Preis dafür zahlen. Dies kann sogar eintreten, wenn niemand dies bezweckt.

Die Erkenntnisse aus der Corona-Pandemie korrelieren mit der Komplexität, mit der die Macht der Vulnerabilität in den Politikwissenschaften diskutiert wird. Bei ihrer sehr treffenden Übersicht zum Resilienzdiskurs verweisen Vogt/Schneider darauf, dass „Resilienz oft das Problem und nicht die Lösung" ist: „z. B. erweisen sich manche totalitären Herrschaftssysteme als höchst resilient, was zumindest aus der Sicht der unter dieser Herrschaft Leidenden negativ bewertet wird".[49] Diese These bestätigt indirekt der Politikwissenschaftler Víctor M. Mijares, der die gewaltsame Resilienz eines Staates, hier des Autoritarismus in Venezuela (der Text stammt von 2017) beleuchtet. Er führt den Begriff „authoritarian resilience" (autoritäre Resilienz) ein, um die Überlebensstrategien des damaligen Chavismus zu beschreiben: „the understanding of resilience is the capacity of authoritarianism to maintain power through the adaptation to a changing environment. Thereby it has to react to both national and international challenges."[50] Das ist ein starkes Argument. Autokraten und Diktatoren müssen sehr flexibel, anpassungs- und durchsetzungsfähig sein, um auch in für sie widrigen Umständen wie Umsturzaktivitäten bestehen zu können. Solche Resilienz entsteht durch den Einsatz von Spitzelsystemen, Bestechung und Korruption, durch illegales Gefangenhalten, Folter bis hin zur Tötung von Gegner:innen des Regimes, kurz: durch Menschenrechtsverletzungen. Autoritäre Resilienz ist vulnerant.

Aus anderer Perspektive diskutieren die Politikwissenschaftler Münkler und Wassermann das Problem, dass je mehr ein Staat versucht, die eigene Vulnerabilität abzusenken und möglichst unverwundbar zu werden, desto mehr dazu neigt, Gewalt gegen andere Staaten und vielleicht sogar gegen die eigene Bevölkerung anzuwenden. „Das Ideal entsprechender Anstrengungen besteht demnach in vollständiger Invulnerabilität, aus deren Deckung heraus die Vulneranz ungehindert ihre maximale Wirkung entfalten kann. Dieses Ideal leitet bis hin zur US-amerikanischen Vision einer technologie- und netzwerkgestützen *Zero Casualties*-Kriegsführung die Sicherheits- und Rüstungspolitik strategischer Akteure an."[51] Dieser Punkt ist für die Resilienzforschung relevant: Wenn Unverwundbarkeit jemals erreicht werden würde, so könnte sie als Deckung dienen,

---

49 *Vogt/Schneider*: Zauberwort Resilienz, 189.
50 *Víctor M. Mijares*: Die Resilienz des venezolanischen Autoritarismus. GIGA Focus Lateinamerika vom 02.03.2017. Online verfügbar unter: www.giga-hamburg.de/de/publikation/die-resilienz-des-venezolanischen-autoritarismus (zuletzt abgerufen am 10.02.2023).
51 *Herfried Münkler/Felix Wassermann*: Von strategischer Vulnerabilität zu strategischer Resilienz, 82. – Die Politikwissenschaftler stellen fest, dass eine bedingungslose Maximierung der Sicherheitsmaßnahmen, die eigentlich die Vulnerabilität absenken soll, zu

um aus ihr heraus ungehindert Vulneranz auszuüben. Strategien, die auf das ständige Absenken der Vulnerabilität bis hin zur Unverwundbarkeit zielen, bergen daher ein Gewaltpotential.

Ein anderer interessanter Fall, der nicht in das gewaltbefreite Verständnis von Resilienz passt, ist der Terrorismus. Suizidattentäter:innen ertragen bewusst harte Trainingslager; sie verkraften den Tod von Freunden und Verwandten; sie wagen sich in gefährliche Kriegsgebiete; sie sorgen sich nicht um die Trennung von ihren Familien; in der Ausübung des Attentats überwinden sie ihre Todesangst. Manchmal machen sie sogar eine ganz erstaunliche Persönlichkeitsentwicklung durch: Aus einem marginalisiert-schüchternen, unauffälligen Jugendlichen kann ein Krieger/eine Kriegerin werden.[52] Suizidattentäter:innen überstehen Lebenskrisen und steigern ihre Handlungsfähigkeit bis in das Selbstopfer hinein. Sie sind hochgradig resilient.

Die Beispiele aus verschiedenen Forschungsbereichen – von Missbrauch und Vertuschungsgewalt über den Neoliberalismus bis hin zu Suizidattentaten – verweisen darauf, dass Resilienz durch Vulneranz erzeugt werden kann, und dass es folglich eine „vulnerante Resilienz" gibt. Dieser wichtige Punkt wird im Resilienzdiskurs bislang zu wenig diskutiert. Die Resilienzdevise „reducing vulnerability and enhancing resilience" greift zu kurz, da Menschen Resilienz gewinnen können, indem sie Andere ihrer Vulnerabilität aussetzen, diese erhöhen oder indem sie direkt vulnerant werden. In diesen Fällen wird Resilienz erhöht durch ein Erhöhen der Vulnerabilität anderer Menschen.

4. Fazit: die Triade von Vulnerabilität, Vulneranz und Resilienz

Weite Teile der Resilienzforschung halten es für selbstverständlich, dass es wünschenswert sei, Resilienz zu steigern. Aus Sicht der Vulnerabilitätsforschung ist jedoch die Frage zu stellen: Ist das wirklich immer der Fall? Dies würde bedeuten, dass man auch die vulnerante Resilienz von Menschenrechtsverbrechern – Missbrauchstätern, Folterern, Terroristen, Diktatoren – fördern wollte. Für Forschung in Demokratien, die sich der Wahrung der Menschenrechte verpflichtet weiß, ist dies ein Unding. An diesem Punkt zeigt sich die

---

Inflexibilität und Selbstlähmungführt. Sie schlagen daher vor, dass Resilienz „als Alternative zum Ziel der Unverwundbarkeit" verstanden werden solle und daher „eher als Komplementär- denn als Gegenbegriff zu Vulnerabilität" (ebd., 87) zu begreifen sei.

52 Beispielsweise bedeutete für Sarah O., die mit 15 Jahren zum IS in Syrien ging, der Weg aus Deutschland ins Kriegsgebiet des IS die Befreiung aus ihrer Familie und ein „totaler Neustart des eigenen Lebens" (www.verfassungsschutz-bw.de/,Lde/Sarah+O_+und+ihre+Rolle+beim+IS).

Problematik eines Resilienzbegriffs, der ‚rein positiv' bestimmt wird. Es reicht nicht aus, Resilienz in ihren Wechselwirkungen zur Vulnerabilität zu analysieren. Daher schlage ich vor, statt in binärer Codierung die Analyse dreiwertig zu betreiben, d. h. die Vulneranz nicht nur hier und da, sondern grundsätzlich in die Forschung einzubeziehen. Auf diesem Weg könnte aus dem „Hammerzauberwort" ein Analysebegriff werden, der die komplexen Dynamiken „im Horizont menschlichen Handelns", wie der vorliegende Buchtitel heißt, erfasst.

Wichtig ist dabei, zwischen deskriptiver und normativer Verwendung des Vulneranzbegriffs zu unterscheiden. Selbst wenn man Vulneranz feststellt, heißt das nicht automatisch, dass diese zu verurteilen wäre, beispielsweise bei der Selbstverteidigung. Auch diese Frage nach Deskription und Normativität müsste näher bestimmt werden. Vulneranz ist genauso komplex wie Vulnerabilität und Resilienz. Sie kann sich gegen Andere richten, aber auch gegen sich selbst; es kann um gezielte Vulneranz gehen oder Nebeneffekte; um offene, sichtbare und unsichtbare Vulneranz, die es aufzudecken gilt. In der Resilienzforschung wird Gewalt vornehmlich aus der Perspektive betrachtet, wo Menschen zum Opfer (Victim) solcher Gewalt werden. Die aktive Ausübung scheint hier kein Thema zu sein. Aber Opfer zu sein schützt nicht zwangsläufig davor, selbst Täter:in zu werden, wie das Phänomen der Rache belegt. Kann die Ausblendung von Vulneranz in der Forschung die Vulneranz in der Realität vielleicht sogar verdecken und sie damit ungewollt tolerieren oder stützen, selbst wenn sie normativ nicht zu akzeptieren wäre? Die systematische Einbeziehung der Vulneranz könnte die vielfältigen Machtwirkungen, die das Spannungsfeld auszeichnen, besser erfassen. Die Forschung gewinnt an Tiefe, gerade auch dort, wo diese Tiefe ein Abgrund ist.

Aber auch Phänomene, wo Menschen und Gemeinschaften freiwillig ihre Vulnerabilität erhöhen, weil sie sich trotz der hohen Verletzungsgefahr einen Lebensgewinn (für sich selbst oder für Andere) davon erhoffen, sind unter Einbeziehung der Vulneranz besser zu erfassen. Resilienz als „ein situativ und kontextbezogen divergentes und ambivalentes Krisenphänomen"[53] zeigt sich in seiner dreidimensionalen Komplexität. Dies erscheint mir nicht nur innerwissenschaftlich, sondern auch im Blick auf gesellschaftliche Problemlagen besonders relevant, wo der Umgang mit Vulnerabilität und die daraus entstehende Vulneranzgefahr entscheidend sind. Nicht zuletzt die Demokratie könnte eine Erhöhung ihrer Resilienz gut brauchen, die um der Humanität willen Risiken eingeht und damit zugleich der ihr innewohnenden Vulneranzgefahr widersteht.

---

53 *Richter/Geiser*: „Hilft der Glaube oder hilft er nicht?", 19.

Literaturverzeichnis

Bataille, Georges: Die Aufhebung der Ökonomie, Hg. von Gerd Bergfleth. München ³2001.
Bracke, Sarah: Bouncing Back. Vulnerability and Resistance in Times of Resilience, in: Judith Butler/Zeynep Gambetti/Leticia Sabsay (Hgg.): Vulnerability in Resistance, Durham/London 2016, 52–75.
Bürkner, Hans-Joachim: Vulnerabilität und Resilienz. Forschungsstand und sozialwissenschaftliche Untersuchungsperspektiven (Working Paper), Erkner: Leibniz-Institut für Regionalentwicklung und Strukturplanung 2010.
Butler, Judith/Gambetti, Zeynep/Sabsay, Leticia (Hgg.): Vulnerability in Resistance. Durham/London 2016.
Butler, Judith/Gambetti, Zeynep/Sabsay, Leticia: Introduction, in: Judith Butler/ Zeynep Gambetti/ Leticia Sabsay (Hgg.): Vulnerability in Resistance, Durham/London 2016, 1–11.
Butler, Judith: Rethinking Vulnerability and Resilience, in: Judith Butler/Zeynep Gambetti/ Leticia Sabsay (Hgg.): Vulnerability in Resistance, Durham/London 2016, 12–27.
Collet, Dominik: Vulnerabilität als ‚Brückenkonzept' der Hungerforschung, in: Dominik Collet/ Ansgar Schanbacher/Thore Lassen(Hgg.): Handeln in Hungerkrisen. Neue Perspektiven auf soziale und klimatische Vulnerabilität, Göttingen 2012, 13–25.
Deppisch, Sonja: Cities and Urban Regions Under Change – Between Vulnerability, Resilience, Transition and Transformation, in: Sonja Deppisch (Hg.): Urban Regions Now&Tomorrow: Between vulnerability, resilience and transformation, Wiesbaden 2017, 1–15.
Fooken, Insa: Psychologische Perspektiven der Resilienzforschung, in: Rüdiger Wink (Hg.): Multidisziplinäre Perspektiven der Resilienzforschung (Studien zur Resilienzforschung 1), Wiesbaden 2016, 13–45.
Fried, Amelie: Die rettende Hölle. Amelie Fried über die Odenwaldschule, in: Frankfurter Allgemeine Zeitung Online vom 14.3.2020. Online abrufbar unter: www.faz.net/aktuell/politik/inland/amelie-fried-ueber-die-odenwaldschule-die-rettende-hoelle-1953251.html (zuletzt abgerufen am 10.02.2023).
Gabriel, Thomas: Resilienz. Kritik und Perspektiven, in: Zeitschrift für Pädagogik 51/2 (2005), 207–217.
Gilson, Erinn C.: The Ethics of vulnerability. A feminist analysis of social life and practice (Routledge studies in ethics and moral theory 26), New York/London 2014.
Hoyeau, Céline: Der Verrat der Seelenführer. Macht und Missbrauch in Neuen Geistlichen Gemeinschaften. Aus dem Französischen übersetzt von Gabriele Nolte, hg. von Hildegund Keul, Freiburg 2023.
Keul, Hildegund: Gefährliche Heilsversprechen. Missbrauch und Vertuschung an der Odenwaldschule, in: feinschwarz.net vom 9.7.2020. Online abrufbar unter: www.feinschwarz.net/gefaehrliche-heilsversprechen-missbrauch-und-vertuschung-an-der-odenwaldschule/ (zuletzt abgerufen am 10.02.2023).
Keul, Hildegund: Schöpfung durch Verlust. Band I: Vulnerabilität, Vulneranz und Selbstverschwendung nach Georges Bataille, Würzburg 2021 (Print sowie Open Access https://doi.org/10.25972/WUP-978-3-95826-159-4).
Keul, Hildegund: Schöpfung durch Verlust. Band II: Eine Inkarnationstheologie der Vulnerabilität, Vulneranz und Selbstverschwendung, Würzburg 2021 (Print sowie Open Access https://doi.org/10.25972/WUP-978-3-95826-173-0).
Keupp, Heiner/Straus, Florian u. a.: Die Odenwaldschule als Leuchtturm der Reformpädagogik und als Ort sexualisierter Gewalt. Eine sozialpsychologische Perspektive (Sexuelle Gewalt in Kindheit und Jugend), Wiesbaden 2019.

Mijares, Víctor M.: Die Resilienz des venezolanischen Autoritarismus. GIGA Focus Lateinamerika vom 02.03.2017. Online abrufbar unter: https://www.giga-hamburg.de/de/publikation/die-resilienz-des-venezolanischen-autoritarismus (zuletzt abgerufen am 10.02.2023).

Münkler, Herfried/Wassermann, Felix: Von strategischer Vulnerabilität zu strategischer Resilienz, in: Lars Gerhold/Jochen Schiller (Hgg.): Perspektiven der Sicherheitsforschung. Beiträge aus dem Forschungsforum öffentliche Sicherheit, Frankfurt a. M. 2012, 77–95.

Oelkers, Jürgen: Pädagogik, Elite, Missbrauch. Die ‚Karriere' des Gerold Becker, Weinheim/Basel 2016.

Richter, Cornelia (Hg.): Ohnmacht und Angst aushalten. Kritik der Resilienz in Theologie und Philosophie (RuG 1), Stuttgart 2017.

Richter, Cornelia/Geiser, Franziska: „Hilft der Glaube oder hilft er nicht?" Von den Herausforderungen, Religion und Spiritualität im interdisziplinären Gespräch über Resilienz zu erforschen, in: Cornelia Richter (Hg.): An den Grenzen des Messbaren. Die Kraft von Religion und Spiritualität in Lebenskrisen (RuG 3), Stuttgart 2021, 9–36.

Stamm, Margrit/Halberkann, Isabelle: Resilienz. Kritik eines populären Konzepts, in: Sabine Andresen/Claus Koch/Julia König (Hgg.): Vulnerable Kinder. Interdisziplinäre Annäherungen (Kinder, Kindheiten, Kindheitsforschung 10), Wiesbaden 2015, 61–76.

Vogt, Markus/Schneider, Martin: Zauberwort Resilienz. Analysen zum interdisziplinären Gehalt eines schillernden Begriffs, in: Münchner Theologische Zeitschrift 67/3 (2018), 180–194.

Wink, Rüdiger (Hg.): Multidisziplinäre Perspektiven der Resilienzforschung (Studien zur Resilienzforschung 1), Wiesbaden 2016.

Zhadan, Serhij: Himmel über Charkiw. Nachrichten vom Überleben im Krieg, Frankfurt 2022.

Psychologische Resilienz: Persönlichkeitsmerkmal oder dynamische Interaktion?[†]

Franziska Geiser, Nina Hiebel und Milena Kriegsmann-Rabe

1. Was ist Resilienz?

Resilienz scheint derzeit in aller Munde zu sein. Der Begriff ist in mehrfacher Hinsicht attraktiv: weil er in einer Zeit, die wir als krisenbehaftet wahrnehmen, eine Verheißung von Unversehrtheit und Zukunftsvertrauen beinhaltet, im Gegensatz zur Fokussierung auf Belastungen oder Defizite. Weil er fast für jeden Lebensbereich oder jede Wissenschaftsdisziplin Anwendungsmöglichkeiten zu bieten scheint. Und weil die Frage, wie man Resilienz fördern könne, impliziert, dass eine Stärkung der Kraft und des Geschicks, Krisen zu bewältigen, für jeden Menschen oder jedes System offenstehe.[1]

Gerade weil aber Resilienz eine so breite Rezeption über heterogene Wissenschaftsdisziplinen hinweg erfährt, besteht neben der Chance, auf diesem Weg zu mehr interdisziplinärem Austausch zu kommen, die Gefahr, im Bemühen um eine Begriffspräzisierung aneinander vorbeizureden. Wenn eine Wirtschaftswissenschaftlerin mit einem Mediziner über die Folgen einer Depression spricht, dann liegt es auf der Hand, dass sie nicht zueinander finden, wenn sie sich nicht geeinigt haben, ob sie über eine Wirtschaftsdepression, eine psychische Depression oder eventuelle gemeinsame Merkmale sprechen. Ähnlich ist es mit der Resilienz. Deshalb möchte ich vorausschicken, dass sich meine Ausführungen auf das Resilienzkonzept in der psychosozialen Erforschung der Bewältigung von den einzelnen Menschen widerfahrenen persönlichen Krisen (in ihrem jeweiligen sozial-kulturellen Gefüge) beziehen.

[†] Gefördert durch die Deutsche Forschungsgemeinschaft (DFG) – Projektnummer 348851031.
[1] Vgl. *Cornelia Richter*: Einleitung. Ohnmacht und Angst aushalten. Zu Kritik und Ergänzung dominant aktiver Resilienzfaktoren, in: Dies., Ohnmacht und Angst aushalten. Kritik der Resilienz in Theologie und Philosophie (RuG 1), Stuttgart 2017, 9–29.

2. „Trotzdem Ja zum Leben sagen": Viktor Frankl

In der psychosozialen Literatur wird Viktor Frankl häufig als einer der Vorreiter der Resilienzforschung bezeichnet. In der Tat waren seine Arbeiten zur psychischen Bewältigung von Extremsituationen, in welchen er auch seine persönlichen Erfahrungen als Insasse eines Konzentrationslagers verarbeitete, wegweisend für einen Paradigmenwechsel von der störungsorientierten hin zu einer ressourcen- und insbesondere sinnorientierten Perspektive in der Psychotherapie. Er selbst nutzte dafür ein Zitat von Nietzsche:[2] „Wer ein Warum zu leben hat, erträgt fast jedes Wie".[3] Dennoch hat Frankl, obwohl er noch wissenschaftlich aktiv war, als Resilienz als Begriff populär wurde, nie von Resilienz gesprochen.[4] Tatsächlich war es nicht sein Ziel, herauszufinden, mit Hilfe welcher positiv gewerteter Resilienzfaktoren oder -strategien man schwere Krisen aus eigener Kraft möglichst unbeschadet überwindet: „Denn wir Überlebenden wussten ganz genau, dass die Besten, die unter uns dort waren, von dort nicht herausgekommen sind – die Besten waren es, die nicht zurückgekehrt sind! So konnten wir unser Überleben nicht anders denn als unverdiente Gnade empfinden."[5] Vielmehr fragte er sich, wie nach dem Erleben einer solch existenzerschütternden Erfahrung es möglich sei, überhaupt sinnvoll weiterzuleben. Auf diesen Aspekt, welcher im Resilienzdiskurs eher wenig Raum hat, möchte ich gegen Ende des Vortrags noch einmal zurückkommen.

---

2   Komplettes Zitat im Kontext: „Hat man sein w a r u m? des Lebens, so verträgt man sich fast mit jedem w i e? — Der Mensch strebt n i c h t nach Glück; nur der Engländer thut das." (*Friedrich Nietzsche*: „Götzen-Dämmerung: Sprüche und Pfeile", § 12., 1888. Online abrufbar unter: https://falschzitate.blogspot.com/2018/05/wer-ein-warum-hat-zu-leben-ertragt-fast.html, letzter Zugriff 30.06.2021.) Die Sonderstellung des Engländers, dem wir das Menschsein natürlich nicht absprechen wollen, erklärt sich nicht aus dem Glück einer Tasse Earl Grey Tee, sondern aus Nietzsches Ablehnung der utilitaristischen Theorien englischer Philosophen. – Ob der Mensch grundsätzlich nach Glück strebe, darüber lässt sich trefflich streiten. Psychologisch strebt er sicher kurzfristig nach Unlustvermeidung, kann diese aber auch abwägen gegen in der Maslowschen Bedürfnispyramide „höherstehende" Bedürfnisse wie Selbstverwirklichung oder Sinnorientierung.
3   *Viktor E. Frankl*: Wer ein Warum zu leben hat, Weinheim/Basel 2017.
4   Vgl. *Alexander Batthyany*: Wer ein Warum zu leben hat, erträgt fast jedes Wie. Vorwort zur Neuausgabe, in: Viktor E. Frankl (Hg.): Wer ein Warum zu leben hat, Weinheim/Basel, 2017, 9–22.
5   *Batthynany*: Wer ein Warum zu leben hat, erträgt fast jedes Wie. Vorwort zur Neuausgabe, 12.

3. Forschung zu „Resilienzfaktoren"

Es war Emmy Werners großer Längsschnittstudie „Die Kinder von Kauai", welche Ende der 70er Jahre den Resilienzbegriff im psychologischen Diskurs etablierte.[6] Sie fragte, welche Faktoren dazu beitragen, dass Kinder trotz widriger Entwicklungsbedingungen in der Familie wie Armut, Arbeitslosigkeit oder Alkoholismus zu psychisch stabilen, sozial integrierten Erwachsenen werden können. Als wichtige Variablen identifizierte sie die sichere Bindung an eine konstante Bezugsperson, Humor, die Bereitschaft, Hilfe anzunehmen, und verschiedene Formen von Spiritualität. Ebenfalls aus der entwicklungspsychologischen Perspektive setzte Ann Masten die Resilienzforschung fort und benennt als zentrale Faktoren frühe Bindungen, gute enge Beziehungen, Problemlösefähigkeiten, gute emotionale Regulation, Erfolgsmotivation, Selbstwirksamkeit, Hoffnung, Sinnerleben, strukturelle und individuelle soziale Unterstützung.[7] Eine zweite Säule der psychosozialen Resilienzforschung beschäftigt sich mit der Frage der Erhaltung der psychischen Gesundheit nach schweren psychischen Traumatisierungen. Steven Southwick listet auf Basis seiner Forschungen in diesem Bereich als Resilienzfaktoren realistischen Optimismus, die Konfrontation eigener Ängste, das Folgen eines moralischen Kompasses, Religion und Spiritualität, soziale Unterstützung, resiliente Rollenmodelle, physische Fitness, geistige Fitness, kognitive und emotionale Flexibilität sowie Sinn auf.[8]

Bei diesen Aufzählungen fällt auf, dass weniger umweltzentrierte Faktoren (konstante Bezugsperson, soziale Unterstützung) als persönliche Eigenschaften genannt werden. Dies könnte darin begründet liegen, dass die Forschung im psychologischen und medizinischen Kontext weniger auf die Veränderung sozialer Strukturen als auf die Stärkung persönlicher Ressourcen bzw. Identifikation eines Risikoprofils vor Krisen abzielte. (Ann Masten betont jedoch in neueren Publikationen die Wichtigkeit, Resilienz unter einem systemischen Gesichtspunkt zu betrachten.[9]) Daneben wird der Begriff der „Agency" auch in soziologischen Kontexten viel diskutiert.[10] Grundlage der personenzentrierten Sichtweise ist die Frage „Welche Eigenschaften tragen dazu bei, dass jemand sich in einer Krise als resilient erweisen wird?", also die individuelle Vorhersage

---

6   Vgl. *Emmy Werner*: The Children of Kauai. A longitudinal study from the prenatal period to age ten, Honolulu 1977.
7   Vgl. *Ann S. Masten*: Ordinary Magic. Resilience in Development, New York 2017.
8   Vgl. *M. Southwick/Dennis S. Charney*: Resilience. The Science of Mastering Life's Greatest Challenges, Cambridge 2018.
9   Vgl. *Ann S. Masten*: Ordinary Magic.
10 Vgl. z. B. *Hulya Dagdeviren/Matthew Donoghue*: Resilience, Agency and Coping with Hardship. Evidence from Europe during the Great Recession, in: Journal of Social Policy, 48/3 (2019), 547–567.

eines geringen psychischen Störungsgrads nach einer Krise aufgrund bestimmter persönlicher psychologischer Merkmale. In einer eigenen Literaturübersicht konnten wir als psychologische Konzepte, welche empirisch oder theoretisch (mit unterschiedlichem Evidenzgrad) als resilienzbegründend geschildert werden, folgende Liste identifizieren: wenig Neurotizismus, wenig Schadensvermeidung, hohes Selbstwertgefühl und Selbstkontrolle, Intelligenz, internale Kontrollüberzeugung, Ziel- und Erfolgsorientierung, problemfokussiertes und aktives Coping, habituelle Anwendung von positivem Appraisal, positives Selbstbild, Sinnhaftigkeit, Kohärenzgefühl, Optimismus, Hoffnung, Kreativität, Glaube und Bereitschaft zur Vergebung.[11]

4. Resilienzskalen

Als Konsequenz wurden in der Folge verschiedene Fragebögen als Messinstrumente entwickelt, um in unterschiedlichen Kontexten entweder Resilienz prospektiv bei einzelnen oder in größeren Stichproben vor Krisen zu erfassen und so deren Bewältigungspotenzial in der Krise abzuschätzen, oder um in oder nach einer Krise zu prüfen, wie die Krise bewältigt wurde und welche anderen Faktoren wiederum statistisch zu einer solchen Resilienz beitragen. Dass Resilienz hier zum einen als Eigenschaft vor der Krise und zum anderen als Outcome nach der Krise konzeptualisiert wird, macht den Vergleich von Forschungsergebnissen und den generellen Diskurs nicht einfacher.

Hiebel et al. untersuchten 19 Resilienzskalen auf die ihnen zugrundegelegten Faktoren und fanden als Themen (in der Reihenfolge des Vorkommens in Fragebögen): Copingstile (allgemeines, emotionales und kognitives Coping), Anpassung (Anpassungsfähigkeit, Flexibilität, Kreativität), Beharrungsvermögen (Entschlossenheit, Hartnäckigkeit, Ausdauer, Beharrlichkeit), Agency (Selbstwirksamkeitsüberzeugung, Interne Kontrollüberzeugung, Selbstmanagement von Symptomen), positive Perspektive (Nutzenfindung, Hoffnung, Optimismus, ausgewogene Sicht auf das Leben), einen sicheren Bindungsstil (Attachment), Soziale Kompetenz (zwischenmenschliche Wärme und Einsicht, prosoziale Eigenschaften, Kontaktfreudigkeit, Fähigkeit, andere zu respektieren), soziale Unterstützung (durch Freunde, Familie, Bezugsgruppen), und als positiv erlebte interpersonelle Beziehungen.[12] Alle Themen sind auf das Individuum bezogen, die meisten betreffen persönliche Kompetenzen, nur die beiden letzten schließen aktuelle soziale Umweltaspekte mit ein. Die Kompetenzen werden

---

11 Vgl. *Nina Hiebel/Lisa Milena Rabe/Katja Maus/Franziska Geiser*: Gibt es die „resiliente Persönlichkeit"?, in: Spiritual Care 10/2 (2021), 117–127.
12 Vgl. *Nina Hiebel* et al.: unveröffentl. Poster auf dem Online Kongress der European Association for Psychosomatic Medicine (EAPM), 2021.

überwiegend als relativ überdauernde Verhaltensbereitschaft konzipiert und entsprechen insofern einem Konzept von Resilienz als personaler Eigenschaft. Nur wenige Skalen fragen retrospektiv nach dem Verhalten in einer konkreten Krise.

5. Entwicklung des Resilienzkonzepts in der psychosozialen Forschung

Betrachtet man die Entwicklung des Resilienzdiskurses in der psychosozialen Forschung, so steht an deren Beginn die Definition von Resilienz als einem Outcome, nämlich der Beobachtung, sich trotz widriger Bedingungen gut entwickelt zu haben oder nicht (psychisch) krank geworden zu sein, allgemeiner gefasst: eine Krise ohne anhaltende Schäden überstanden zu haben. Daraus entstand die Frage, welche Variablen denn diese Resilienz mit bedingt haben könnten. Der Begriff der Resilienz wurde nunmehr auch auf eine individuelle und prognostisch günstige Kombination solcher vor allem personenbezogener Variablen angewendet: Resilienz bedeutete nun, Eigenschaften oder Fähigkeiten zu haben, welche (mit hoher Wahrscheinlichkeit) dazu beitragen, dass eine zukünftige Krise ohne anhaltende Schäden überstanden werden kann. Hieraus wiederum ergaben sich der Wunsch und das Ziel, durch Verhaltensinterventionen jene Eigenschaften und Fähigkeiten einer Person zu stärken, die dazu beitragen werden, dass eine zukünftige Krise ohne anhaltende Schäden überstanden werden kann. Dieser Wunsch ist intuitiv begrüßenswert: Menschen durch Lernprozesse so stärken zu können, dass sie unter Belastung nicht mehr psychisch krank werden, entspricht den ansprechenden Paradigmen der Prävention, der Personalisierung und der Ressourcenorientierung in der Medizin.

6. Kritik des Konzepts der resilienten Persönlichkeit

Nicht jeder „Resilienzfaktor", der sich auf Verhalten oder Erleben einer Person bezieht, fällt automatisch unter die Kategorie eines Persönlichkeitsmerkmals. Gordon Allport beschrieb Persönlichkeit als „the dynamic organization within the individual of those psychophysical systems that determine his unique adjustments to his environment";[13] diese wird zwar als dynamisch, d. h. veränderbar beschrieben, aber dennoch als zeitlich und situativ weitgehend über-

---

13 *Gordon Allport*: Personality. A psychological interpretation, New York 1937, 48.

dauernd konzipiert. So werden Copingstrategien, wie sie in den Resilienzfragebögen enthalten sind, normalerweise nicht zur Persönlichkeit gezählt, können aber als habitueller Umgang mit herausfordernden Erfahrungen analog gefasst werden. Im Kontext der Resilienzdiskussion werden die genannten personenbezogenen Fähigkeiten und Verhaltensweisen in der Regel wie relativ überdauernde Persönlichkeitsmerkmale behandelt – wenn auch gleichzeitig als beeinflussbar, so dass eine positive Perspektive für deren Stärkung erhalten bleibt. Dabei werden sowohl genetische wie auch biographische Faktoren für die Ausbildung dieser Faktoren herangezogen.

Empirisch ergibt sich aus der oben beschriebenen Problematik, nämlich dass Resilienz ursprünglich ein Outcome (gute Anpassung/wenig psychische Symptome nach einer Krise) war, nun aber gleichzeitig auch als prädiktives, relativ überdauerndes personenbezogenes Merkmal definiert wird, die Gefahr eines Zirkelschlusses. Menschen, welche über ein hohes Maß an Problemlösefähigkeiten, emotionaler Regulation, Erfolgsmotivation, Selbstwirksamkeit, Hoffnung oder Sinnerleben verfügen, zeigen in Studien bekanntermaßen eine geringere Ausprägung an psychischer Belastung, meist gemessen als Angst- und depressiver Symptomatik. Dieser Zusammenhang findet sich im Querschnitt zu jedem Zeitpunkt, also ebenso vor wie auch nach einer Krise. Korreliert man nun diese Merkmale zu einem Zeitpunkt vor der Krise longitudinal mit der psychischen Belastung nach der Krise, so ist es nicht überraschend, dass die Merkmale die psychische Symptomatik nach der Krise voraussagen können. Das gleiche Ergebnis hätte man aber auch völlig ohne Krise bekommen, so dass das konstituierende Kennzeichen der Krise für Resilienz obsolet wird. Dies ist vermutlich ein Grund dafür, warum laut Waaktaar und Torgersen Resilienzskalen bisher keinen besseren Vorhersagewert für die Krisenbewältigung ergeben als „klassische" Persönlichkeitsfragebögen.[14] Wenn also Resilienz auf die Krisenbewältigung bezogen sein soll, muss die individuelle Interaktion der Person mit ihren jeweiligen Fähigkeiten und Merkmalen mit der Krisensituation mit berücksichtigt werden. Studien zeigen, dass ein Merkmal, z. B. Intelligenz, welches der Krisenbewältigung meist förderlich ist, unter bestimmten Bedingungen (z. B. einem kriminellen Umfeld, oder einer hohen Sorgenneigung) auch hinderlich sein kann.[15] Ebenso kann die Beharrlichkeit einer Person zu unterschiedlichen Zeitpunkten während eines Krisenverlaufs sowohl zur Veränderung wie auch zur Stagnation beitragen.

Des Weiteren vernachlässigt ein Konzept, welches Resilienz als feststehende personale Eigenschaft betrachtet, sich in einer Krise „nicht unterkriegen" zu lassen, Lernprozesse in der Krise und wertet Aspekte von Vulnerabilität ab. Als

---

14 Vgl. *Trine Waaktaar/Sven Torgersen*: How resilient are resilience scales? The Big Five outperform resilience scales in predicting adjustment in adolescents, in: Scandinavian journal of psychology 51 (2009) 157–163.
15 Vgl. *Suniya Luthar*: Vulnerability and resilience. A study of high-risk adolescents, in: Child development 62 (1991), 600–616.

Ideal wird eine Persönlichkeit präsentiert, welche wie ein Stehaufmännchen für jedes Problem eine Fähigkeit oder Strategie in ihrem Portefeuille hat, um möglichst schnell wieder ins psychische Gleichgewicht zurückzufinden. Diese Idee findet sich selbst bei der Untersuchung verschiedener Resilienzverläufe wieder, wenn an erster Stelle der „resiliente" Typ beschrieben wird, welcher eine nur sehr geringe psychische Beeinträchtigung im Krisenverlauf erlebt, während erst danach der „recovered"-Typ kommt, der eine vorübergehende stärkere Beeinträchtigung wieder kompensieren kann.[16] Gleichzeitig wissen wir aber, dass substanzielle Veränderungen, die ein Erproben auch neuer unsicherer Wege erfordern, meist erst dann erfolgen, wenn ein „weiter so" nicht mehr möglich ist. Dieses Prinzip des zeitweisen „Versagens" bisheriger Bewältigungsstrategien als Auslöser für neue Anpassungen ist auch der Grundgedanke der Theorien von Stress und Coping.[17] Daraus lässt sich ableiten: Wachstumsprozesse, die durch eine Krise ausgelöst werden könnten, sind eher unwahrscheinlich, wenn es keine Beeinträchtigung und keine Vulnerabilität gibt, die eine solche Beeinträchtigung erlauben würde.

In diesem Zusammenhang stellt sich die Frage, ob denn solche Wachstumsprozesse ein Kriterium für Resilienz sein können. Resilienz wird meist definiert als die Fähigkeit, psychische Gesundheit trotz relevanter psychischer Belastungen aufrechtzuerhalten oder wiederzugewinnen – hier findet sich das Bild des „bouncing back" wieder.[18] Zwar wird in neueren Definitionen betont, dass Resilienz sich nicht nur auf die reine Abwesenheit psychischer Störungen beziehe, sondern sie auch die Aufrechterhaltung oder den Erwerb neuer Fähigkeiten und Kompetenzen beinhalte.[19] Dennoch bleibt ein möglichst geringes Maß an psychischer Störung am Ende der Krise, gemessen mit psychopathologischen Symptomskalen, das häufigste Zielkriterium für Resilienz. Letztendlich landet man damit wieder bei einem defizitorientierten Modell, nur unter verkehrten Vorzeichen: statt der Anwesenheit von Krankheit ist nun die Abwesenheit von Krankheit das entscheidende Merkmal. Ein Prozessmodell, wie es unten beschrieben wird, ließe sich besser mit einem kybernetischen Zielkriterium wie z. B. einer neuen inneren Balance vereinbaren. Dies stellt die Forschung aber vor neue methodische Herausforderungen. Die Diskussion des

---

16 Vgl. *George A. Bonanno/Sara. A. Romero/Sarah. I. Klein*: The temporal elements of psychological resilience. An integrative framework for the study of individuals, families, and communities, in: Psychol. Inq. 26 (2015), 139–169.
17 Vgl. *Richard S. Lazarus/Susan Folkman*: Stress, appraisal, and coping, New York 1984.
18 Vgl. *Jaye Wald/ Steven Taylor/Gordon J.G. Asmundson, et al.*: Literature review of concepts. Psychological resiliency, Toronto 2006.
19 Vgl. *Ann S. Masten/J. Douglas Coatsworth*: The development of competence in favorable and unfavorable environments. Lessons from research on successful children, in: American Psychologist 53/2 (1998), 205–220; *Michael Rutter*: The Promotion of Resilience in the Face of Adversity, in: Alison Clarke-Stewart/Judy Dunn (Hgg.): Families count. Effects on child and adolescent development, Cambridge 2006, 26–52.

geeigneten Zielkriteriums für Resilienz würde (leider) den Raum dieses Vortrags sprengen und muss deshalb an anderer Stelle weitergeführt werden.

Schließlich wird durch einen Resilienzbegriff, der Resilienz primär als personenbezogene Eigenschaft definiert, die Verantwortung und Kontrollmöglichkeit für die Krisenbewältigung einseitig dem Individuum zugesprochen. Dies gibt der häufig geäußerten Kritik Vorschub, dass der Resilienzbegriff eine neoliberale Optimierungslogik unterstütze.[20] Nicht die Krise und deren Ursachen sind dann das Problem, sondern die fehlende Resilienz des oder der Betroffenen. Im Zweifelsfall läge es auch in deren Verantwortung, für diese Resilienz zu sorgen. So würde die Frage nach Resilienz von „was ist es, das hilft" über „wie kann es zu einem möglichst guten Verlauf kommen" verengt und zugespitzt auf „wer schafft es am besten". Aber auch ohne den Rückgriff auf die Kritik am neoliberalen Modell vernachlässigt eine Definition von Resilienz als Persönlichkeitsmerkmal situative und umweltseitige Einflussfaktoren, die in der Krise offensichtlich zum Tragen kommen, und erschwert aufgrund der Betonung von eher statischen Faktoren eine dynamische Sichtweise auf Resilienz.

7. Resilienz als Prozess: das Problem der empirischen Erfassung

Es gibt bisher keine allgemein akzeptierte Definition von Resilienz. Fast alle aktuellen Definitionen aus dem psychosozialen Bereich haben aber inzwischen den Prozesscharakter von Resilienz mit aufgenommen. So definiert die American Psychological Association: „Resilience is the process of adapting well in the face of adversity [...]."[21] Ähnliche Formulierungen finden sich z. B. bei Masten, Southwick, Bonanno oder Kalisch.[22] Es ist allgemein anerkannt, dass in jeder Krise ein Interaktionsprozess der Person mit den internalen wie externalen Bedingungen der Krise stattfindet, und dass Resilienz sich auch auf diesen Prozess der Auseinandersetzung mit der Krise bezieht und nicht nur auf dessen Ergebnis. Allerdings ist noch unbestimmt, was genau dann Resilienz ausmacht. Wenn mit Richter Resilienz ein Krisenphänomen par excellence ist, welches sich in der Krise überhaupt erst manifestieren kann, und wenn jeder Verlauf

---

20 Vgl. *Stefanie Graefe*: Resilienz im Krisenkapitalismus. Wider das Lob der Anpassungsfähigkeit, Bielefeld 2019.
21 American Psychological Association: The road to resilience, Washington 2014. Online abrufbar unter: http://www.apa.org/helpcenter/road-resilience.aspx, letzter Zugriff 30.06.2021.
22 Vgl. *Ann Masten*: Ordinary Magic; *Steven M. Sothwick/Dennis S. Charney*: Resilience; *George A. Bonanno/Sara. A. Romero/Sarah. I. Klein*: The temporal elements of psychological resilience; *Raffael Kalisch*: Der resiliente Mensch. Wie wir Krisen erleben und bewältigen, Berlin 2017.

individuell und situativ unterschiedlich ist, kann dann normativ festgelegt werden, was ein „guter Verlauf" ist, und vor allem, wie kann dies in empirischen Studien gemessen werden?[23]

Während im „statischen" Paradigma der Outcome, also das vorgefundene Ergebnis der Auseinanderetzung mit der Krise (meist die psychische Belastung), zu einem bestimmten Zeitpunkt relativ leicht zu messen ist, ist die Erfassung von Variablen vor der Krise angesichts der Tatsache, dass Krisen meist nicht vorhersehbar sind, bereits methodisch schwierig. Dies führt dazu, dass oft versucht wird, den Ausgangszustand retrospektiv zu bestimmen. Erhebungstechnisch am einfachsten ist, während oder nach der Krise (z. B. einer schweren Erkrankung) Variablen (wie Persönlichkeitsmerkmale oder soziale Netzwerke) zu erfassen, die man für relativ stabil hält und deshalb anzunehmen, dass diese bereits vor der Krise vorlagen, und diese dann in Beziehung zu setzen zu der psychischen Belastung oder einer Resilienzskala, welche zum gleichen Zeitpunkt erhoben wird. Dies ist dementsprechend das häufigste Paradigma für empirische Publikationen zu Resilienz im psychosozialen Bereich. Bereits ein prospektiv longitudinales Design ist deutlich schwerer zu planen und zu realisieren, da man vor oder spätestens in der Krise mit der Messung beginnen muss. Bleibt man dabei bei personalen Merkmalen als stabilem Prädiktor und psychischer Belastung als einmaligem Outcome, so besteht immer noch der Vorteil, auf gut validierte psychologische Fragebögen und psychopathologische Symptomskalen zurückgreifen zu können. Sogar die Zuordnung zu typischen Verläufen in Form von mehrfacher Outcomemessung lässt sich im prospektiv longitudinalen Forschungsdesign (Merkmal sagt eindimensional Outcome oder Outcomeverlauf vorher) mit erhöhtem Aufwand noch gut bewerkstelligen. Der Wechsel auf ein Prozessmodell, welches besagt, dass Resilienz sich erst in der Krise manifestiert, und welches zeitliche, situative und intrapersonale Variabilität mit einschließt, ist hingegen mit erheblichen methodischen Schwierigkeiten verbunden. Bisher gibt es kein allgemein verbreitetes Studiendesign, welches eine solche Erfassung mit vertretbarem Aufwand ermöglichen würde. Man kann also sagen, dass die Persistenz des Modells von Resilienz als Persönlichkeitsmerkmal nicht nur theoretische oder gesellschaftliche Hintergründe hat, sondern auch damit zusammenhängt, dass dieses Modell empirisch mit den vorhandenen Instrumenten am leichtesten zu operationalisieren ist. Hier nehme ich mich selbst nicht aus: auch in meiner Arbeitsgruppe haben wir nach diesem Modell vorhandene Datensätze untersucht.

---

23 Vgl. *Cornelia Richter*: Einleitung. Ohnmacht und Angst aushalten. Zu Kritik und Ergänzung dominant aktiver Resilienzfaktoren.

8. Work in progress: die Prozessperspektive auf Resilienz

An diesem Punkt möchte ich, ausgehend von der am Anfang geschilderten Perspektive von Frankl, die Frage nach Resilienz so formulieren: Was ist es, was Menschen die allgegenwärtige Erfahrung von Krisen, Belastung und Leid (besser) ertragen lässt? Und: wie lassen sich Prozesse beschreiben, während derer sich eine solche Resilienz formt und manifestiert?

Resilienz ist, so das Fazit dieses Vortrags, nach aktuellem Stand der Forschung kein feststehendes Persönlichkeitsmerkmal, welches man, angeboren oder erworben, hat oder nicht hat. Resilienz ist ein Prozess, der in der Interaktion von Person und Krisensituation stattfindet (wobei auch die Deutung einer Situation als Krise personenabhängig ist), und welcher Vulnerabilität, Ohnmachtserfahrung und psychische Belastung nicht ausschließt. Solche Resilienzprozesse sind komplex und variabel. Aufgrund der Individualität der Prozesse und deren Deutung ist eine hermeneutische Perspektive hilfreich. Wenn aber Resilienz messbar sein soll, und wenn es innerhalb des Resilienzkonzepts die Möglichkeit geben soll, Resilienz zu unterstützen oder zu stärken (und dafür muss sie, zumindest für die Gesundheitswissenschaften, empirisch messbar sein), dann wird auch dieses Resilienzkonzept ein normatives Element enthalten (müssen). Es wird nicht um die „resilientere" oder „weniger resiliente" Persönlichkeit gehen, wohl aber um den mehr oder weniger resilienten Prozess und dessen Phänomene, welche in zentralen Merkmalen theoretisch wie empirisch beschreibbar und bestimmbar sind. Dabei können Persönlichkeitsmerkmale, in Interaktion mit der Krisensituation, als Faktoren, welche einen resilienten Prozess begünstigen, durchaus eine Rolle spielen.

9. „Ich lebe mein Leben in wachsenden Ringen"

Als kleine Zugabe habe ich das sehr bekannte Gedicht von Rainer Maria Rilke (1899) vorgelesen. Es ist kein „Resilienztext" im engeren Sinne, da es keinen direkten Bezug auf eine Krise nimmt, aber es enthält Elemente, die sich für Resilienzprozesse hilfreich erweisen können: den Mut zum Weitermachen, die Interaktion mit der Lebensrealität, das Wachsen und Vergehen, das Erleben von Kontrolle und Ohnmacht, den Bezug auf eine höhere Macht, das Halt finden und in den Sturm geworfen sein und eine innere Lebensfreude, die über mich selbst hinaus geht.

Literaturverzeichnis

Allport, Gordon: Personality. A psychological interpretation, New York 1937.
American Psychological Association: The road to resilience, Washington 2014. Online abrufbar unter: http://www.apa.org/helpcenter/road-resilience.aspx, letzter Zugriff 30.06.2021.
Batthyany, Alexander: Wer ein Warum zu leben hat, erträgt fast jedes Wie. Vorwort zur Neuausgabe, in: Viktor E. Frankl (Hg.): Wer ein Warum zu leben hat, Weinheim/Basel, 2017, 9–22.
Bonanno, George. A./Romero, Sara. A./Klein, Sarah. I.: The temporal elements of psychological resilience. An integrative framework for the study of individuals, families, and communities, in: Psychol. Inq. 26 (2015), 139–169.
Dagdeviren, Hulya/Donoghue, Matthew: Resilience, Agency and Coping with Hardship. Evidence from Europe during the Great Recession, in: Journal of Social Policy, 48/3 (2019), 547–567.
Frankl, Viktor E.: Wer ein Warum zu leben hat, Weinheim/Basel 2017.
Graefe, Stefanie.: Resilienz im Krisenkapitalismus. Wider das Lob der Anpassungsfähigkeit, Bielefeld 2019.
Hiebel, Nina/Rabe, Lisa Milena/Maus, Katja/Geiser, Franziska: Gibt es die „resiliente Persönlichkeit"?, in: Spiritual Care 10/2 (2021), 117–127.
Hiebel, Nina. et al.: unveröffentl. Poster auf dem Online Kongress der European Association for Psychosomatic Medicine (EAPM), 2021.
Kalisch, Raffael: Der resiliente Mensch. Wie wir Krisen erleben und bewältigen, Berlin 2017.
Lazarus, Richard S./Folkman, Susan: Stress, appraisal, and coping, New York 1984.
Luthar, Suniya: Vulnerability and resilience. A study of high-risk adolescents, in: Child development 62 (1991), 600–616.
Masten, Ann S./Coatsworth, J. Douglas: The development of competence in favorable and unfavorable environments. Lessons from research on successful children, in: American Psychologist 53/2 (1998), 205–220.
Masten, Ann S.: Ordinary Magic. Resilience in Development, New York 2017.
Nietzsche, Friedrich: „Götzen-Dämmerung: Sprüche und Pfeile", § 12., 1888. Online abrufbar unter: https://falschzitate.blogspot.com/2018/05/wer-ein-warum-hat-zu-leben-ertragt-fast.html, letzter Zugriff 30.06.2021.
Richter, Cornelia: Einleitung. Ohnmacht und Angst aushalten. Zu Kritik und Ergänzung dominant aktiver Resilienzfaktoren, in: Dies., Ohnmacht und Angst aushalten. Kritik der Resilienz in Theologie und Philosophie (RuG 1), Stuttgart 2017, 9–29.
Rutter, Michael: The Promotion of Resilience in the Face of Adversity, in: Alison Clarke-Stewart/Judy Dunn (Hgg.): Families count. Effects on child and adolescent development, Cambridge 2006, 26–52.
Southwick, Steven M./Charney, Dennis S.: Resilience. The Science of Mastering Life's Greatest Challenges, Cambridge 2018.
Waaktaar, Trine/Torgersen, Sven: How resilient are resilience scales? The Big Five outperform resilience scales in predicting adjustment in adolescents, in: Scandinavian journal of psychology 51 (2009) 157–163.
Wald, Jaye/Taylor, Steven/Asmundson, Gordon J.G., et al.: Literature review of concepts. Psychological resiliency, Toronto 2006.
Werner, Emmy.: The Children of Kauai. A longitudinal study from the prenatal period to age ten, Honolulu 1977.

Empathie, Anerkennung und Verantwortung: Eine phänomenologische Ethik der Vulnerabilität

Elodie Boublil

Können wir „Empathie" erzeugen? In einer Welt, die von Gewalt, Krisen und allen Arten von Unsicherheit und Ungleichheit erschüttert wird, stellt sich diese Frage wie eine mögliche Lösung, um gegenseitiges Verständnis, Reziprozität und einen ethischen Sinn für Anerkennung zu fördern, der uns allen erlauben würde, in Frieden zu leben. Doch gerade die genaue Definition von Empathie und die Beziehung von Empathie und Ethik stehen bislang im Zentrum philosophischer Kontroversen, insbesondere innerhalb der kontinentalen Tradition. Für die folgende Darstellung werde ich mich auf die phänomenologischen Ansätze zur Empathie stützen, um ihre Beziehung zu einer möglichen Ethik der Anerkennung und Verantwortung zu untersuchen. In *Wege der Anerkennung* analysiert Paul Ricœur tatsächlich die entgegengesetzten Wege, auf denen Husserl und Levinas die Frage der Intersubjektivität angegangen sind. Nach Ricœur beruht Husserls Ansatz, insbesondere in den *Cartesianischen Meditationen*, auf Wahrnehmung, wohingegen Levinas jedwede epistemologische oder ontologische Erforschung des Anderen ablehnt und sich allein auf den ethischen Wert subjektiver Vulnerabilität und ihren Ausdruck konzentriert. Ricœur fasst diesen Gegensatz wie folgt zusammen:

> Die Phänomenologie liefert zwei entgegengesetzte Versionen dieser originären Asymmetrie, je nachdem, ob sie das Ich oder die anderen zum Ausgangspunkt nimmt; die Husserls in den *Cartesianischen Meditationen* bleibt eine Phänomenologie der Wahrnehmung, und in diesem Sinne ist ihr Ansatz theoretisch; die von Lévinas in *Totalität und Unendlichkeit* und in *Jenseits des Seins oder anders als Sein geschieht* ist unverhüllt ethisch und daher entschieden antiontologisch. Beide Ansätze sind legitim, und wir müssen uns keineswegs für den einen oder anderen entscheiden; für uns zählt nur, mit welchem Ernst jeder der beiden Partner sich bemüht, die Asymmetrie zu überwinden, die im Hintergrund der Gegenseitigkeitserfahrungen auf gewisse Art fortbesteht und die Gegenseitigkeit als nie vollendete Überwindung der Asymmetrie erscheinen läßt.[1]

Mit anderen Worten: Wenn Ricœur über die Bedingungen der Möglichkeit von Einfühlung reflektiert, zieht er in Betracht, dass wir entweder vom Ego ausgehen können (Husserls Perspektive), um das Alter Ego zu erreichen und es genau als

---

[1] Paul Ricœur: Wege der Anerkennung. Erkennen, Wiedererkennen, Anerkanntsein. Übersetzt von Ulrike Bokelmann und Barbara Schäfer. Frankfurt am Main 2006, 197.

alter Ego anzuerkennen, oder wir gehen von der Anderen aus (Levinas' Perspektive) als genau derjenigen, die sich meinem Willen, sie zu verstehen und mich in sie einzufühlen, widersetzt – sofern Empathie als „Repräsentieren" oder „Reduzieren" der von ihr durchlebten Realität ihrer Erfahrungen bedeuten würde – insbesondere ihrer schmerzvollen oder gar traumatischen Erfahrungen. Hinauszugehen über das Paradox von „Asymmetrie" und „Gegenseitigkeit" – so die beiden Titelbegriffe von Ricœurs Kapitel in *Wege der Anerkennung* –, über die Spannung von Einfühlung und Vulnerabilität, bedeutet, einen philosophischen und phänomenologischen Rahmen zu entwickeln, der Reziprozität, Dialog und gegenseitiges Verständnis ermöglicht, ohne eine Art Identifikation oder Gleichsetzung zwischen den beteiligten Subjekten zu verlangen.

In meiner Darstellung möchte ich an Ricœurs Überlegungen anknüpfen und eine phänomenologische Darlegung der Intersubjektivität skizzieren, die uns helfen kann, die Spannung zwischen dem erkenntnistheoretischen Ansatz der Einfühlung und der ethischen Forderung nach Reziprozität und gegenseitiger Anerkennung zu überwinden. Mit anderen Worten: Statt den Versuch zu unternehmen, Empathie als intersubjektives Modell zu verstehen, das als Zugang zur Vulnerabilität der Anderen dient, besteht die Herausforderung darin zu zeigen, *wie die Vulnerabilität des Subjekts die asymmetrische und doch relationale Dynamik stiftet, die die Bedingungen für eine höhere Form der Intersubjektivität schafft und Reziprozität und Interdependenz ermöglicht.*

Im ersten Teil werde ich auf die Spannung zwischen Husserls Ansatz der Empathie und Levinas' Beschreibung der Vulnerabilität eingehen, um das paradoxe Werden subjektiver Individuation hervorzuheben und zu vergleichen, wie Husserl und Levinas die fundamentale Asymmetrie verstehen, die das Verhältnis des Subjekts zur Welt und zur Anderen charakterisiert. Anschließend werde ich im zweiten Teil dafür argumentieren, dass das Paradox von Asymmetrie und Reziprozität als ein Paradox von Polarität und Porosität verstanden werden könnte: der Polarität (oder Polarisierung) von Selbst und Anderer – Bedingungen ihrer Verantwortung und gegenseitigen Anerkennung – und der Porosität der Lebenswelt durch die Dynamik von Antwort und Resonanz, die die intersubjektive Konstitution aufrechterhält. Die Sorge um Andere würde nicht nach Identifikation verlangen, sondern vielmehr nach einer Wiederverbindung mit dem asymmetrischen Raum, der für ihren Ausdruck notwendig ist. Das jüngste Beispiel der Covid-19-Pandemie und die Art und Weise, wie sie unsere Beziehung zur Welt und zu anderen gestört hat, haben gezeigt, wie dringend notwendig es ist, die intersubjektive und leibliche Dynamik zu bewahren, durch die man tatsächlich zu einer inklusiven und doch *differenzierten* „Heimwelt" gelangen könnte. Was ich – in Anlehnung an Thomas Fuchs – einen ökologischen Ansatz zur Intersubjektivität nennen möchte, könnte uns die Mittel an die Hand geben, die wir brauchen, um dieses Paradox anzugehen, und uns auf ein Konzept der „erweiterten Empathie" zu stützen, das den ethischen Imperativ der Differenzierung miteinschließt. Die Berücksichtigung des leiblichen und responsiven Hintergrunds der

Resilienz würde uns somit dazu bringen, von einem kognitiv-rationalen Verantwortungsrahmen, der auf Autonomie und Anerkennung beruht, zu einem responsiv-relationalen Rahmen der Verantwortung überzugehen, der auf Interdependenz, mithin Resonanz beruht. Abschließend werde ich die ethischen Konsequenzen einer solchen ökologischen Anthropologie reflektieren, insbesondere die Art und Weise, wie sich die responsive Struktur unserer leiblichen Interaktionen auf das Konzept des Dialogs und der Verantwortung auswirken kann, die bei Zuwendungsstrategien in der Pflege auf dem Spiel stehen.

1. Die phänomenologische Struktur der Begegnung: Individuation und Alterität

Phänomenologische Ansätze zur Empathie gehen davon aus, dass die Wahrnehmung der Anderen nicht darauf hinausläuft, ihren Geist zu kennen und dass jede Erfahrung in erster Linie interpersonal ist.[2] Empathie ist eine spezifische Art der intentionalen Wahrnehmung, eine Wahrnehmung, die die Bedeutung des anderen Subjekts in und durch dessen Apperzeption konstituiert und dabei die asymmetrische Natur der Beziehung respektiert (ich kann die Andere niemals so wahrnehmen, wie ich mich selbst erlebe). Husserl stellt in der *V. Cartesianischen Meditation* und seinen Texten zur Intersubjektivität ein Empfinden der Selbst-Alterität dar, das eine Begegnung mit der Anderen strukturiert. Diese Begegnung besteht in einer spezifischen Art von Erfahrung, die die Unmöglichkeit anerkennt, das Wahrnehmungsleben der Anderen zu objektivieren, um sie besser zu erkennen, und zwar als ein anderes Subjekt, das mit ähnlichen Fähigkeiten der Individuation ausgestattet ist. In § 50 der *Cartesianischen Meditationen* erklärt Husserl:

> Erfahrung ist Originalbewußtsein, und in der Tat sagen wir im Falle der Erfahrung von einem Menschen allgemein, der Andere stehe selbst *leibhaftig* vor uns da. Anderseits hindert diese Leibhaftigkeit nicht, daß wir ohne weiteres zugestehen, daß dabei eigentlich nicht das andere Ich selbst, nicht seine Erlebnisse, seine Erscheinungen selbst, nichts von dem, was seinem Eigenwesen selbst angehört, zu ursprünglicher Gegebenheit komme. […] Eine gewisse Mittelbarkeit der Intentionalität muß hier vorliegen, und zwar von der jedenfalls beständig zugrundeliegenden Unterschicht der *primordinalen Welt* auslaufend, die ein *Mit da* vorstellig macht, das doch nicht

---

2 Vgl. *Dan Zahavi*: You, Me and We: The Sharing of Emotional Experiences, in: Journal of Consciousness Studies 22/1–2 (2015), 84–101.

selbst da ist, nie ein Selbst-da werden kann. Es handelt sich also um eine Art des *Mitgegenwärtig*-machens, eine Art *Appräsentation*.[3]

Die Mittelbarkeit der Intentionalität weist auf eine Asymmetrie zwischen dem Ich und dem Alter Ego hin, um den Sinn der Jemeinigkeit zu respektieren und zu bewahren, der mit ihren jeweiligen Konstitutionsprozessen verbunden ist. Wie Husserl unterstreicht, läuft *Paarung* nicht auf ein „Inferieren" hinaus, da sie nicht darauf abzielt, den Inhalt meiner gelebten Erfahrungen und derjenigen einer Anderen anzugleichen und zu identifizieren. Echte Gegenseitigkeit entsteht vielmehr, wenn ich aus meiner Perspektive mit der Anderen in der Welt bin und sie dadurch als ein anderes Subjekt erkenne. Dies verdeutlicht Husserl in § 51:

> Paarung [...] ist eine Urform derjenigen passiven Synthesis, die wir gegenüber der passiven Synthesis der *Identifikation* als *Assoziation* bezeichnen. In einer paarenden Assoziation ist das Charakteristische, daß im primitivsten Falle zwei Daten in der Einheit eines Bewußtseins in Abgehobenheit anschaulich gegeben sind und auf Grund dessen wesensmäßig schon in purer Passivität, also gleichgültig ob beachtet oder nicht, als unterschieden Erscheinende phänomenologisch eine Einheit der Ähnlichkeit begründen, also eben stets als Paar konstituiert sind.[4]

Der Prozess, der die intersubjektive Beziehung strukturiert, wird durch ein Gefühl der Selbstalterität ermöglicht, das sich aus der temporalen und diachronen Struktur des Bewusstseins und seiner Affektionsmodi ergibt. Eine operative Passivität – gegründet in der Interkorporalität – geht der Appräsentation der Anderen voraus und gewährleistet die spezifische Art von Intentionalität, die mit Empathie einhergeht. Husserl schließt letztlich mit der Feststellung, dass das Auftauchen der Alterität innerhalb des Ego dessen transzendentale Struktur und seine Fähigkeit offenbart, eine vielschichtige Welt zu konstituieren, erfahrbar von der intermonadischen Gemeinschaft.[5] Allerdings wäre zu erwägen, dass gerade der Versuch, die Andere auf meine eigene Sphäre zu beziehen (Husserls Schlussfolgerung), ein Aneignungsprozess ist, der ihre Irreduzibilität verfehlt und mich daran hindert, durch ihre Vulnerabilität berührt und verändert zu werden. Mit anderen Worten: Das wahrnehmungsorientierte Verständnis von Empathie kann im Widerspruch zu den ethischen Anforderungen eines echten Verantwortungsbegriffs stehen.

Diese Kritik wurde besonders von Levinas in *Totalität und Unendlichkeit* und *Jenseits des Seins* geäußert. Levinas radikalisierte die Asymmetrie zwischen der Anderen und dem Subjekt. Statt von der primordialen Sphäre des Ich und der Art und Weise auszugehen, wie die Andere in ihm während der Begegnung erscheint, geht Levinas von der Anderen aus und beschreibt, wie ihre Begegnung

---

3 Edmund Husserl: Cartesianische Meditationen und Pariser Vorträge (HUA I), Den Haag 1950, 139.
4 Ebd., 142.
5 Vgl. ebd., § 58.

Empathie, Anerkennung und Verantwortung 123

selbst eine unausweichliche Selbstalterität bewirkt. Die diachrone und passive Struktur der Erfahrung wird in Anspruch genommen, um die Dezentrierung und Porosität der Subjektivität zu betonen und nicht etwa ihre Polarisierung:

> Passivität der Ausgesetztheit als Antwort auf eine Vorladung, die mich identifiziert als den Einzigen, nicht indem sie mich zu mir selbst zurückführt, sondern indem sie mich aller identischen Washeit beraubt und folglich jeglicher Form, jeglicher Bestätigung, die sich noch in die Vorladung einschleichen könnte. [...] Die Subjektivität des Subjektes ist ebendies: Verwundbarkeit, dem Leiden ausgesetzt sein, Sensibilität, Passivität, die passiver ist als alle Passivität, unwiederbringliche Zeit, uneinholbare Dia-chronie der Geduld, Ausgesetztheit, die immer noch weiter auszusetzen ist, Ausgesetztheit, die auszudrücken ist und die insofern zu *sagen* und insofern zu *geben* ist.[6]

Offenheit wird als Ausgesetztheit betrachtet, und die diachrone Beschaffenheit der Erfahrung verlangt nach Rechtfertigung und Verantwortung.[7] Im Zusammenhang mit der Frage nach der Einfühlung geht es hier weniger darum, Zugang zum Leiden der Anderen zu finden als vielmehr die Tatsache anzuerkennen, dass der Sinn meiner Individuation von einer Sensibilität und Responsivität geprägt wird, die immer schon von ihrem Leiden durchdrungen ist. Nach Levinas bleibt „Paarung" ein Versuch, die Andere zu erfassen und sie in der Sphäre des Ich präsent zu machen. Das Angesicht der Anderen durchbricht die Synthese meiner Individualität, indem es nach einer Verantwortung ruft, die meiner Existenz vorausgeht und sie überschreitet. Levinas zeigt, dass diese „Asymmetrie des Interpersonalen"[8] folglich unsere Forderung nach Gerechtigkeit absichern muss.

Zusammengefasst: Einerseits subsumiert Husserl die beiderseitige Unterschiedenheit zwischen der Anderen und dem Ich unter die Einheit, die notwendig ist, um die Lebenswelt gemeinsam zu konstituieren. Andererseits fordert uns Levinas auf, (1) sich der radikalen Differenz zu unterwerfen, die jeder Setzung von Identität und Zuordnung vorausgeht, und (2) der ontologischen Versuchung zu widerstehen, Gemeinschaften und intersubjektive Beziehungen auf der Grundlage einer autonomen und autarken Subjektivität zu modellieren.

Doch wie Ricœur in seinem Kapitel *Von der Asymmetrie zur Gegenseitigkeit*[9] feststellt, hatten Husserl und Levinas ein gemeinsames Ziel: Diese Asymmetrie und den Sinn von Differenzierung/Individuation beizubehalten und paradoxerweise gleichzeitig zu zeigen, dass dies die Gegenseitigkeit nicht beeinträchtigt. Gegenseitigkeit bedeutet entweder (1) eine äquivalente Beziehung zwischen zwei Personen oder Phänomenen – so versteht Husserl die Reziprozität, die mit Ko-Konstitution und Paarung verbunden ist, oder (2) etwas, das in umgekehrter

---

6 *Emmanuel Levinas*: Jenseits des Seins oder anders als Sein geschieht. Übersetzt von Thomas Wiemer, München 1992, 119–121.
7 Vgl. ebd., 197.
8 *Emmanuel Levinas*: Totalität und Unendlichkeit. Versuch über die Exteriorität. Übersetzt von Wolfgang Nikolaus Krewani, Freiburg 2002, 311.
9 Vgl. *Ricœur*: Wege der Anerkennung, 196 ff.

Weise bezogen ist – so versteht Levinas die Gegenseitigkeit, die mit seinem ethischen Begriff der „Stellvertretung" verbunden ist. In Anlehnung an Ricœur werde ich nun versuchen, diese Spannung zu überwinden, indem ich mich nicht auf den einen oder den anderen Pol (das Ego oder Alter Ego) konzentriere, sondern Vulnerabilität als ein Merkmal von Subjektivität betrachte: Die Individuation der Subjektivität ist bezogen auf und geformt von der Welt und den Anderen. Demnach bestünde eine erweiterte Form der Einfühlung darin, eine bestimmte Art der „Teilnahme" anzuerkennen, die dennoch das Gefühl der eigenen Individuation bewahrt.[10] Die klinische Erfahrung mit Traumata kann uns helfen, diese Forderung zu verstehen, da sie uns extreme Fälle und Situationen der Vulnerabilität vorführt, in denen eine Notwendigkeit gegenseitiger Anerkennung und einer Teilnahme ohne Identifizierung besteht, um (Re-)Traumatisierung zu vermeiden.

2. Resilienz und Resonanz: Eine ökologische Betrachtung der erweiterten Empathie

Die Struktur des Traumas selbst wirkt sich auf die Fähigkeit der Person aus, sich mit Anderen und mit ihrem eigenen Gefühl des Andersseins in Beziehung zu setzen. Im Falle eines Traumas aufgrund physischer oder psychischer Misshandlungen (wie Vergewaltigung, Folter usw.) wird die Fähigkeit des Opfers, über sich selbst und seine Erfahrungen zu reflektieren, durch die lebendige Präsenz des „internalisierten Täters" blockiert. In ähnlicher Weise wird die Anerkennung von Anderen als Andere durch den unmöglichen Bezug auf sich selbst als Gesprächspartner und Partner in der Beziehung behindert. Der Missbrauch ist in die intentionale Bewusstseinsstruktur des Opfers eingebrochen und hat sie gestört. Indem diese Art der vorsätzlichen und wiederholten Gewalt die Beziehungsfähigkeit der Person angreift, ihre Fähigkeit, Situationen zu erkennen und zu verstehen, ihre Fähigkeit, ihre Handlungen durch Denken und Tun zu vermitteln, friert sie den Prozess der Sinnstiftung ein, der durch das intentionale Bewusstsein vollzogen wird, und macht Empathie und Narration in der Pflege zum Problem.

In der Tat birgt das Erklären unter solchen Umständen immer das Risiko der Rechtfertigung, das Verständnis für die Situation der Patientin ist oft eingeschränkt durch die Unfähigkeit der Betreuenden, zu handeln und sie zu

---

10 „Emotionale Teilnahme unterscheidet sich also nicht nur von Gefühlsansteckung, sondern geht über die Einfühlung hinaus. Sie fügt, wie der Name schon sagt, dem Verständnis, das durch die Einfühlung vermittelt wird, das wechselseitige Teilen und die gemeinsame Regulierung hinzu." (*Dan Zahavi*: Self and Other: Exploring Subjectivity, Empathy and Shame, Oxford 2014, 117.)

schützen. Emotionales Engagement hingegen birgt das Risiko einer stellvertretenden Traumatisierung.[11] Die richtige therapeutische Distanz wird allzu oft getrübt durch das Einbrechen des Leids, des Unrechts und der Angst, die mit einem wirklichen Verlust des Vertrauens in die Welt und die Anderen einhergehen. Im Kontext von Missbrauch wird die phänomenologische Unterscheidung zwischen dem objektiven *Körper* und dem eigenen *Leib* auch durch die doppelte Unmöglichkeit verwischt, (1) dem traumatisierten Fleisch einen Sinn zu geben in Form eines objektiven Körpers oder (2) das rohe Leiden zu akzeptieren, das in der absichtlich zugefügten Wunde sichtbar wird, da der Einbruch der Gewalt die Selbstbeherrschung des eigenen Körpers bricht. Die klinische Praxis in diesen Grenzsituationen konfrontiert die Pflegenden mit Verletzungen, die die Folge einer unerhörten Gewalt sind. Die Wahrnehmung der Wunde geht einher mit einem Bewusstsein für das Unrecht und den Schmerz, die der Anderen, deren Pflege nun den Ärztinnen und Ärzten anvertraut ist, absichtlich zugefügt wurde. Die therapeutische Begegnung ist unmittelbar konfrontiert mit einem Abgrund, der das Aufwallen des Sinnlosen offenbart.

Es scheint, dass die klinische Erfahrung des Traumas uns dazu drängt, Levinas' Ablehnung von Einfühlung beizupflichten und einen strikt ethischen Ansatz von Verantwortung voranzutreiben, der auf moralischen Forderungen beruht. Es scheint jedoch, als sei eine bestimmte Art von Einfühlung – basierend auf Resonanz und Interkorporalität – erforderlich, um der Patientin zu helfen. Die Wiederherstellung der Integrität der Patientin und die Anerkennung ihres Leidens verpflichten die Pflegeperson, das traumatische Ereignis so anzunehmen, wie es sich im Fleisch der Patientin darstellt. In der Tat wird das, was nicht gesagt, nicht durch Erinnerung oder Sprache ausgedrückt werden kann, übersetzt und durch „interkorporelle Resonanz" kommuniziert.[12] Die Hingabe des Therapeuten ist erforderlich, um zu erkennen, was von diesem „Fremdkörper" noch übrig ist, der sich der Repräsentation widersetzt. Dieser Fremdkörper scheint die Person daran zu hindern, in die Heimwelt zurückzukehren, die sie gerne wieder mit anderen teilen würde.

Über das Trauma hinaus erscheint die körperliche Resonanz als eine grundlegende Struktur, auf die im therapeutischen Prozess zurückgegriffen werden sollte. Trauma ist eine Grenzsituation, in der die Entindividuierung des Subjekts verbunden ist mit dem anscheinend irreversiblen Verlust der Lebenswelt als

---

11 Vgl. *Elodie Boublil*: Stein's perspectives on the heart at the crossroads of phenomenology, anthropology and Carmelite mysticism, in: Harm Klueting/Edeltraud Klueting (Hgg.), Edith Stein's Itinerary. Phenomenology, Christian Philosophy, and Carmelite Spirituality, Münster 2021.

12 Vgl. hierzu Thomas Fuchs: „Ein Trauma bedeutet eine unmittelbare und massive Beeinträchtigung der physischen und psychischen Integrität. [...] Es bleibt sozusagen als schlecht verdauter Fremdkörper im Gedächtnis des Körpers" (*Thomas Fuchs*: Ecology of the Brain, Oxford 2018, 134f.); *Thomas Fuchs*: Existential vulnerability: Toward a psychopathology of limit situations, in: Psychopathology 46/5 (2013), 301–308.

Grundlage individueller und gemeinschaftlicher Erfahrungen. Die zwischenmenschliche Resonanz in der Pflegebeziehung ermöglicht den schrittweisen Wiederaufbau der ethischen und generativen Strukturen der Lebenswelt. In der Tat könnte durch interaffektive Resonanz ein ethischer Horizont von Gegenseitigkeit und Interdependenz wiedergewonnen werden. Daher besteht ein Zusammenhang zwischen der Integrität des Leibkörpers, der persönlichen Individuation des Subjekts und dem zwischenmenschlichen Prozess, der versuchsweise als „erweiterte Empathie" bezeichnet werden könnte und durch den das Gedeihen der Person in der Lebenswelt gewährleistet und respektiert wird.

Ein ökologischer Ansatz von Verkörperung, Kognition und Intersubjektivität[13] kann uns die Ressourcen liefern, die wir brauchen, um ein Konzept der „erweiterten Empathie"[14] zu entwickeln, das gleichwohl einen ethischen Zugang zu individuellen Unterschieden einschließt. Darüber hinaus kann uns die Beachtung des leiblichen und reaktiven Hintergrunds der Resilienz dazu bringen, von einem kognitiv-rationalen Verantwortungsrahmen, der auf Autonomie und Anerkennung beruht, zu einem reaktiv-relationalen Rahmen der Verantwortung überzugehen, der auf Interdependenz, Resonanz und Fürsorge gegründet ist.

In Anlehnung an Thomas Fuchs[15] könnten wir diesen relationalen Rahmen als die „ökologische" Dimension der Subjektivität bezeichnen, dergemäß die Dynamik von Resonanz und Reaktion das lebendiges und existenzielles Funktionieren von Subjektivität und intersubjektiven Beziehungen beschrieben werden kann. In dieser Sichtweise könnte Resilienz den Individuationsprozess der Subjektivität charakterisieren. Resilienz beschreibt homöostatische Mechanismen, durch die sich das leibhafte Subjekt ständig transformiert und neu erschafft, um sich an seine soziale und natürliche Umgebung anzupassen. Aus einer anthropologischen und phänomenologischen Perspektive betont Fuchs die relationale und reaktive Struktur der Subjektivität ebenso wie die Verflechtung der biologischen mit der ethisch-existenziellen Ebene in der Art und Weise, wie wir auf uns selbst reagieren – durch Reflexion –, aber auch auf unsere Umwelt und auf andere durch das, was man vorreflexive Sensibilität nennen könnte:

> Auf dieser Grundlage können Emotionen als *zirkuläre Interaktionen* oder *Rückkopplungs-Zyklen* zwischen Affektion, Wahrnehmung und Bewegung betrachtet werden. Die Betroffenheit von den Wertmerkmalen oder affektiven Qualitäten einer Situation löst eine spezifische körperliche Resonanz („Affektion") aus, die wiederum die emotionale Wahrnehmung der Situation beeinflusst und eine entsprechende Handlungsbereitschaft („E-Motion") impliziert. Die verkörperte Affektivität besteht aus dem gesamten interaktiven Kreislauf, der entscheidend durch die Resonanz des

---

13 Vgl. *Thomas Fuchs*: Ecology of the Brain, Oxford 2018.
14 *Thomas Fuchs*: Levels of empathy – Primary, extended, and reiterated empathy, in: Vanessa Lux/Sigrid Weigel (Hgg.), Empathy: Epistemic problems and cultural-historical perspectives of across-disciplinary concept, Cham 2017, 27–47.
15 Vgl. *Fuchs*: Ecology of the Brain.

fühlenden Leibes vermittelt wird. Auf diese Weise dient die körperliche Resonanz, wie James betonte, als *Medium unseres affektiven Involviertseins in einer Situation*.[16]

Die responsive Struktur der verkörperten Subjektivität erscheint dann als eine präreflexive Schicht, die der Gefahr der Objektivierung widersteht, indem sie die Asymmetrie zwischen dem Selbst und der Anderen aufrechterhält und dennoch Raum schafft für zwischenmenschliche Beziehungen, Teilhabe und Reziprozität. Diesem Rahmen zufolge gibt es keine frontale Opposition zwischen der Ego-Perspektive (Husserl) und der Alter-Perspektive (Levinas), sondern eine dynamische Ko-Regulierung, die den Boden für einen ethischen Sinn der persönlichen und kollektiven Individuationsprozesse bereitet. Folglich beruht die erweiterte Empathie auf einem ethischen Gefühl für Interdependenz, das gegenseitige Anerkennung und kollektive Verantwortung fördert. Wie Bernhard Waldenfels erklärt, ist „Responsivität" der Name eben jener Offenheit, die sich nicht auf objektivierende Intentionalität und sinnstiftende Konstitution reduzieren lässt. Sie bezieht sich auf Passivität, drückt unsere Fähigkeit aus, von einem Ereignis betroffen zu sein und unser Vermögen, darauf zur reagieren:

> Die Responsivität geht über jede Intentionalität hinaus, da das Eingehen auf das, was uns zustößt, sich nicht in der Sinnhaftigkeit, Verständlichkeit oder Wahrheit dessen erschöpft, was wir zur Antwort geben. All dies beschränkt sich nicht auf den affektiven Hintergrund unserer Kognitionen und praktischen Verhaltensweisen, es betrifft diese selbst in ihrem Kern.[17]

Die Anerkennung der „responsiven Struktur" menschlicher Interaktionen zielt darauf ab, sicherzustellen, dass die zwischenmenschliche Beziehung, die sich in der erweiterten Einfühlung entfaltet, eine „Subjekt-zu-Subjekt" Beziehung bleibt. Das Paradigma des Herzens erlaubt eine solche Offenheit, die die Empfänglichkeit als eine Form der Verwundbarkeit zur „transzendentalen Bedingung" unseres Seins in der Welt macht, „das auf eine Offenheit und Plastizität verweist, die eine Transformation ermöglicht".[18] In einem kürzlich erschienen Buch argumentiert Anthony Steinbock, das Herz habe ein eigenes Schema, das uns ermögliche, die Welt und andere Menschen auf eine bestimmte Weise zu erkennen. Jenseits der Unterscheidung von kognitiver und affektiver Empathie habe das Herz ein besonderes, auf dem Gefühl beruhendes Urteilsvermögen: „Das Gefühl als Responsivität entspringt dem ‚schöpferischen' Zentrum der Person, zum Beispiel durch Anregung, und in einem zwischenmenschlichen Zusammenhang".[19] Der Archetyp echter zwischenmenschlicher Interaktion ist

---

16 *Fuchs*: Ecology of the Brain, 124.
17 *Bernhard Waldenfels*: Grundmotive einer Phänomenologie des Fremden, Frankfurt a. M. 2016, 45.
18 *Erinn Gilson*: The Ethics of Vulnerability: A Feminist Analysis of Social Life and Practice, New York 2014, 10.
19 *Anthony J. Steinbock*: Knowing by Heart. Loving as Participation and Critique, Evanston 2021, 23.

insofern Liebe, als „gegenseitige Anerkennung in Liebe als Teilhabe am anderen gründet".[20] In diesem Rahmen erscheint Vulnerabilität folgerichtig als Voraussetzung für die „Erkenntnis des Herzens" in derselben Weise, wie „Naivität" und „natürliche Einstellung" die Voraussetzungen für die epistemische Erkenntnis der phänomenologischen *Epoché* schaffen.[21] Dazu erklärt Steinbock:

> Ich kann verletzlich sein und nicht lieben, aber ich kann nicht lieben und dabei nicht verletzlich sein: Vulnerabilität ist eine Struktur des Liebens. Indem ich liebe, nehme ich unmittelbar und hingebungsvoll an Anderen teil. Ich begleite die Anderen so sehr, ich nehme so sehr an ihnen teil, dass ich bereits unmittelbar mit ihrem Werden verbunden bin.[22]

Eine Beziehung, die sozusagen „durch das Herz fundiert" ist, zeichnet sich durch mehrere von Steinbock benannte Kriterien aus: Aufmerksamkeit, Resonanz, Interdependenz, Selbsttransformation und Demut.[23] Mit anderen Worten: Das von Fuchs und Steinbock beschriebene phänomenologisch-anthropologische Paradigma konzentriert sich auf die verkörperte Kognition, ethische Sensibilität und das Herz, das an die Stelle affektiver Intentionalität im Kern von zwischenmenschlichen Beziehungen tritt und, spezifischer, im Kern von Pflegebeziehungen und klinischer Begegnung. Sie fördern ein neues Verständnis von Einfühlung, das die potenzielle Dichotomie zwischen der kognitiven und der affektiven Ebene von Erfahrungen überwindet, um eine ökologische Ethik der Vulnerabilität zu entwerfen, die sich dem rationalistischen Rahmen des klassischen Humanismus entgegenstellt.[24] Der letzte Abschnitt dieses Kapitels wird einige Überlegungen zu den ethischen Konsequenzen einer solchen ökologischen Anthropologie anbieten. Genauer gesagt, könnte sich die responsive Struktur unserer verkörperten Interaktionen auf unser Verständnis von Dialog und Verantwortung in Pflegestrategien auswirken.

3. Responsivität und Dialog: Eine phänomenologische Ethik der Verantwortung und Interdependenz

Wie wir im vorigen Abschnitt gesehen haben, ist die Wiederherstellung und das Vertrauen in die responsive Struktur der Intersubjektivität Teil des Resilienzprozesses, der durch die klinische Begegnung erarbeitet wird. Ein solcher

---

20 Ebd., 45.
21 Vgl. ebd., 95.
22 Ebd., 96.
23 Vgl. ebd., 102.
24 Vgl. ebd., 161.

Prozess könnte sich auch auf das beziehen, was Zahavi *emotional sharing* nennt, als eine weiterentwickelte Form gegenseitiger Anerkennung. Und tatsächlich: Teilnahme und die damit einhergehende „Ko-Regulierung" scheinen die kognitive Empathie und das zwischenmenschliche Verstehen davor zu bewahren, in die von Levinas identifizierten Risiken der Objektivierung zurückzufallen, während die zwischenmenschliche Beziehung wirklich reziprok sein kann. Die Traumapsychologin Judith Herman schreibt:

> Genesung kann nur im Rahmen von Beziehungen erfolgen; sie kann nicht in Isolation stattfinden. In erneuerten Verbindungen mit anderen Menschen stellt die Überlebende die psychologischen Fähigkeiten wieder her, die durch die traumatische Erfahrung beschädigt oder deformiert wurden. Dazu gehören die grundlegenden Fähigkeiten zu Vertrauen, Autonomie, Initiative, Kompetenz, Identität und Intimität. So wie diese Fähigkeiten ursprünglich gebildet wurden, müssen sie in Beziehungen zu anderen Menschen neu geformt werden.[25]

Eine Phänomenologie des Dialogs kann uns helfen, in unserem Verständnis der Beziehung von Empathie und Ethik weiterzukommen. Dialog, verstanden als eine höhere Form der Empathie, könnte als Weg begriffen werden, die Fähigkeit der Anderen wiederherzustellen, für sich selbst und auf Andere zu antworten. In mehreren Aufsätzen bezieht sich Ricœur auf den niederländischen Phänomenologen Stefan Strasser. Strasser arbeitete eine von ihm so genannte „dialogische Phänomenologie" aus. Die intersubjektive Begegnung ist ihr zufolge keine Subjekt-zu-Objekt-Beziehung – also keine Beziehung, die auf Wahrnehmung beruht –, sondern eine Subjekt-zu-Subjekt-Beziehung, die einen ethischen Ansatz für Kommunikation und Fühlen impliziert. Nach Strasser muss die Intentionalität echter Intersubjektivität als „offene" Ko-Konstitution von Bedeutungen verstanden werden – also als „Reziprozität" –, die in der Expressivität interaffektiver Resonanz verankert ist. Strasser schreibt:

> Unter *Begegnung* verstehen wir *das Kommunizieren von Personen in einer Situation, die für sie sinnvoll ist.* [...] Anderseits ist nicht gesagt, daß die Situation, worin die Begegnung stattfindet, für die einander begegnenden Personen *denselben* Sinn haben müsse. Friedrich Otto Bollnow betont mit Recht, daß eine Begegnung Reziprozität impliziert. Dies ergibt sich aus der Tatsache, daß sie auf einer Subjekt-Subjekt-Relation beruht. Es ist aber nicht erforderlich, daß die Intentionen der einander begegnenden Personen dieselben seien. Mit anderen Worten: Reziprozität impliziert nicht Symmetrie. – Auch dies geht aus dem lebendigen Sprachgebrauch hervor. Denken wir etwa an den folgenden, ganz alltäglichen Fall: A begibt sich in ein bestimmtes Restaurant, um dort eine Mahlzeit einzunehmen. B weiß dies. Er sucht dasselbe Restaurant auf, um dort mit A zu sprechen. Die Begegnung ist nicht zufällig;

---

25 *Judith Herman*: Recovery from psychological trauma, in: Psychiatry and Clinical Neurosciences, 52/1 (1998), 98–103, 98.

sie wurde von einem der beiden Partner zustandegebracht. Die Situation ist für beide sinnvoll; sie hat jedoch für B einen anderen Sinn als für A.[26]

Diese Unterscheidung zwischen Reziprozität und Symmetrie ist grundlegend. Die zwischenmenschliche Begegnung ist demnach die erste Bedingung für die Möglichkeit von Dialog, die von Strasser vorgebracht wird, da sie eine Gegenseitigkeit zwischen zwei Subjekten impliziert, nämlich eine Gegenseitigkeit der Verfügbarkeit, eine Qualität der Präsenz und der Aufmerksamkeit für die Situation oder die Beziehung, die beiden angeboten wird, mit anderen Worten: eine spezifische Art, sich einer gemeinsamen Situation zu begegnen. Die Tatsache, dass Reziprozität nicht mit Symmetrie gleichzusetzen ist, verweist auf die Idee einer Disposition, einer Struktur von Offenheit und Verfügbarkeit, wie sie ein wohlverstandenes Gefühl des Teilens kennzeichnet. Die Anderen werden mir nicht gegeben: Sie geben mir die Welt. Darüber hinaus impliziert die dialogische Struktur die Möglichkeit von Differenz und Konflikt. Strasser erklärt dies folgendermaßen:

> Der Begriff des Dialogs muss weiter gefasst werden. Er umfasst nicht nur die Kommunikation mittels symbolischer Laute, sondern jede Form der wechselseitigen Kommunikation zwischen Subjekten. In Übereinstimmung mit dem, was wir zuvor gesagt haben, werden wir davon sprechen, dialogisch zu sein, wenn meine Präsenz gegenüber einem „Du" für die Präsenz eines „Du" mir gegenüber empfänglich ist. Dieser ontologisch-statischen Beschreibung entspricht eine dynamische Definition: Dialog als aktiv-rezeptive Interaktion entsteht dann, wenn meine Art mit einem „Du" umzugehen, mit der Art und Weise übereinstimmt, wie das „Du" mit mir „umgeht". Diese Beziehung kann prärationaler Natur sein; sie kann ohne eine Welt erfolgen; sie kann auf dem Verständnis eines leiblichen Subjekts für ein anderes leibliches Subjekt beruhen. 1. „Reziprozität ist nicht Symmetrie, und Zustimmen bedeutet nicht, sich anzupassen." 2. „Der Partner des Dialogs ist das Du." 3. „Zuhören ist nicht dasselbe wie mit dem Gehörten in Einklang sein." Im Gegenteil, ohne Spannungen, Meinungsverschiedenheiten, Divergenzen in den praktischen und theoretischen Ansätzen würde der Dialog bald enden. Ein „Du", das dem Anderen nicht widersprechen kann, kann nicht wirklich mit ihm reden. Überdies gehören Widerspruch, Feindschaft und Konflikt zu den grundlegenden Möglichkeiten, wie ich mit einem „Du" umgehen kann; sie sind integraler Bestandteil des Dialogs.[27]

„Disposition" ist der entscheidende Begriff, den Strasser analysiert: Er ist der Ausdruck für die Ebenen von Resonanz und Reaktion durch hohe Aufmerksamkeit in Verbindung mit der Ebene von Verantwortung und Resilienz durch unsere Fähigkeit zu Selbsttransformation, Einstimmung und Entscheidungsfindung.

Interaffektivität ist kein Hindernis für kognitive Empathie oder empathisches Verstehen, sondern das konstitutive Moment, das uns zu gegenseitigem

---

26 *Stephan Strasser*: Phänomenologie und Erfahrungswissenschaft vom Menschen. Grundgedanken zu einem neuen Ideal der Wissenschaftlichkeit, Berlin 1964, 135.
27 Ebd., 65.

Verständnis führt. In diesem Kontext geht Bedeutung nicht von einem reflektierten und intentionalen Akt der Objektivierung aus; stattdessen „entspringt" sie als persönliche Antwort der Begegnung und dem Dialog zwischen leiblichen Subjekten, die Verantwortung für ihr Engagement in der Situation übernehmen. Als solche legt sie den Grundstein für eine „kreative Art der Empathie", die emotionale Reaktionen mit dem Kontext ihres Auftretens korreliert, um die affektive und doch zugleich ethische Interdependenz der beteiligten Personen anzuerkennen. Kelly Oliver schreibt:

> Daher besteht die primäre Verpflichtung einer responsiven Ethik in der Verantwortung, eine Antwort zu erzeugen – oder die Fähigkeit zur Antwort, statt sie zu unterbinden, zu erleichtern: bei sich selbst, bei anderen Lebewesen und in der Umwelt. Responsive Ethik basiert auf der Übernahme von Verantwortung für die Befähigung des Anderen, zu reagieren, was bedeutet, dem Anderen nicht nur zuzuhören, sondern auch die Verantwortung für dieses Zuhören und dessen Konsequenzen zu übernehmen.[28]

Um auf Ricœurs Analyse der Spannung zwischen den Ansätzen von Husserl und Levinas zurückzukommen, scheint die bloße Möglichkeit, ein ethisches Verständnis von Einfühlung zu entwickeln, aporetisch zu sein. Ricœur schreibt: „Ob vom Pol des *ego* oder vom Pol des *alter* aus, es geht immer darum, Unvergleichliches zu vergleichen und damit zu *egalisieren*".[29] Der „ökologische" Ansatz zur Individuation der Subjektivität sieht Intersubjektivität und Interkorporalität als eine operative und relationale Dynamik, die uns ermöglichen kann, Asymmetrie und Reziprozität zusammen zu denken. Das Beispiel der in der klinischen Erfahrung des Traumas angewandten Pflegestrategien zeigt die unausweichliche reaktive Struktur menschlicher Interaktionen und die Notwendigkeit, ein Konzept für emotionale Teilhabe zu entwickeln, das Identifikation und Re-Traumatisierung vermeiden kann. Die Frage ist nun weniger, wie wir „Einfühlung" erzeugen, sondern, wie wir Einfühlung und Interdependenz als echte relationale Basis für Ethik und Politik „wiederherstellen" oder „wiedererlangen" können.

Literaturverzeichnis

Boublil, Elodie: Stein's perspectives on the heart at the crossroads of phenomenology, anthropology and Carmelite mysticism, in: Harm Klueting / Edeltraud Klueting (Hgg.), Edith Stein's Itinerary. Phenomenology, Christian Philosophy, and Carmelite Spirituality, Münster 2021.
Fuchs, Thomas: Existential vulnerability: Toward a psychopathology of limit situations, in: Psychopathology 46/5 (2013), 301–308.

---

28 *Kelly Oliver*: Response Ethics. Edited by Alison Suen, Lanham 2018, XXXVI.
29 *Ricœur*: Wege der Anerkennung, 206.

Fuchs, Thomas/Koch, Sabine C.: Embodied affectivity and bodily resonance: on moving and being moved, in: Frontiers in Psychology 5 (2014), Art. 508.

Fuchs, Thomas: Levels of empathy – Primary, extended, and reiterated empathy, in: Vanessa Lux/Sigrid Weigel (Hgg.), Empathy: Epistemic problems and cultural-historical perspectives of across-disciplinary concept, Cham 2017, 27–47.

Fuchs, Thomas: Ecology of the Brain, Oxford 2018.

Fuchs, Thomas: Empathy, Group Identity, and the Mechanisms of Exclusion: An Investigation into the Limits of Empathy, in: Topoi 38 (2019), 239–250.

Gilson, Erinn: The Ethics of Vulnerability: A Feminist Analysis of Social Life and Practice, New York 2014.

Herman, Judith: Recovery from psychological trauma, in: Psychiatry and Clinical Neurosciences, 52/1 (1998), 98–103.

Husserl, Edmund: Cartesianische Meditationen und Pariser Vorträge (HUA I), Den Haag 1950.

Levinas, Emmanuel: Jenseits des Seins oder anders als Sein geschieht. Übersetzt von Thomas Wiemer, München 1992.

Levinas, Emmanuel: Totalität und Unendlichkeit. Versuch über die Exteriorität. Übersetzt von Wolfgang Nikolaus Krewani, Freiburg 2002.

Oliver, Kelly: Response Ethics. Edited by Alison Suen, Lanham 2018.

Ricœur, Paul: Wege der Anerkennung. Erkennen, Wiedererkennen, Anerkanntsein. Übersetzt von Ulrike Bokelmann und Barbara Schäfer, Frankfurt am Main 2006.

Strasser, Stephan: Phänomenologie und Erfahrungswissenschaft vom Menschen. Grundgedanken zu einem neuen Ideal der Wissenschaftlichkeit, Berlin 1964.

Steinbock, Anthony J.: Knowing by Heart. Loving as Participation and Critique, Evanston 2021.

Waldenfels, Bernhard: The Question of the Other. The Tang-Chun I Lecture for 2004, Hong-Kong 2007.

Waldenfels, Bernhard: Grundmotive einer Phänomenologie des Fremden, Frankfurt a. M. 2016.

Zahavi, Dan: Self and Other: Exploring Subjectivity, Empathy and Shame, Oxford 2014.

Zahavi, Dan: You, Me and We: The Sharing of Emotional Experiences, in: Journal of Consciousness Studies 22/1–2 (2015), 84–101.

Strukturelle Brutalisierung – Resilienz als Fanal der Selbsterhaltungsvernunft[†]

Jan Slaby

> There is no dignity [...] in the servitude of self-preservation.
> Brad Evans & Julian Reid[1]

Schon wenige Jahre nach dem breitenwirksamen Aufkommen von Resilienzdiskursen in zahlreichen Disziplinen und Handlungsfeldern sind umfassende Resilienzkritiken artikuliert worden.[2] Schaut man vorwiegend auf diese Literatur könnte man heute, Ende des Jahres 2022, geneigt sein zu konstatieren, dass das Thema abgegolten sei. Das schnittige Statement von Brad Evans und Julian Reid, *we are exhausted by resilience*, weshalb sie versprechen, *to never write, publicly lecture or debate the problematic again*,[3] zeigte dies schon früh an. Prominente Kritiker:innen der Resilienz glauben offenbar, dass sie durch ein Weiterführen der Diskussion die kritisierte Sache eher noch befördern, und lassen es daher lieber ganz bleiben.

Ich kann meine Sympathie für diese Orientierung nicht verhehlen. Gleichwohl geht es mir in diesem Beitrag darum, zentrale Überlegungen zu einer *Kritik*

[†] Der vorliegende Text reproduziert in einem neuen Rahmen Material aus meinem Aufsatz „Kritik der Resilienz", vgl. *Jan Slaby*: Kritik der Resilienz, in: Frauke A. Kurbacher/Philipp Wüschner (Hgg.) Was ist Haltung? Begriffsbestimmung, Positionen, Anschlüsse, Würzburg 2016, insb. 287–296.

[1] *Brad Evans/Julian Reid*: Resilient Life. The Art of Living Dangerously, Cambridge 2014, 178.

[2] Vgl. *Ulrich Bröckling*: Gute Hirten führen sanft. Über Menschenregierungskünste, Berlin 2017; *Stefanie Graefe*: Resilienz im Krisenkapitalismus. Wider das Lob der Anpassung, Bielefeld 2019; *Evans/Reid*: Resilient Life; *Kilian Jörg*: Backlash. Essays zur Resilienz der Moderne, Hamburg 2020; *Eva Illouz*: Resilienz – gesellschaftliche Auswirkungen einer psychologischen Theorie, in: Verhaltenstherapie & psychosoziale Praxis 51/3 (2019), 467–474; *Usche Merk*: Vom Trauma zur Resilienz, in: https://www.medico.de/vom-trauma-zur-resilienz-15983/ , 2015 (zuletzt abgerufen am 14.12.2022); *Mark Neocleous*: „Don't be scared, be prepared". Trauma-Anxiety-Resilience, in: Alternatives: Global, Local, Political 37/3 (2012), 188–198; *Jessica Schmidt*: The empirical falsity of the human subject. New materialism, climate change and the shared critique of artifice, in: Resilience: International Policies, Practices and Discourses 1/3 (2013), 174–192; *Slaby*: Kritik der Resilienz, 273–298; *Stephanie Wakefield*: Urban resilience as critique. Problematizing infrastructure in Post-Sandy New York City, in: Political Geography 79 (2020); *Jeremy Walker/Melinda Cooper*: Genealogies of resilience. From systems ecology to the political economy of crisis adaptation, in: Security Dialogue 42/2 (2011), 143–160.

[3] *Brad Evans/Julian Reid*: Exhausted by resilience: Response to the commentaries, in: Resilience: International Policies, Practices and Discourses 3(2), 2015, 154–159, 157.

der Resilienz noch einmal zur Diskussion zu stellen, gerade auch im Lichte neuerer Entwicklungen und einer selbst gegenüber dem Stand von circa 2014/15 signifikant veränderten geopolitischen sowie gesellschaftlich-atmosphärischen Situation. Meine Rückschau auf prominente Resilienzkritiken geschieht im Folgenden ohne Anspruch auf Vollständigkeit, aber mit dem Ziel, ein einschlägiges Panorama von Erwägungen zu präsentieren, die auf eine rigorose und mitunter aufhebende, ja letztlich *destruktive* Kritik der Resilienz abzielen. Dabei beschränke ich mich in der Tendenz auf Kritik am Vorstellungskomplex eines *resilienten Subjekts*. Resiliente Infrastrukturen, Ökosysteme, Märkte und Städte stehen somit weniger direkt im Blick, jedoch gehe ich davon aus, dass Resilienz insgesamt einen zusammenhängenden Vorstellungskomplex bildet, so dass sich Überlegungen zur Resilienz komplexer Systeme und Infrastrukturen vielfach mit den Theoretisierungen von Resilienz als Eigenschaft von Subjekten überschneiden. In einer ausführlicheren Fassung der hier umrissenen Perspektive sind beide Dimensionen in ihrer Verbundenheit zu thematisieren.[4]

Resilienz, so lautet aus meiner Sicht der Tenor vieler der bisher geäußerten Vorbehalte, ist ein Auswuchs der westlichen Selbsterhaltungsvernunft, die gründlich bereits von Nietzsche und dann in veränderter Form von den Vertreter:innen der Kritischen Theorie als Verhängnis der Moderne kritisiert wurde. Selbsterhaltungsvernunft, das bedeutet die Unterordnung menschlicher Bestrebungen aller Art unter Belange der schieren Lebenserhaltung. „Überlegen um jeden Preis" lautet das Credo; die Welt, in der sich diese Vernunft situiert, wird als lebensfeindliches, aversives Terrain imaginiert, wobei sich eine naturalistische Imagination (*survival of the fittest*) mit einer politisch-anthropologischen Imagination verbindet (*homo homini lupus*). In ihrer Konsequenz läuft eine solche Selbsterhaltungsvernunft auf eine strukturelle Brutalisierung von menschlichen Welt- und Selbstverhältnissen hinaus. Nach Ansicht der Kritiker:innen schreibt sich das Diskus- und Praxisfeld der Resilienz – im Folgenden kurz: ‚Resilienzdispositiv' – in dieses Schema ein, und zwar auch dort, wo es nicht explizit an die bekannten Hobbes'schen oder vulgärdarwinistischen Topoi anschließt. So privilegiere das Resilienzdispositiv das nackte gegenüber dem kultivierten Leben, entwerfe ein Bild der Wirklichkeit als permanenter Krise und kommender Katastrophe(n), individualisiere den Umgang mit Gefahren und gebe weithin die Bemühung um eine kreative und ethisch anspruchsvolle Weltgestaltung auf. Resilienz ist somit depolitisierend, weil sie offene, auf Transformation der Verhältnisse zum Besseren zielende Initiativen ausblendet zu Gunsten einer individuellen Zähigkeit, Anpassungs- und Widerstandsfähigkeit, die sich ins Gegebene unkritisch einfügt.

Die ideale Sozialfigur des Resilienzdispositivs ist – wenn man von Witzfiguren wie dem „Stehaufmännchen" absieht – der Prepper: ein Vorräte hortender Bewohner eines abgelegenen Grundstücks, das mit Trinkwasserbrunnen,

---

4   Vgl. *Slaby*: Kritik der Resilienz, 273–298.

Dieselgeneratoren und Bunkeranlagen für die Zeit nach dem zivilisatorischen Zusammenbruch gerüstet ist. Der Prepper (zu deutsch: Reichsbürger) erwartet sowohl vom Staat als auch von der Zukunft nur Schlechtes. Sein Leben ist ein stetes Warmlaufen für den Ernstfall in einer Hobbes'schen Welt – die Untergangsangst als ständiger Begleiter und wesentliche Motivationsquelle für das Alltagshandeln. Preppertum und Resilienz sind insbesondere darin vergleichbar, dass sämtliche Lebensbereiche unter das Diktat einer sich eng ums eigene Durchkommen drehenden Widerstandsfähigkeit gestellt werden. Alles wird umfassend geschützt und abgesichert; die Sphäre des Eigenen nur mit solchem ausgestattet, das sich in Zeiten der Katastrophe als überlebensdienlich erweisen kann.

Inzwischen haben sich die geopolitische und innergesellschaftliche Situation und die diese begleitenden Stimmungslagen allerdings geändert. Die Frequenz, Intensität und Bedrohlichkeit globaler Krisen haben sich seit dem Beinahe-Kollaps des globalen Finanzsystems in 2008 signifikant erhöht. Der Dreiklang aus verschärfter ökologischer Krise, der Covid-19-Pandemie sowie dem Angriffskrieg Russlands gegen die Ukraine in 2022 hat die Katastrophenevidenz gestärkt und ein größeres Bewusstsein für die Fragilität selbst vermeintlich stabiler gesellschaftlicher Lebensverhältnisse im globalen Norden geweckt. Der gerade auch in vermeintlich progressiven Kreisen laut werdende – und zunehmend Gehör findende – Ruf nach rigorosen staatlichen Maßnahmen zur Eindämmung der Pandemie und zum Schutz gefährdeter Populationen signalisiert ein gewandeltes Verhältnis zu staatlichen Notstandspolitiken. Ein in diesem Zusammenhang bedenkenswerter Essay, der diese Tendenzen theoretisch und zeitdiagnostisch verarbeitet, ist das Buch *Anpassung. Leitmotiv der nächsten Gesellschaft* vom Berliner Soziologen Philipp Staab.[5] Das darin entworfene Programm lässt sich in grob so umreißen: Vieles von dem, was von den Resilienzkritiker:innen des vorherigen Jahrzehnts als verheerend regressive, einseitige und defaitistische Lagebestimmung abgelehnt wurde, sei nun de facto zur Grundlage gesellschaftlicher Wirklichkeitsbestimmung für den weiteren Verlauf des 21. Jahrhunderts geworden, und dies werde inzwischen auf breiterer Basis gesellschaftlich so anerkannt; das (Über)Leben ist nicht länger garantiert, Lebenserhaltung als solche kann nicht länger als selbstverständlicher Hintergrund vorausgesetzt, sondern gehöre in den Vordergrund politischen, gesellschaftlichen und individuellen Bemühens. Entsprechend sieht Staab die Modalitäten der Anpassung, die er im Vergleich zu den Resilienzkritikern weniger einseitig und eindimensional konzipiert, an die Stelle der nun final als unerlösbar erkannten Fortschritts- und Selbstentfaltungsversprechen der westlichen Moderne rücken. Damit verbunden ist ein Abrüstungsprogramm für eine materiell und ideell über ihren Verhältnissen lebende ruinöse Gesellschaftsformation, gipfelnd in einer „protektiven Technokratie", also einem sozio-

---

5   Vgl. *Philipp Staab*: Anpassung. Leitmotiv der nächsten Gesellschaft, Berlin 2022.

technischen Gesellschafs- und Politikmodell, orientiert an Effizienzkriterien krisenhafter Wirklichkeitsbewältigung, die ja teilweise schon in den staatlichen Reaktionen auf die Covid-19-Pandemie sichtbar wurden. Es ist somit nicht überraschend, dass Staab auch zur Gegenkritik an soziologischen Resilienzkritiken ausholt, die er als nicht länger zeitgemäß betrachtet, weil sie subjekt- und gesellschaftstheoretischen Orientierungen verhaftet seien, die sich in der Rückschau als Aspekte der Stabilitätsillusion affluenter Gesellschaften der zweiten Hälfte des vorherigen Jahrhunderts erwiesen haben.[6]

Der von Staab bündig konzipierte Bruch mit der ideellen Substanz der Moderne ist seinerseits diskussionsbedürftig. So scheint fraglich, ob „Anpassung" und „protektive Technokratie" tatsächlich als Aufhänger des gesellschaftlich-politischen Umsteuerns taugen, und ob sie nicht, einmal mehr, zur Entnennung jener kapitalistischen Dynamiken beitragen, deren ungebrochenes Weiterwirken den eigentlichen Katastrophenhorizont der Gegenwart ausmacht. Diese Diskussion muss an anderer Stelle geführt werden. Hier möchte ich Staabs beherzte diagnostische Intervention als kontrastiven Denkanstoß nutzen, um die scharfe und sehr grundlegend ansetzende Resilienzkritik, die im Folgenden nochmals artikuliert wird, aus heutiger Sicht neu zu kontextualisieren. Der vorliegende Beitrag ist daher polar angelegt: Zuerst werde ich *rückhaltlos* die Resilienzkritik in altbekannter Schärfe präsentieren, damit deren Parameter möglichst einsichtig werden, was mir auch mit Blick auf den vorliegenden Band sinnvoll erscheint. Erst anschließend, im Ausblick, werde ich den neuen zeittypischen Kontext in knapper Form an das zuvor Ausgeführte herantragen und ausloten, inwiefern die Kritik der Resilienz in den Jahren 2023 und folgende eines neuen diagnostischen Horizonts bedarf. Der bereits meine frühere Resilienzkritik philosophisch orientierende Begriff der Haltung wird auch hierbei eine wichtige Rolle spielen.[7]

1. Kritik der Resilienz

Ich skizziere drei kritische Überlegungen, die aus meiner Sicht die wesentlichen Aspekte der bisher vorgebrachten philosophischen und sozialtheoretischen Resilienzkritik umfassen. Erstens läuft Resilienz, ungeachtet der Rhetorik des empowerment und der Eigeninitiative, auf eine Beschneidung und Depotenzierung des handlungsfähigen Subjekts hinaus – auf eine Halbierung des Handlungsvermögens. Zweitens ergibt sich aus dem ersten Punkt eine Entpolitisierung des Subjekts. Resilienz läuft nach herrschendem Verständnis einer Einwilligung in krisenhaft-katastrophische Verhältnisse und damit dem Verzicht

---

6 Vgl. *Staab*: Anpassung, 81–106.
7 Vgl. *Slaby*: Kritik der Resilienz, 273–298.

auf substanziell verändernde Initiativen gleich. Problemlösungskapazitäten werden dabei entweder individualisiert oder auf eine solche Weise in „strukturell resilienten" Kollektiven verankert, dass Möglichkeiten emanzipativen Handelns aus dem Blick rücken. Drittens lässt sich Resilienz nicht trennen von einem zutiefst katastrophischen Imaginären, einem Vorstellungskomplex, der die Welt in Gegenwart und Zukunft als den Ort einer dauerhaften Prekarität und ständiger Krisen und Katastrophen imaginiert. Die Welt der Resilienz ist ein lebensfeindliches Terrain, und somit wird die Logik des nackten Überlebens zur zentralen Orientierungsmatrix. Hier zeichnet sich die nihilistische Fluchtlinie des Resilienzdenkens ab.

1.1 Das halbierte Subjekt

Aller Rede vom *empowerment* zum Trotz: das resiliente Subjekt ist ein halbiertes Subjekt, denn voll ausgeprägt ist bei ihm nur eine Hälfte des Handlungsvermögens eines autonomen Akteurs. Aus dem charakteristischen Zusammenspiel von Handeln und Erleiden, Aktion und Reaktion, Initiative und Hinnahme, das für menschliche Akteure charakteristisch ist, ist nur die jeweils passive Seite umfänglich ausgeprägt. Es handelt sich insofern um ein Subjekt der Nehmerqualitäten: es verfügt über Widerstandsfähigkeit, über Fähigkeiten zur Hinnahme und Bewältigung dessen, was ihm zustößt, sämtlich also reaktive Kapazitäten. Das subjektive Profil der Resilienz besteht zudem zentral in einer Gefasstheit, einem Bereitsein für das Schlimmste – Vigilianz im Kampfmodus. Die Rede vom „Stehaufmännchen" bringt diese Faktoren auf einen harmlos-verniedlichenden Nenner.[8] Das Potenzial zu eigenen Initiativen, insbesondere zu solchen, die aus den etablierten Parametern des Gegebenen bewusst und nachhaltig aussteigen, diese transformieren oder übersteigen können, sucht man vergebens.

An anderer Stelle habe ich Resilienz in diesem Verständnis als eine Schrumpfform der Haltung bezeichnet.[9] Bei der Haltung im philosophisch maßgeblichen aristotelischen Verständnis (anknüpfend an das antike Begriffsfeld

---

8   Hierbei handelt es sich um ein weiteres zentrales Symbol, das gelegentlich auf den Titelbildern von Resilienz-Ratgebern erscheint und quasi das deutsche Gegenstück zur anglo-amerikanischen bouncebackability bildet. Ich teile das Gruseln, das den kritischen Pädagogen Thomas von Freyberg angesichts dieser verbreiteten Symbolik befällt, zumal dann, wenn es als ein Erziehungsideal im Rahmen pädagogischer Initiativen propagiert wird: „Das resiliente Kind – ein Stehaufmännchen! Kann man sich ein grusligeres Erziehungsziel vorstellen: unberührbar und unerschütterlich zu sein, komme was da wolle?" (*Thomas von Freyberg*: Resilienz in der Pädagogik, in: https://www.medico.de/resilienz-in-der-paedagogik-16102/, 2015 (zuletzt aufgerufen am 14.12.2022). Von der rasenden Konjunktur des Resilienzkonzepts im Erziehungsdiskurs wäre gesondert zu handeln.

9   Vgl. *Slaby*: Kritik der Resilienz, 273–298.

der *hexis*) steht die entwickelte Person, also ein:e umfassend befähigte Akteur:in im Blickpunkt. Zwar beziehen Akteur:innen, die Haltung zeigen, ihr jeweiliges Wirkpotenzial zu einem relevanten Teil aus dem umliegenden *ethos* und natürlich ist es für die Haltung unerlässlich, dass auch die Passivitätskompetenzen der Akteur:innen voll ausgeprägt sind (Erfahrungs- und Erleidensfähigeiten etc.). Der zentrale Punkt ist jedoch, dass diese Passivitätskompetenzen stets nur eine Hälfte des entwickelten Haltungs- und damit Handlungsvermögens ausmachen. Im aristotelischen Verständnis sind solche „Nehmerqualitäten" umfänglich verwoben mit der Möglichkeit zur verantwortlichen und gestaltenden Initiative, eben zum Handeln im emphatischen Verständnis, in dem es um echte Veränderungen in der umliegenden Welt geht.[10] Ein solches Handeln kann selbst die Parameter des gemeinschaftlichen *ethos* verändern, es erscheint entsprechend als ein Intensitätspunkt in der sittengeprägten Sozialität, mitunter als „schöne Stelle" eines Gemeinwesens und somit potenziell als Kipppunkt hin zu kommender Veränderung.[11] Diese Möglichkeit ist essentiell für ein Leben im substanziellen Sinn des *bios*. Resilienz hingegen privilegiert das nackte gegenüber dem tätigen Leben (*zoe* statt *bios*). So markiert die Figur des resilienten Subjekts eine Magerstufe der Person, eine Schrumpfform des handlungsfähigen Akteurs, bloßes Überbleibsel eines vormals ambitionierten, emphatisch sozial und politisch befähigten Selbstseins.

Resilienz wäre somit der euphemistische Titel für den halbierten Aktivismus der Unterlegenen – Mantra der Beherrschten. Und damit zugleich, wenig überraschend, Credo der Herrschenden. Es handelt sich um das, was jenen noch bleibt, die in einer Position dauerhafter Prekarität feststecken: die am Ende unweigerlich verzweifelte Strategie des *irgendwie-noch-Klarkommens*, kurz bevor dann irgendwann gar nichts mehr geht. Insofern sind die in neuern Diskursen über Haltung vorgebrachten Beschreibungen der möglichen Weisen, wie in turbulenten Momenten noch irgendwie Eigenanteile, ja bisweilen gar genuin kreative Impulse, in die Bewegungsmodulation eingebracht werden können, oder wie ein vom heftigen Geschehen affiziertes, durchgewirbeltes Subjekt noch eine eigenständige Bewegungsmodulation zustande bringen mag, mit Vorsicht zu genießen. Titel wie ‚Ereignisfähigkeit' oder die Rede von der ‚Transformation von Fremd- in Eigenbewegung'[12] erhalten einen faden Beigeschmack. Schmal ist der Grat zwischen einem behutsamen Theoretisieren der Haltung als eines substanziellen menschlichen Vermögens einerseits und der euphemistischen Stilisierung eines um seine autonome Handlungsfähigkeit gebrachten, passifizierten und ohnmächtigen Subjekts. Dieses Subjekt wäre dann wirklich ein solches: ein

---

10 Vgl. *Philipp Wüschner*: Hexis und Euexia. Ein Konzept der Haltung im Anschluss an Aristoteles, Hamburg 2016.
11 Vgl. ebd.
12 Vgl. ebd.

Unterworfenes. Es wäre unverrückbar eingelassen in die Parameter des Bestehenden, auch wenn es sein Los auf eine solche Weise mit Fassung, Energie, Eifer und Frohgemut trägt, dass man dieses Subjekt mitunter mit einer handlungsfähigen, mündigen politischen Akteur:in verwechseln könnte.

Hier gilt es freilich, genau hinzuschauen. Auch das Verständnis der genuin handlungsfähigen Person ist nicht davor gefeit, seinerseits zur Schrumpfform – genauer: zur neoliberalen Subjektivierungsschablone – zu verkommen. Zumindest bei oberflächlicher Betrachtung gibt es neben dem Passiven der Resilienz noch einen weiteren Aktivismus der Unterlegenen, der gerne wortreich von gutmeinenden Kreisen gepriesen wird: das unternehmerische Selbst,[13] die Ich-AG, das Subjekt der behördlich eingeforderten „Eigenverantwortung", die Mitglieder der Aktivgesellschaft.[14] Hier zeichnet sich eine spiegelbildliche Kritiklinie ab. Anstatt das Subjekt mit echter, potenziell transformativer Handlungskraft auszustatten, wollen diese Politiken der Aktivierung willige und tätige Subjekte, deren Initiativen sich in den Bahnen des Bestehenden bewegen. Das dabei beschworene *Aktivsein*, das etablierte konsumkapitalistische Lebensformen ausagiert, könnte somit selbst eine Spielart von Resilienz sein, da es einen willfährigen Umgang mit den Widrigkeiten der hinsichtlich Bestand und Sinnrichtung unkritisch hingenommenen gesellschaftlichen Welt impliziert. Von „Handeln" im Sinne freier, gestaltender und auch genuin gemeinsamer Initiativen kann hier auch nur in einem sehr eingeschränkten Sinn die Rede sein.

1.2 Entpolitisierung

Eine wichtige unmittelbare Folge der halbierten Subjekt-Vorstellung im Resilienzdispositiv ist die Ent-Politisierung. Wer nicht im emphatischen Sinn handeln kann, also aus freier eigener Initiative, kommt als politisches Subjekt nur bedingt in Frage. Damit ist der Punkt erreicht, an dem die politischen Einsätze der Resilienzproblematik sichtbar werden. Meine obige Formulierung *Aktivismus der Unterlegenen* hat es schon angedeutet: Resilienz ist vor allem anderen eine Figur der Fügsamkeit. Und wo sie dies nicht ist, dort ist es eine Art Ohnmacht, ein resignatives Einwilligen in die Unveränderbarkeit von Verhältnissen, mit denen man dann bloß noch irgendwie klarkommen muss. Was in dieser Orientierung noch an erstrebenswerten Qualitäten stecken mag, erweist sich als Surrogat für das, was eine Person einst befähigt hatte, am politischen Streit um die kollektive Weltgestaltung teilzunehmen. Die Widerstandskraft der

---

13 Vgl. *Ulrich Bröckling*: Das unternehmerische Selbst. Soziologie einer Subjektivierungsform, Frankfurt a. M. 2007.
14 Vgl. *Stephan Lessenich*: Mobilität und Kontrolle. Zur Dialektik der Aktivgesellschaft, in: Klaus Dörre/Stephan Lessenich/Hartmut Rosa (Hgg.): Soziologie – Kapitalismus – Kritik. Eine Debatte, Frankfurt 2009, 126–177.

Resilienten läuft somit oftmals auf kaum mehr als eine reaktive Zähigkeit, Virtuosität und Dehnbarkeit des Anpassungsvermögens hinaus. Es bleibt weit entfernt von Widerstand im politischen Sinn. Das resiliente Subjekt fokussiert seine Energien exklusiv auf das individuelle Bewältigen der täglichen Widrigkeiten. Es mag ein *Widerstehen* sein, das sich mitunter beeindruckend ausnimmt angesichts der Widrigkeiten, mit denen es zu tun hat, aber es ist kein *Widerstand* im politischen Verständnis. Das resiliente Subjekt ist:

> Not a political subject that can conceive of changing the world, its structure and conditions of possibility, with a view to securing itself from the world; but a subject which accepts the disastrousness of the world it lives in as a condition for partaking of that world and which accepts the necessity of the injunction to change itself in correspondence to the threats and dangers now presupposed as endemic.[15]

In vielen Anwendungsfeldern avanciert Resilienz zu einem Codewort für soziale Anpassung und Gefügigkeit. Aus dem Blick rückt unterdessen die Möglichkeit, an den herrschenden Verhältnissen substanziell etwas zu verändern, etwas gegen die Ursachen von Ungerechtigkeit und Ungleichheit zu unternehmen. Der Ausstieg aus den Parametern des Gegebenen erscheint nachgerade undenkbar.

In dieser Blickrichtung zeigt sich auch die affektive Dimension des Resilienzdispositivs in größerer Deutlichkeit: ein Klima der Angst, das auf dem Boden der allseits betonten und beschworenen Gefährdung, Verletzlichkeit und Unsicherheit des Lebens unter gegenwärtigen Bedingungen prächtig gedeiht. Es ist ein vertrautes Muster: Die Angst um Leib und Leben in einem radikal unsicheren Terrain steht hinter der verbreiteten Absage an und Aufgabe von individueller Handlungs- und politischer Gestaltungsmacht.

Unter dem Blickwinkel der Entpolitisierung erscheinen die zahlreichen Resilienzprogramme in verschiedenen Handlungsfeldern in einem hellen Licht. Selten dürfte die bei Foucaultianern beliebte Rede von der Regierbarmachung durch Etablierung von Formen der Selbstregierung angebrachter gewesen sein.[16] Eine zentrale Pointe der Resilienz in ihrem psychologischen bzw. subjekttheoretischen Verständnis ist, wie gesehen, dass die meisten Bewältigungsressourcen bezüglich Krisen, Gefährdungen und Katastrophen auf die Individuen abgewälzt werden. Das verbindet UN-Programme zur Klima-Resilienz mit den *resilience trainings* des US-Militärs und den hiesigen Initiativen, die Resilienz von Kindern aus sogenannten Problemfamilien zu stärken. Das resiliente Subjekt ist

---

15 *Evans/Reid*: Resilient Life, 79.
16 Einschlägig sind hier zahlreiche Arbeiten aus dem Feld der Gouvernementalitätsstudien. Siehe *Ulrich Bröckling/Susanne Krasmann/Thomas Lemke* (Hgg.): Gouvernementalität der Gegenwart. Studien zur Ökonomisierung des Sozialen, Frankfurt 2000; *Bröckling*: Das unternehmerische Selbst und *Bröckling*: Gute Hirten führen sanft; *Thomas Lemke*: Neoliberalismus, Staat und Selbsttechnologien. Ein kritischer Überblick über die *governmentality studies*, in: Politische Vierteljahresschrift 41/1 (2000), 31–47; Sabine Maasen/Barbara Sutter (Hgg.): On willing selves: Neoliberal politics vis-a-vis the neuroscientific challenge, Basinktoke 2007, u. a.

das Subjekt, das für sich selbst sorgt. Es zählt nicht auf staatliche Unterstützung, baut nicht auf die Solidarität des Kollektivs, schließt sich nicht aktiv mit Seinesgleichen zusammen, schon gar nicht in der Hoffnung auf eine tätige Umgestaltung der Verhältnisse.[17] Operativ stabil und strukturell flexibel richtet es sich im Rahmen des Erlaubten und Geforderten ein, tut das Verlangte und erträgt ansonsten sein Los mit mechanischem Gleichmut. Was könnte besser passen zu neoliberalen Bestrebungen, Staatlichkeit abzubauen, Risiken zu individualisieren, Verantwortung abzuwälzen?

Das Resilienzdispositiv reiht sich insofern in den technokratisch-neoliberalen Feldzug gegen das Politische ein, der seit längerem in den westlichen Massendemokratien zu beobachten ist. Experten, Verwaltungsprogramme, Big Data und durch diverse psychologische Trainings, durch Selbstmanagement- bzw. Selbstvermessungs-Regime optimierte und vernetzte Individuen besetzen zunehmend das Terrain, das zumindest der Idee nach einmal dem politischen Ringen um die kollektive Gestaltung menschlicher Gemeinwesen gegolten hatte.[18]

1.3 Das katastrophische Imaginäre

Wir haben nun bereits ausgiebig den Vorstellungsraum jener Welt ermessen, die sich um den Begriff und um die Praktiken der Resilienz herum anordnet: ein unheilbar katastrophischer Horizont, ein lethales Terrain, ein Feld kommender Katastrophen und Verheerungen, stets schlimmer und unerbittlicher als alles bisher Dagewesene. Resilienz ist nicht zu trennen vom Imperativ einer Gewöhnung an ein Leben in auf Dauer gestellten Gefährdungslagen. Unsicherheit, Fragilität, Verletzlichkeit sind die Grundbedingung allen Seins im Vorstellungshorizont der Resilienz. „Resilience [speaks] the language of insecurity as the

---

17 Instruktiv sind diesbezüglich die Ausführungen Zygmunt Baumans. In seinem Buch *Collateral Damage: Social Inequalities in a Global Age* spricht er von einem „individualism by decree" um zu verdeutlichen, inwiefern die Abwälzung von Verantwortung auf die Einzelnen Teil einer bewussten Politikstrategie sind (*Zygmunt Bauman*: Collateral Damage. Social Inequalities in a Global Age, Cambridge 2011).

18 Dieser breitere Horizont der Depolitisierungstendenz kann hier nicht weiter behandelt werden. Die Sorge um die Gefahren, die mit dem Feldzug gegen das Politische für die Demokratie verbunden sind, bis hin zur akuten Angst vor einem technokratischen Überwachungsstaat mit offen faschistischen Zügen, ist ein verbindendes Moment vieler Kritiken des Neoliberalismus. Exemplarisch: *Henry A. Giroux*: Zombie politics and culture in the age of casino capitalism, New York 2011 und *Henry A. Giroux*: Neoliberalism's war on higher education, Chicago 2014. Eine erhellende Analyse der neoliberalen De-Politisierungs- und Anti-Demokratie-Tendenz stammt vom Wirtschaftshistoriker Philip Mirowski (*Philip Mirowski*: Postface. Defining Neoliberalism, in: Philip Mirowski/Dieter Plehwe (Hgg.): The Road to Mont Pèlerin: The Making of the Neoliberal Thought Collective, Cambridge 2009, insb. 436 ff. sowie *Philip Mirowski*: Never let a Serious Crisis Go to Waste. How Neoliberalism Survived the Financial Meltdown, London/New York 2013.

natural order of things".[19] Resilienz bedeutet daher nicht zuletzt, die mit einer solchen Geworfenheit in lethale Terrains verbundenen Affektlagen lebensdienlich zu bewältigen. Unterschwellige Angst, Dauerstress und permanente Anspannung sind in Formen wacher Bereitschaft, nüchterner Gefasstheit und zähen Durchhaltevermögens umzuwandeln. Dass die Resiliente bereits heute die Ruinen der Zukunft bewohnt, wie Evans und Reid es poetisch formulieren, bedeutet insbesondere, dass selbst beachtliche Teilerfolge in der Bewältigung der Krisen und Widrigkeiten niemals zu übergroßer Freude, echter Hoffnung, geschweige denn zu utopischen Entwürfen von einer Zukunft jenseits allseitiger Gefährdung führen dürfen. Träumen verboten: „accept catastrophe as a starting point for comporting [yourself] toward the future".[20] Das Kommende wird immer noch schlimmer, noch härter, noch unerbittlicher sein. Die Zukunft als offener Horizont, als echter Möglichkeitsraum, als Virtualität ist verloren gegangen; im Resilienzdispositiv *ist* Zukunft nur als Projektion schon dagewesener Katastrophe und Verheerung. Das läuft auf eine Verschließung der Zeit hinaus. Nicht nur weicht die seinerseits problematische lineare Zeit der Moderne, mit ihrer einseitigen instrumentell-verfügenden Fortschrittsorientierung, einer apokalyptischen Stasis, es weichen auch kreative Horizonte einer kritischen Historizität zunehmend einem endzeitlich verschlossenen Katastrophenbewusstsein.

So liegt es nahe, einen solchen Denk- und Vorstellungshorizont als lähmend, destruktiv und politisch gefährlich zu betrachten. Umso bedenklicher stimmen daher Tendenzen, die einen solchen katastrophischen Horizont auf breiter Basis im Vorstellungsraum der Gegenwart verankern.

Unverhohlener denn je ist die Politik in den hegemonialen Sphären der westlichen Welt seit den Anschlägen auf das World Trade Center 2001 und der Weltfinanz- und Wirtschaftskrise ab 2008 in den Horizont einer Logik der Katastrophe und einer Politik des Überlebens um jeden Preis gerückt. Auf Dauer gestellter Kriegszustand angesichts multipler Bedrohungen, permanente Gefährdungslagen, fortwährende Knappheit von Ressourcen, vom Zusammenbruch bedrohte Wirtschafts- und Finanzsysteme – all das vor dem Hintergrund eines globalen Ökosystems, das sich unaufhaltsam auf den kaum noch abzuwendenden Klimakollaps zubewegt: Wie dürfte es da ernstlich noch etwas anderes als die Vorbereitung auf das Äußerste geben? Ist nicht das Fit- und Hartmachen für einen unerbittlichen *struggle for survival* das Gebot der Stunde?

Bei allen Details, die hier nach Problematisierung verlangen, verblüfft doch zuvorderst immer wieder der Umstand, dass solche Lagebeschreibungen auf breiter Basis als unverrückbar und alternativlos präsentiert werden. Selbst progressive Kräfte stimmen in den verbreiteten Krisen- und Präventionsdiskurs ein,

---

19   *Evans/Reid*: Resilient Life, xii.
20   Ebd.

als seien nicht nur die relevanten Tatsachen schon weitgehend bekannt und allgemein etabliert, sondern auch ihre politische Ausdeutung und damit die Konsequenzen, die es zu ziehen gilt. Woher rührt dieses unterschwellige Bewusstsein, dass die grundlegenden Eckpunkte der Weltlage und der damit angezeigten Orientierungen feststehen, und dass es sich dabei um die Vision kommender Katastrophen und somit um die Parameter eines sich stets verschärfenden Kampfes ums Überleben handelt?

Aus philosophischer Sicht stellt sich hier die Frage nach dem Werthorizont, der in diesen Lagebeschreibungen und den damit verbundenen Politiken zum Ausdruck kommt. Führt noch ein Weg heraus aus der Sackgasse von Regierungsformen, die durch umfängliche Prekarisierung des – zugleich für sakrosankt erklärten und als höchster Wert gefeierten – Lebens Unsicherheit und Angst zur zentralen Triebkraft von Individuen und Gemeinwesen machen? Gibt es Wege aus dem ewigen Kreislauf des Umschlagens von Politiken des Lebens in Politiken des Todes? Zeigt sich hier am Ende ein *tiefer Nihilismus*, der den Vorstellungshorizont der globalen Gegenwart in einen trostlosen Bann schlägt?[21] Hier öffnet sich eine für die Gegenwart und Zukunft entwickelter Gesellschaften eminent bedeutsame Frageperspektive: Kann es wirklich das Leben, geschweige denn das *nackte* Leben sein, das menschliches Denken und Handeln ultimativ orientiert? Im Nihilismus-Vorwurf kommt in verdichteter Form die Überzeugung zum Ausdruck, dass die bloße Erhaltung, Verlängerung und womöglich Aussicht auf bescheidene Steigerung einer phantasielos definierten „Qualität" des Lebens keiner substanziellen Sinngebung gleichkommt. Wenn es nur das ist, ist dann nicht am Ende jeglicher Wert aus der menschlichen Existenz gewichen?[22] Oder sind diese Resilienzkritiken, die sich noch sehr weitgehend in den Orientierungen der einstmals progressiven westlichen Moderne einrichten, heute im Lichte eines veränderten globalen Spielfelds ihrerseits kritisch zu reflektieren?

---

21 Für Evans und Reid liegen die Dinge an dieser Stelle klar zutage; entsprechend vernichtend fällt ihr finales Verdikt über Resilienz aus: „Our journey across the resilience terrain forced us to appreciate the hidden depth of its nihilism, the pernicious forms of subjugation it burdens people with, its deceitful emancipatory claims that force people to embrace their servitude as though it were their liberation, and the lack of imagination the resiliently minded possess in terms of transforming the world for the better. We too have become exhausted by its ubiquitous weight and the chains it places around all our necks" (*Evans/Reid*: Exhausted by resilience: Response to the commentaries, 154).

22 Vgl. wiederum *Evans/Reid*: Resilient Life, 116–119. Der Nihilismus-Vorwurf verdient eine ausführlichere Analyse, die hier aus Platzgründen unterbleiben muss.

2. Ausblick: Haltung statt Resilienz im Krisenterrain der Gegenwart

Die Potenziale eines umfassend ausgestalteten philosophischen Haltungsbegriffs jenseits seiner zur Floskel verkommenen Beschwörung in konservativen Kreisen sind noch längst nicht ausgeschöpft.[23] Dass Haltung auch heute noch als kraftvolles und bedeutsames Konzept wirken kann, mag mit ihrem quasi-metabolischen Vollzugsmodus zu tun haben: Haltung umfasst die Fähigkeit, Fremdes, ja selbst zutiefst Aversives ins Eigene zu konvertieren und in der Folge, wenn auch nicht in identischer, so doch in hinreichend selbstähnlicher Form, weiter zu existieren – mitsamt einer entsprechend im Sinne der jeweiligen Haltung dynamisch konfigurierten Umgebung. Haltung ist insofern eine Form substanziellen Weltbezugs, eng dem emphatisch verstandenen Handeln als „Verstehen" der späten phänomenologischen Traditon verwandt.[24]

Aus heutiger Sicht lässt sich sagen, dass ein nicht unbedeutender Aspekt dieses Musters auf das neoliberale Resilienz-Dispositiv der *global governance* übergegangen ist. *Die Krise als Chance* – dieser Slogan ist die Oberfläche, unter der sich die grundlegende Funktionslogik der Resilienz verbirgt. Eine solche wendige, metabolische Adaptivität eignet, gut systemtheoretisch, auch dem Resilienzdenken selbst. Daher steht die Kritik der Resilienz vor einer besonderen Herausforderung. Welcher Weg führt noch heraus aus dem biologischen und biopolitischen Denkraum, der sich in der Gestalt von Komplexitäts- und Systemtheorien, neo-organismischen und neo-vitalistischen Ansätzen und biosphärischen Ökologien zum alternativlosen Horizont über der intellektuellen Gegenwart zusammenzieht? Wie kann angesichts dessen verhindert werden, dass die Kritik der Resilienz vom herrschenden biologistischen und sozio-technologischen Deutungsmodell absorbiert und vereinnahmt wird, so dass das Resilienzdispositiv am Ende stärker, aktueller, besser angepasst, kurz: noch resilienter dasteht?

Eine mögliche Orientierung zur Resilienz bestünde angesichts dieser Problemlage in der resoluten Abwendung und Abkehr von ihr und von allem, was

---

23 Das führen viele der Beiträge in *Frauke A. Kurbacher/Philipp Wüschner*: Was ist Haltung? Begriffsbestimmung, Positionen, Anschlüsse, Würzburg 2016 eindrucksvoll vor Augen.

24 Ich denke hier an Heideggers in *Sein und Zeit* entwickeltes handlungsorientiertes Konzept des Verstehens, das als wesentliche Modalität des In-der-Welt-Seins auch Affektivität („Befindlichkeit") und diskursive Artikulation („Rede") mit umfasst (*Martin Heidegger*: Sein und Zeit, Tübingen 1967, § 31). Die politische Bedeutsamkeit eines solch substanziellen Konzeptes menschlicher Handlungsfähigkeit mit aristotelischem Echo hat vor allem Hannah Arendt ausgearbeitet, mit wachem Bewusstsein für die Möglichkeit von Schrumpfformen, die dem Totalitarismus zuspielen (vgl. *Hannah Arendt*: Vita activa oder vom tätigen Leben, München 1967).

damit verbunden ist, dem gesamten damit aufgerufenen Denkraum und Vorstellungshorizont. Während die hiesige Analyse sich noch weitgehend innerhalb der Parameter eines erweiterten Resilienz-Diskurses bewegt hat, setzt diese Spielart der Resilienz-Kritik auf die rigorose Abwehr dieses Deutungsdiktats. Es sei höchste Zeit für ganz andere Formen des Denkens, Fühlens und Seins. So sehen es Evans und Reid, die mit diesen (oben bereits zitierten) Worten aus dem Resilienzdiskurs verabschieden:

> [W]e are exhausted by resilience. Its nihilism is devastating. Its political language enslaving. Its modes of subjectivity lamenting. And its political imagination notably absent. This is why we have decided [...] to never write, publicly lecture or debate the problematic again.[25]

Damit machen es sich die Autoren freilich allzu leicht. Denn es ist ja nicht so, dass die Problemlagen und Vorstellungshorizonte, die dem Resilienzdispositiv seine Virulenz verleihen, verschwinden würden, wenn man nur aufhört, das Konzept „Resilienz" ernst zu nehmen. Die Radikalabkehr von der Resilienz, die Evans und Reid hier mit Verve vollziehen, mag subjektiv nachvollziehbar sein. Sicher kann es intellektuell zermürben, sich durch Berge von Resilienzliteratur mit ihren *ad nauseam* wiederholten Standard-Topoi zu fressen. Verständlich ist die Abwendung vom Thema auch mit Blick auf eine bekannte Problematik, die mit öffentlich vorgetragener Kritik verbunden ist: nicht selten wird das Kritisierte durch die Kritik weiter exponiert und tiefer im Diskurs verankert. Resilienz bleibt auch in der härtesten Kritik Thema, Angriffsfläche, Kristallisationspunkt und der entsprechende Diskurs schreibt sich somit fort.

Letztlich aber kann ein schlichtes Ignorieren des Themas nicht die Lösung sein, denn so wird das Feld einmal mehr kampflos den Aposteln der herrschenden Lehre überlassen. Begriffe wie Resilienz sind auch deshalb so wirkungsvoll, weil sie eine konstitutive Zweischneidigkeit aufweisen. Es ist in einem bestimmten Sinn natürlich durchaus positiv und insofern erstrebenswert, über Widerstandsfähigkeit und ausgeprägte *coping*-Vermögen zu verfügen. *Keine Resilienz ist auch keine Lösung*, wie es der Ökosoph und Resilienzkritiker Kilian Jörg formuliert hat.[26] Und im Angesicht faktischer Krisen und Katastrophen ist es allemal besser, resilient zu sein als es nicht zu sein. Es mag vor dem Hintergrund grundlegender begrifflich-philosophischer Analysen zwar aktionistisch und präsentistisch wirken, auf jüngste Krisenerfahrung hinzuweisen, aber die Evidenzen sind andererseits auch nicht leicht von der Hand zu weisen: breite Bevölkerungsschichten bekamen während der Monate und Jahre der Covid-19-Pandemie zu spüren, was es heißt, über resiliente Gesundheits- und Sozialsysteme zu verfügen oder gerade nicht. Der in vielen Variationen erprobte Politik- und Steuerungsmodus der globalen Gesundheitskrise hat womöglich

---

25   *Evans/Reid*: Exhausted by resilience, 157.
26   Vgl. *Jörg*: Backlash.

dazu beigetragen, dass zumindest moderatere Spielarten des Resilienzdispositivs auch unter kritischen Intellektuellen Evidenzgewinne verbuchen können.[27]

Resilienz verdient fundierte, detaillierte Analyse und Kritik, gerade weil sie prima facie als sinnvoll und aussichtsreich erscheinen kann und weil selbst informierte, besonnene und umsichtige Rezipienten leicht in das Wirkfeld und in den Deutungshorizont des Begriffs hinein gezogen werden können – und damit dann eben auch nicht ganz falsch liegen. Das Problem ist, dass sich auf diesem Weg leicht auch das problematische Gepäck des Begriffsfeldes ‚Resilienz' verbreitet und festsetzt; zuvorderst das systematisch halbierte Handlungsverständnis und die entpolitisierende Orientierung. Die berechtigte Kritik, die diesbezüglich angebracht ist, sollte jeweils den Weg durch die detaillierte Rekonstruktion und Analyse gehen und sie sollte vor allem auch darauf achten, zeitspezifische Erfahrungen und Rahmenbedingungen und damit verbundene etwaige gesellschaftliche Lernprozesse nicht auszublenden. Aufklärung, genealogische Herleitung, Kartographierung des diskursiven Terrains tun not, jeweils in Resonanz zu zeitgeschichtlichen Tendenzen, ehe sich Wege in alternative Denk- und Imaginationsräume nachhaltig öffnen können.

Eine Möglichkeit, einen solchen alternativen Weg zu beschreiben, führt über den wohlverstandenen Begriff der Haltung. Ein Denken der Haltung, das an die aristotelischen Einsichten wieder heranreicht, besitzt das Potenzial, den diskursiven und imaginären Raum zurückzuerobern, den der Resilienzdiskurs bisher so oft fatal vereinseitigt hat. Im Begriff der Haltung sind die anschlussfähigen Momente des Resilienzkonzepts aufgehoben, ohne dass das Resilienzdispositiv selbst in all seinen Schattierungen übernommen werden müsste. Haltung umfasst die gelassene Widerständigkeit, das Standhalten bei Gefahr und in unwirtlichen Terrains, die Gewitztheit im Finden situativer Lösungen und Taktiken, und nicht zuletzt ist Haltung anschlussfähig an die solidarisch-pragmatische Sozialität der Alltagsbewältigung in Krisenzeiten, wie sie sich bisweilen unter Pandemiebedingungen, Hobbes'sche Szenarien eines rücksichtslosen „Alle gegen Alle" widerlegend, gezeigt hat. Bei der Haltung sind all diese Bewältigungskompetenzen nur ein Teilmoment, die Rückseite einer gestalterischen Wirkkraft, die das Ethische, Politische und Ästhetische verbindet und zur Weltbildung und Ethos-Transformation beiträgt. Haltung ist nicht denkbar ohne die aktiv-gestalterische Zugehörigkeit zu einem *ethos* und einem lebendigen politischen Gemeinwesen. Dabei bedeutet Haltung gerade, dass sich diese Zugehörigkeit oft im Modus der Abhebung von oder der Variation, der Kritik oder gar der Abwehr des Etablierten manifestiert, so dass ausgestaltete Individualität keineswegs einer sterotypen Krisensozialität geopfert wird. Haltung ist intrinsisch politisch, insofern sich die gemeinsame Sache des *demos* nur in und qua der ausgeprägten Haltung seiner Mitglieder manifestiert, entfaltet und entwickelt. Das ist nur möglich, wenn mit „Haltung" immer auch eine

---

27 Vgl. *Staab*: Anpassung.

eminent aktive Fähigkeit gemeint ist, in der die Kraft liegt, das jeweils Bestehende zu sprengen und zur öffentlichen Neuaushandlung zu bringen.

Eine solche Perspektive bleibt anschlussfähig, auch wenn sich die zeitdiagnostischen und globalgeschichtlichen Parameter gegenüber jener Epoche, in denen die hier präsentierten Resilienzkritiken vorwiegend entstanden sind (ca. in den Jahren 2000-2014), spürbar verändert haben. Wer möchte bestreiten, dass wir heute, im Lichte der jüngsten Krisenerfahrungen und vor dem Hintergrund einer sich ohne realistische Aussicht auf baldige Mitigation verschärfenden ökologischen Krise, anders über gesellschaftliche Stabilisierungsoptionen nachdenken als selbst noch vor einem Jahrzehnt? Wenn man zudem bedenkt, dass viele, wenn nicht gar alle, der wesentlichen Krisentendenzen letztlich ursächlich auf die Extraktions- und Wachstumslogik sowie die damit verbundenen Dominanzformen des globalen Kapitalismus zurückführbar sind, kurz, auf die imperiale Produktions- und Lebensweise,[28] dann können Modelle attraktiv werden, die mit dem Fortschritts- und Entwicklungsversprechen der westlichen Moderne brechen und dazu substanzielle und lebbare Alternativen entwerfen. Auch wenn der eingangs angesprochene soziologische Entwurf zur „Anpassung" als Leitmotiv der „nächsten Gesellschaft" von Philipp Staab nicht ohne weiteres als kapitalismuskritisch bezeichnet werden kann, so geht es doch in der Tendenz um ein Abrüstungs- und Entschleunigungsprogramm für eine überdrehte und sich selbst zunehmend aufzehrende Spätmoderne; ein Programm, das ein hörbares Echo in einer Reihe von lebensweltlichen Orientierungen und Mentalitäten der Gegenwart findet.

Um abschließend in ein versöhnliches Register zu wechseln: es zeichnet sich hier, neben anderen, eine moderate, freundliche, gleichsam subpolitische Resilienzorientierung *from below* ab, die sich von neoliberalen Regierungsprogrammen und Austeritätsvisionen wohltuend unterscheidet. Freilich sollte man dann auch gleich den nächsten Schritt gehen und das sich hier abzeichnende neue Dispositiv nicht sogleich als staatliche technokratische Programmatik formulieren, wie es Staab tendenziell tut,[29] sondern deutlicher auf die Energien und Impulse solidarischer Beziehungsformen außerhalb staatlicher Zugriffe vertrauen. Die Träger einer gestalterischen, kreativen, solidarischen Resilienz für die ökologisch versehrte Wirklichkeit von morgen sind viel eher in der globalen Klimabewegung, in indigenen Kollektiven und in anderen subkulturellen Sphären zu finden als dort, wo im üblichen Einklang mit den herrschenden Verhältnissen staatliche Krisenprogramme und dazu passende Sozialtechnologien ausgetüftelt werden.[30] Hier liegen womöglich lohnenswerte Aufgaben

---

28 Vgl. *Ulrich Brand/Markus Wissen*: Imperiale Lebensweise. Zur Ausbeutung von Mensch und Natur im globalen Kapitalismus, München 2017.
29 Vgl. *Staab*: Anpassung, 178ff.
30 Vgl. *Eva von Redecker*: Revolution für das Leben. Philosophie der neuen Protestformen, Frankfurt a. M. 2020.

einer kommenden Resilienzforschung, die sich, wie ausgeführt, nach Möglichkeit eng an ein reiches Konzept der Haltung anlehnen sollte.

Haltung reclaimed: Aus Resilienz – einem dürren *ethos*-Surrogat für durch Austerität und kapitalistischen Raubbau verödete Terrains – werde wieder Haltung, eine weltbildende Kraft, die Individuelles und Politisches spielerisch verknüpft.

Literaturverzeichnis

Arendt, Hannah: *Vita actica* oder vom tätigen Leben. München 1967.
Bauman, Zygmunt: Collateral Damage. Social Inequalities in a Global Age. Cambridge 2011.
Brand, Ulrich/Wissen, Markus: Imperiale Lebensweise. Zur Ausbeutung von Mensch und Natur im globalen Kapitalismus, München 2017.
Bröckling, Ulrich: Gute Hirten führen sanft. Über Menschenregierungskünste, Berlin 2017.
Bröckling, Ulrich: Das unternehmerische Selbst. Soziologie einer Subjektivierungsform, Frankfurt a. M. 2007.
Bröckling, Ulrich/Krasmann, Susanne/Lemke, Thomas (Hgg.): Gouvernementalität der Gegenwart. Studien zur Ökonomisierung des Sozialen, Frankfurt 2000.
Evans, Brad/Reid, Julian: Resilient Life. The Art of Living Dangerously, Cambridge 2014.
Evans, Brad/Reid, Julian (2015). Exhausted by resilience: Response to the commentaries. *Resilience: International Policies, Practices and Discourses* 3(2), 154–159.
Giroux, Henry A.: Zombie politics and culture in the age of casino capitalism, New York 2011.
Giroux, Henry A.: Neoliberalism's war on higher education, Chicago 2014.
Graefe, Stefanie: Resilienz im Krisenkapitalismus. Wider das Lob der Anpassung, Bielefeld 2019.
Heidegger, Martin: Sein und Zeit, Tübingen 1967.
Illouz, Eva: Resilienz – gesellschaftliche Auswirkungen einer psychologischen Theorie, in: Verhaltenstheorapie & psychosoziale Praxis 51/3 (2019), 467–474.
Jörg, Kilian: (2020). Backlash. Essays zur Resilienz der Moderne, Hamburg 2020.
Kurbacher, Frauke A./Wüschner, Philipp (Hgg.): Was ist Haltung? Begriffsbestimmung, Positionen, Anschlüsse, Würzburg 2016.
Lemke, Thomas: Neoliberalismus, Staat und Selbsttechnologien. Ein kritischer Überblick über die *governmentality studies*, in: Politische Vierteljahresschrift 41/1 (2000), 31–47.
Lessenich, Stephan: Mobilität und Kontrolle. Zur Dialektik der Aktivgesellschaft, in: Klaus Dörre/Stephan Lessenich/Hartmut Rosa (Hgg.): Soziologie – Kapitalismus – Kritik. Eine Debatte, Frankfurt 2009, 126–177.
Maasen, Sabine/Sutter, Barbara (Hgg.): On willing selves: Neoliberal politics vis-a-vis the neuroscientific challenge, Basinktoke 2007.
Merk, Usche (2015): Vom Trauma zur Resilienz, in: https://www.medico.de/vom-trauma-zur-resilienz-15983/ , 2015 (zuletzt abgerufen am 14.12.2022).
Mirowski, Philip: Postface. Defining Neoliberalism, in: Philip Mirowski/Dieter Plehwe (Hgg.): The Road to Mont Pèlerin. The Making of the Neoliberal Thought Collective, Cambridge 2009, 417–455.
Mirowski, Philip: Never let a Serious Crisis Go to Waste. How Neoliberalism Survived the Financial Meltdown, London/New York 2013.
Neocleous, Mark: „Don't be scared, be prepared". Trauma-Anxiety-Resilience, in: Alternatives: Global, Local, Political 37/3 (2012), 188–198.

Schmidt, Jessica: The empirical falsity of the human subject. New materialism, climate change and the shared critique of artifice, in: Resilience: International Policies, Practices and Discourses 1/3 (2013), 174–192.

Slaby, Jan: Kritik der Resilienz, in: Frauke A./Kurbacher/Philipp Wüschner (Hgg.): Was ist Haltung? Begriffsbestimmung, Positionen, Anschlüsse, Würzburg 2016, 273–298.

Staab, Philipp: Anpassung. Leitmotiv der nächsten Gesellschaft, Berlin 2022.

von Freyberg, Thomas: Resilienz in der Pädagogik, in: https://www.medico.de/resilienz-in-der-paedagogik-16102/ (zuletzt abgerufen am 14.12.2022), 2015.

von Redecker, Eva: Revolution für das Leben. Philosophie der neuen Protestformen, Frankfurt a. M. 2020.

Wakefield, Stephanie: Urban resilience as critique. Problematizing infrastructure in Post-Sandy New York City, in: Political Geography 79 (2020).

Walker, Jeremy/Cooper, Melinda: Genealogies of resilience. From systems ecology to the political economy of crisis adaptation, in: Security Dialogue 42/2 (2011), 143–160.

Wüschner, Philipp: Hexis und Euexia. Ein Konzept der Haltung im Anschluss an Aristoteles, Hamburg 2016.

Klage – Trost – Resilienz[†]

Luise Reddemann

Die Entdeckung der Resilienz für die Psychotherapie und im Rahmen von Forschungen zur Psychotherapie ist relativ neu. In meinen frühen sozialpsychiatrischen Jahren, das war in den 70ern, war es allerdings üblich, die Stärken und Alltagskompetenzen der PatientInnen zu fördern. Von Resilienz wurde damals nicht gesprochen.

Als ich im Jahr 2005 bei den Lindauer Psychotherapiewochen eine Vorlesung mit dem Titel „Vom Herzeleid zur Herzensfreude" hielt, in der ich auf den Resilienz-Begriff Bezug nahm,[1] und fragte, für wie viele der etwa 600 ZuhörerInnen dieser Begriff bekannt sei, meldeten sich nicht einmal 50 Menschen. In der Vorlesung ging es u. a. um das Leben und Werk von Johann Sebastian Bach und wie er immer wieder vom Leid zur Freude fand.

In den sechzehn Jahren seit meiner Lindau Vorlesung hat sich Vieles in der Psychotherapie stark verändert, so finden schwer leidende Menschen eher weniger Resonanz, sind bei manchen BehandlerInnen unerwünscht. In der psychologischen Ratgeberliteratur ist Resilienz ein Modebegriff geworden, auf der Basis sehr einseitiger Sichtweisen neoliberal orientierter Optimierungsanforderungen. Dies hinterfragen Eva Illouz und Edgar Cabanas in ihrem Buch „Das Glücksdiktat" aus soziologischer und psychologischer Sicht und untersuchen Glück und Resilienz kritisch auf ihre Bezüge zur inzwischen überwiegend neoliberal geprägten positiven Psychologie.[2]

Gerade jetzt, wo immer deutlicher wird, dass der Tod in Zeiten von Corona viel mehr Menschen holt, die sozial benachteiligt sind, folge ich Zygmunt Bauman, mit seinem Buch „Verworfenes Leben".[3] Hier heißt es, dass ein zentrales Ergebnis von Modernisierungsprozessen in der Exklusion von Menschen bestehe. Deprivation sei das besondere Kennzeichen der Moderne. Tatsächlich, so Bauman, habe die kulturelle Logik der globalen Modernisierung etwas von der

---

[†] Überarbeitete und vielfach ergänzte Version eines Vortrags bei den Lübecker Psychotherapiewochen 2019 mit dem Titel „resilienz" und daraus folgend einer Publikation in der Zeitschrift systeme 34/1 (2020), 19–39.
Mit großem Dank an Dipl. Psych. Wolfgang Loth für Rat und großzügige Unterstützung.
[1] Zum Thema „Überlebenskunst – Wie kreative Menschen Extrembelastungen überwinden".
[2] Vgl. *Edgar Cabanas /Eva Illouz*: Das Glücksdiktat. Und wie es unser Leben beherrscht, Frankfurt a.M. 2019.
[3] Vgl. *Zygmunt Bauman*: Verworfenes Leben. Die Ausgegrenzten der Moderne, Hamburg 2005.

Anmaßung zu bestimmen, wer gebraucht werde. Das lässt sich derzeit in geradezu erschütternder Weise beobachten. Denn seit geraumer Zeit ist feststellbar, dass die soziale Ungleichheit in Deutschland immer mehr zunimmt.[4]

Eva Illouz und Edgar Cabanas können in ihrem Buch von 2019 „Das Glücksdiktat" feststellen, dass mittlerweile diejenigen, die wirklich leiden, von VertreterInnen der positiven Psychologie gründlich missverstanden werden und ihnen mit tiefer Gleichgültigkeit begegnet wird. Illouz und Cabanas gehen noch weiter und behaupten, dass wir genau dafür auch noch blind sind, zumindest dann, wenn wir über Resilienz sprechen, so wie es die positive Psychologie tue.[5]

2005 erschien mir der Begriff Resilienz nur verheißungsvoll, während es mir inzwischen notwendig erscheint, die heute im Begriff Resilienz enthaltene Beschreibung von Wachstumsmöglichkeiten *sowie* die damit leider auch verbundene potentielle Einladung zu menschenverachtendem Umgang wahrzunehmen.

Allerdings, das möchte ich betonen, scheint es mir für meine psychotherapeutische Arbeit noch immer sinnvoll zu fragen, wie Menschen es schaffen, trotz z. T. erheblicher Belastungen wieder gesund zu werden oder manchmal sogar gesund zu bleiben. Damit interessiere ich mich nicht nur für die Leidens- sondern auch für die Bewältigungsgeschichte und für die gesunden Anteile meiner PatientInnen. Es geht mir aus heutiger Sicht vor allem darum, meinen PatientInnen zu folgen und sie an die inneren Orte zu begleiten, wo sie sich jeweils aufhalten wollen, sei es im Bereich der Klage, sei es im Bereich des Trostes, von wo aus viele dann auch in den Bereich der Resilienz gelangen können.

Ich bin auf einigen Umwegen nach über 50-jähriger Arbeit als Psychiaterin und Psychotherapeutin dazu gekommen, die Notwendigkeit des Klagens für zentral zu halten. Mein Eindruck ist, dass dies in der aktuellen Psychotherapie viel zu kurz kommt, aber eine unbedingte Voraussetzung ist, sich getröstet fühlen zu können, um danach ggfs. auch Resilienz zu entwickeln. So möchte ich einige Gedanken zu Bachs wunderbarer Kantate „Weinen, Klagen, Sorgen, Zagen", die ja auch in die h-moll Messe Eingang gefunden hat,[6] mit Ihnen teilen, weil hier etwas mir Wichtiges deutlich zu werden scheint. Ich möchte den Aufbau der Kantate nachzeichnen, um deutlich zu machen, dass hier das Klagen erheblich mehr Zeit erhält als der Trost. Und dies interessiert mich sehr unter psychologischen Gesichtspunkten:

---

4 Laut einer Studie des ipsos Institut vom August 2020 waren die Deutschen mehr wegen sozialer Ungleichheit als wegen des Corona Virus besorgt, nämlich 40 zu 36 Prozent. https://www.ipsos.com/de-de/grosste-sorgen-deutschland-soziale-ungleichheit-corona-kriminalitat-und-gewalt, letzter Zugriff 17.4.2021.
5 Vgl. *Cabanas/Illouz*: Das Glücksdiktat.
6 Im Crucifixus.

Wenn man sich Text und Gestaltung der Kantate ansieht und anhört, so beginnt sie mit einer etwa dreiminütigen sehr schmerzlichen Sinfonia. Anschließend folgt etwa acht Minuten der Klagegesang von „Weinen, Klagen, Sorgen Zagen" (BWV 12) wieder und wieder, mit der abschließenden Aussage „Wir müssen durch viel Trübsal", viermal wiederholt, und dann: „in das Reich Gottes eingehen", einmal. Ist letzteres so viel selbstverständlicher oder wusste Bach schon als junger Mann um so viel Leidvolles, dass es ihm am Herzen lag, dies hervorzuheben? Bei Minute 12 kommt dann die Verheißung, dass „Kreuz und Krone" verbunden sind, und „Kampf und Kleinod" vereint. Jedoch immer noch begleitet von einer klagenden Oboe, die auch den Satz **dass Christi Wunden Trost sind**, untermalt. Insgesamt dauert dieser Teil der Kantate, der noch voller Schmerz ist, ca. 6 Minuten. Dann – endlich, also nach insgesamt etwa 18 Minuten – kommt eine Arie „Ich folge Christo nach", die Hoffnung ausstrahlt für ca. 2 ½ Minuten. Die folgende Arie, die zur Treue zu Jesus einlädt, wird vom Orchester untermalt mit der Musik von „Jesus, meine Freude". Damalige ZuhörerInnen kannten sicher auch den Text: Ein liebendes Bekenntnis zu Jesus, der als des Herzens Weide und Zier beschrieben wird. Ein Liebeslied! Aber nur 1 1/2 Minuten lang. Die Kantate endet mit der ersten Strophe aus dem Kirchenchoral – in Dur – „Was Gott tut das ist wohlgetan", knapp eine Minute.[7] Also 18 Minuten Klagen und etwa fünf Minuten Hoffnung und Freude.

Aus meiner jahrzehntelangen klinischen Erfahrung weiß ich, dass Klagen viel Zeit brauchen kann, und erst wenn die Zeit für Trost da ist, was genau genommen immer nur die leidenden Menschen selbst wissen und entscheiden können, kann Trost gehört und angenommen werden. Und dann kann er, oft gar nicht so selten, auch kürzer sein als die Klage. Ich nehme daher an, dass Klagen können und dürfen schon etwas Tröstliches, ja Resilienzförderliches haben kann; allerdings nicht muss und auch nicht immer diese Qualität hat. Es gibt ja auch noch das Wort vom falschen Trost, dessen Erfahrung Betroffene oft noch verzweifelter oder wütender macht.

Zunächst noch einmal zurück zur Kantate: Schmerzliches wird anerkannt, viel mehr als wir das heute oft erleben, wo sehr schnell – und häufig zu schnell – nach den Ressourcen und der Resilienz geschaut und damit Schmerz oft zugedeckt wird. So als wäre es ein Fehler zu leiden, eine Schwäche, derer man sich schämen müsse. Da waren unsere Vorfahren anders in der Welt. Ich möchte sogar vermuten, sie waren realistischer. Denn es gibt ja Schmerz und Leid. Und das immer wieder aufs Neue. Und auf Dauer geht es uns möglicherweise gerade dann nicht gut, wenn wir das verleugnen.

Dessen können wir jetzt durch Corona gewahr werden, das von Vielen wie eine moderne Geißel der Menschheit erlebt wird. Wir werden hart damit konfrontiert, dass wir eben nicht alles unter Kontrolle haben, auch wenn wir das

---

[7] Text der Kantate unter: http://www.emmanuelmusic.org/notes_translations/translations_cantata/t_bwv012.htm. Letzter Zugriff 17.4.2021.

gerne anders hätten, und es uns auch noch auf vielfältige Weise versprochen wird. Jetzt wissen wir erneut, dass es so nicht ist. Wir werden ermutigt, ja zu sagen zum Leidvollen und nicht wegzusehen. Es erschüttert mich, wie wenig die Politik, die Einfluss nehmen könnte, auf psychosoziale Folgen eingeht, obwohl es immer deutlicher wird, dass die Pandemie erhebliche seelisch belastende Folgen mit sich bringt, nicht zuletzt durch die von der Politik getroffenen Maßnahmen.

Es heißt, dass resiliente Menschen über die Fähigkeit verfügen, nicht gänzlich aufzugeben.[8] Oder je mehr Widerstandskraft gegenüber Lebensbelastungen aufgeboten werden könne, die uns umzuwerfen drohen, umso besser. Im Idealfall seien wir dann irgendwann wieder in der Lage zu stehen. Im Idealfall ja, ich begegne allerdings vielen Menschen, bei denen kein Idealfall vorliegt. Und die eine auf ihre Bedürfnisse gerichtete Begleitung benötigen.

Könnte es angesichts aktueller nicht nachvollziehbarer Ungerechtigkeiten manchmal sogar notwendig sein, der Forderung nach Resilienz Widerstand zu bieten? Dazu meint die Resilienzforscherin Pauline Boss bezugnehmend auf 9/11, dass wir nicht erwarten können, dass wir immer mit allem fertig werden.[9]

Andererseits können Befunde der Resilienzforschung im psychotherapeutischen Kontext hilfreich sein. Es sollte darum gehen, dass wir um Resilienz wissen und unsere PatientInnen neben dem Belastenden, das sie uns aufzeigen, auch nach ihren Fähigkeiten und Möglichkeiten fragen, bzw. dass wir bereit sind, diese zu würdigen, wenn sie uns berichtet oder auch nur angedeutet werden. Mein Lehrer, der Düsseldorfer Psychoanalytiker Peter Fürstenau spricht in diesem Zusammenhang vom „beidäugigen Sehen in Diagnostik und Therapie".[10] Diese Einladung sprach Fürstenau schon in den 70er Jahren an uns PsychotherapeutInnen aus. Damals stieß er auf Ablehnung und massiven Widerspruch. Vielleicht kann man daran erkennen, dass es immer wieder Moden gibt, wie mit Schmerz und Leid angemessen umgegangen werden kann oder sollte. Heute wird mit einer gewissen Ausschließlichkeit nach Ressourcen und eben auch Resilienz geschaut.

So frage ich, sind wir als Menschen nicht immer sowohl Leidende **wie** zum Glück Fähige? Und ist es nicht immer noch sinnvoll, sowohl nach sozialen Umständen wie nach den Möglichkeiten der Einzelnen zu schauen? Und zwar, das ist meine Hoffnung, ohne Scheuklappen, weder in die eine noch in die andere Richtung?

---

8 Vgl. Programmheft der Lübecker Psychotherapietage 2019.
9 Vgl. *Pauline Boss*: Verlust, Trauma und Resilienz. Die therapeutische Arbeit mit dem „uneindeutigen Verlust", Stuttgart 2008.
10 Vgl. *Peter Fürstenau*: Psychoanalytisch verstehen, Systemisch denken, Suggestiv intervenieren (Leben lernen 144), Stuttgart ²2002; *Peter Fürstenau*: Neue therapeutische Welt durch beidäugiges diagnostisch-therapeutisches Sehen. Tonkassette. Auditorium Netzwerk, Müllheim/Baden (LPW02-EFr) 2002.

Nach jahrzehntelanger Beschäftigung mit beiden Ansätzen, möchte ich sagen, christliche Barmherzigkeit und heute eher buddhistisches Mitgefühl lehren uns ja immer noch einen akzeptierenden, ja liebevollen Umgang mit Leiden und ich wünsche mir, dass wir das niemals aus dem Blick verlieren und dazu noch mehr geforscht wird.

Ein Befund der frühen Resilienzforschung war ermutigend, nämlich dass es Kinder gibt, die sich auch dann gesund entwickeln können, wenn sie nicht ständig feinfühlig begleitet, ja sogar traumatisiert werden. Diese Kinder können Halt und Geborgenheit bei *einer* Bezugsperson finden, die nicht immer anwesend ist. Mir kam der Gedanke, dass es diese Kinder schaffen, in der Zeit, in der die responsive Person fehlt, sich diese vorzustellen und genau damit können sie aus wenig viel machen. Es sei jedoch betont, dass diese Erkenntnisse keine Rechtfertigung für mangelnde Zuwendung oder gar schlechte Behandlung sein können und dürfen.

Man darf nach heutiger Forschungslage durchaus in Betracht ziehen, dass Menschen auch mit frühkindlichen und anderen Belastungen fertig werden können. Es ist mir bei meiner Arbeit wichtig, das genau zu erkunden; wobei Menschen, die zu uns in Psychotherapie kommen, uns in der Regel damit konfrontieren, dass sie eben doch von den traumatischen Szenen ihrer Vergangenheit eingeholt werden und unter erheblichen Schwierigkeiten leiden. Es dürfte einleuchten, dass diejenigen, die alles resilient schaffen, ohnehin nicht in Therapie kommen, die sie nicht benötigen.

Die Pionierinnen der Resilienzforschung Emmy Werner und Ruth Smith haben ihre ProbandInnen 40 Jahre lang begleitet, von 1955 bis 1995.[11] Vielleicht würde sich, wenn man 50, oder 60 oder gar 70 Jahre forschen würde, insbesondere jetzt in Corona-Zeiten herausstellen, dass die Kindheitstraumata viele, die lange Jahre gesund erschienen, doch wieder einholen. Das meint z. B. Vincent Felitti,[12] der davon spricht, dass sich Folgen von schlechter Behandlung in der Kindheit auch noch und sogar zum ersten Mal nach 50 Jahren zeigen können. Vor allem dann auch körperlich mit z. B. Herz-Kreislauferkrankungen und Diabetes. Aus heutiger Sicht darf man feststellen, dass die Werner und Smith Studie enorm verdienstvoll war, aber dennoch nicht umfassend genug. Es wäre wünschenswert, dass Forschung gemacht würde mit den alten Menschen, die den 2. Weltkrieg als Kinder überlebt haben, um zu schauen, wie resilient sie mit der

---

11 Vgl. *Emmy E. Werner/ Ruth S. Smith*: Overcoming the odds. High risk children from birth to adulthood, Ithaca 1992.
12 Vgl. *Vincent Felitti*, The Relation Between Adverse Childhood Experiences and Adult Health. Turning Gold into Lead, in: Zeitschrift für Psychosomatische Medizin und Psychotherapie 6/1 (2002), 44–47.

Corona Erfahrung umgehen oder eben nicht und welche möglichen Ursachen das haben könnte.[13]

Ich erlebe derzeit mit einigem Kummer, dass PatientInnen, mit denen wir vor Jahren erfolgreich gearbeitet haben, sich wieder melden, und dass es ihnen angesichts bedrückender Corona-Erfahrungen erneut schlecht geht. Dabei sind die Auslöser vor allem soziale Faktoren, die dem Corona Management geschuldet sind: Vereinsamung, drohender Arbeitsverlust oder schon eingetretener wie bei vielen Künstlerinnen und Künstlern. Wer da noch behauptet, das sei doch alles eine Frage individueller Resilienz, scheint nicht genau hinzusehen.

Jahrzehnte nach Beginn der psychologischen Resilienzforschung lässt sich sagen, dass Ergebnisse der frühen Resilienzforschung uns ermutigen können, mit PatientInnen ihr Leben nicht nur unter dem Gesichtspunkt von Belastungen, sondern auch unter dem Gesichtspunkt der Möglichkeit der zumindest zeitweiligen Überwindung von Belastendem zu erforschen. Vorausgesetzt, sie wollen sich darauf einlassen. Ich versuche dies, indem ich mit PatientInnen, die sich jetzt wieder melden, erneut nach ihren Verletzungen schaue und sie einlade, verletzte innere Anteile tröstend zu versorgen, und ich immer auch die aktuelle Tragik anerkenne. Und ich lade sie ein, sich bewusst zu werden, wie viel sie an Hilfreichem für sich gefunden und auch schon genutzt haben und dies, wenn möglich, erneut zu nutzen.

Es sollte in der Psychotherapie um eine beidäugige Orientierung, also an der Not **und** der Entwicklungsfähigkeit gehen.

Die frühen Befunde zu Resilienz schienen mir durchaus Bedeutung für unser therapeutisches Vorgehen zu haben, und ich vermute nun schon lange, dass Menschen ihr Leben eher meistern können, wenn wir in der Therapie auf Hinweise achten, die auf resilientes Verhalten hindeuten und zu resilientem Verhalten, so gut es geht, darüber hinaus ermutigen. Ich überlegte mir schon in der 90er Jahren, dass wir von Anfang an daran interessiert sein sollten zu erfahren, was und wer geholfen hat, und kam zu dem Schluss, dass sich in der Psychotherapie Problem- sowie Lösungs-, Resilienz- und Ressourcenorientierung in etwa die Waage halten sollten.

Dazu Peter Fürstenau in seinen Arbeiten wie „Entwicklungsförderung oder Defiziensorientierung?" sowie „Progressionsorientierte psychoanalytisch-systemische Therapie" in denen er auf die Notwendigkeit einer „beidäugigen" Orientierung hingewiesen hat.[14] Leider wurde er viel zu wenig innerhalb der psychoanalytischen community, für die das Tabubrüche waren, gehört.

---

13 Vgl. *Luise Reddemann*: Kriegskinder und Kriegsenkel in der Psychotherapie. Folgen der NS-Zeit und des Zweiten Weltkriegs erkennen und bearbeiten – Eine Annäherung, Stuttgart 2018.

14 Vgl. *Peter Fürstenau*: Entwicklungsförderung oder Defizienzorientierung. Plädoyer für zielgerichtetes psychoanalytisch-therapeutisches Handeln, in: Ulrich Streeck/Hans Volker Werthmann (Hgg.): Herausforderungen für die Psychoanalyse. Diskurse und Perspektiven (Leben lernen 72) München 1990, 53–66; *Peter Fürstenau*: Progressionsorientierte

Die amerikanischen Psychoanalytiker Weiss und Sampson konnten schon 1986 in einer Studie zeigen, dass PatientInnen den Willen und Wunsch haben, durch psychoanalytische Behandlungen ihre pathologischen Überzeugungen und Verhaltensweisen zu entkräften und darüber Kontrolle zu erlangen.[15] Hierbei finde ich es interessant, dass es Joseph Weiss schon immer darum ging, auf seine PatientInnen zu hören und ihnen zu folgen, statt an Theorien der Interventionstechnik festzuhalten.[16]

Hier sei betont, es ging stets um eine dialektische Sicht auf Anpassung des Individuums und seiner Widerständigkeit. Gesellschaftliche Unterdrückungszusammenhänge wurden benannt. Es galt PatientInnen zu helfen, Entscheidungs- und Spielräume dazu zu gewinnen, wie mit den angetanen Verletzungen und (Trieb-)Unterdrückungen künftig möglichst ohne Selbstbeschädigung zu leben sei. Das heißt Resilienz wurde eben nicht nur unter dem Aspekt von bestmöglicher Anpassung an unterdrückende gesellschaftliche Zustände gesehen, wie sich das heute bei den VertreterInnen der positiven Psychologie lesen lässt – vorausgesetzt, sie interessieren sich überhaupt dafür –, sondern auch als eine Kraft zu Auflehnung, zum Nein.

Deuten und interpretatives Verstehen laden PsychotherapeutInnen dazu ein anzuerkennen, dass wir es mit einem *grundsätzlich* uneindeutigen und unabgeschlossenen Verstehen zu tun zu haben, nicht mit einem ein für alle Mal Feststehendem und Erklärbarem. Es geht mir um die *Auslegung* von Erkenntnissen, derer nach Gadamer jede Form von Wissen bedarf.[17] Es ist wichtig zu verstehen, was Menschen geholfen hat und hilft, sich wohl(er) zu fühlen, aber immer neben dem Verstehen dessen, was sie beschädigt hat und möglicherweise erneut beschädigen könnte. Verstehen *und* das Auslegen von Erkenntnissen, z. B. der Traumaforschung, schaffen eine Form der Begegnung zwischen Menschen, die m. E. immer wieder aufs Neue zu mitfühlenden Stellungnahmen herausfordert.

Ganz gewiss wollen viele unserer PatientInnen als erwachsene Menschen ihr Leben meistern. Die sozialen Gegebenheiten gestatten dies jedoch leider längst nicht immer.

Ein Mehr an Wahrnehmung von Resilienz, Ressourcen und Progressionsorientierung und ein Mehr an Interesse dafür in Therapien kann sinnvoll und im

---

  psychoanalytisch-systemische Therapie. Zur Revision des Therapiekonzepts der Psychoanalyse, in: Forum der Psychoanalyse 8/1 (1992), 17–31.
15 Vgl. *Joseph Weiss/Harold Sampson*: The Psychoanalytic Process. Theory, Clinical Observation, and Empirical Research, New York 1986.
16 Vgl. *Josef Brockmann/Isa Sammet*: Die Control Mastery Theorie von Weiss, in: Alf Gerlach/Anne-Marie Schlösser/Anne Springer (Hgg.): Psychoanalyse mit und ohne Couch, Gießen 2003, 280–293.
17 Vgl. *Hans-Georg Gadamer*: Wahrheit und Methode. Grundzüge einer philosophischen Hermeneutik, Tübingen ⁴1975.

Interesse der PatientInnen sein. Wir können dabei aber auch den Bogen überspannen und Nöte übersehen.

Was ich bezweifle, ist eine Überbetonung und eine mehr oder weniger ausschließliche Resilienzorientierung, die uns auf manualisierte Weise klar machen will, was zu geschehen hat. Und die explizit Leidvolles auszusparen sucht. Die auch noch verspricht, wenn der Einzelne sich darum müht, all das zu tun, was als Resilienz fördernd angesehen wird, der Erfolg sicher sei. Die Falle liegt darin, dass so getan wird als sei allein das Individuum für seinen Erfolg bzw. Misserfolg verantwortlich. Was manche Menschen tief verzweifelt zurücklässt.

2005, anlässlich der Vorlesung bei den Lindauer Psychotherapietagen, schien es mir sehr sinnvoll, dazu einzuladen, dass wir uns neben der Beschäftigung mit Leidvollem auch mit Freude in der Therapie beschäftigen sollten, denn das war damals nicht verbreitet. Heute ist es mir wichtig zu betonen: Leiden gibt es, man macht es schlimmer, wenn man das nicht anerkennt; denn es gibt inzwischen einige Trends in der Psychotherapie, möglichst wenig auf Leiden einzugehen sondern vor allem mit so wenig Zeit wie möglich. Dazu gehört darüber hinaus, dass nicht wenige meinen, individuelle Resilienz könne man ohne Weiteres und ohne Bezugnahme auf gesellschaftlich bedingte Missstände fördern.

Zu dem, was das Individuum zu seiner Resilienz beitragen kann, fällt mir ein Zitat von Dietrich Bonhoeffer ein, das mich seit vielen Jahren begleitet und immer wieder erschüttert. Es stammt aus einem seiner letzten Briefe aus dem Gefängnis an seinen Freund Bethge, bald danach wurde er von den Nazis hingerichtet. Er schrieb:

> „Ich dachte, ich könnte glauben lernen, indem ich selbst so etwas wie ein heiliges Leben zu führen versuchte... Später erfuhr ich und ich erfahre es bis zur Stunde, dass man erst in der vollen Diesseitigkeit des Lebens glauben lernt. Wenn man völlig darauf verzichtet hat, aus sich selbst etwas zu machen – ...einen Gerechten oder einen Ungerechten, einen Kranken oder einen Gesunden – und dies nenne ich Diesseitigkeit, nämlich in der Fülle der Aufgaben, Fragen, Erfolge und Misserfolge, Erfahrungen und Ratlosigkeiten leben..." (Brief vom 30.04.1944).[18]

Wenn ich hier statt glauben lernen, leben lernen sage, um „in der Fülle der Aufgaben, Fragen, Erfolge und Misserfolge, Erfahrungen und Ratlosigkeiten" zu leben, erinnert mich das daran, dass es darum gehen sollte, darauf zu verzichten, aus uns selbst und unseren PatientInnen etwas von Vorneherein Bestimmtes machen zu wollen. Es geht darum, sich nicht einzuengen auf bestimmte Rollen oder Vorstellungen von sich selbst und von anderen, z. B. auf einen resilienten Menschen. Ein Mensch zu sein im Sinn von Bonhoeffer, ist ein komplexes Projekt, das nicht mit Einseitigkeiten zu beantworten ist.

---

18 *Dietrich Bonhoeffer*: Widerstand und Ergebung. Briefe und Aufzeichnungen aus der Haft, Gütersloh 2005.

Die schon von Jean-Paul Sartre so genannte „Überzähligkeitsangst" des modernen Menschen hat sich in den letzten Jahren noch gesteigert.[19] Für deutsche Verhältnisse sind die Studien des Sozialwissenschaftlers Wilhelm Heitmeyer von der Universität Bielefeld und seinen Kollegen bedeutsam.[20] Zehn Jahre lang haben diese ForscherInnen „deutsche Zustände" erkundet. Es ist hier die Rede von „wutgetränkter Apathie", von Entsolidarisierung, entkultivierter Bürgerlichkeit und sozialer Kälte, die sich in Deutschland immer mehr ausbreiten. Zur sozialen Kälte gehört heute mehr denn je, dass die nicht Resilienten mit Mitgefühl nicht rechnen können, sondern mit Verachtung.

Seit 2007 begleitet mich der Soziologe Richard Sennett, der damals beschrieb, dass „das reale Gespenst der Nutzlosigkeit den Blick auf ein folgenreiches kulturelles Drama" lenke.[21] Schon der Zustand des sich Sorgens um den Arbeitsplatz in einem bestehenden Arbeitsverhältnis besitze eine potentiell gesundheitsschädigende Wirkung heißt es auch in einer Studie von Zenger et al. 2010.[22] Auch Heitmeyer weist anhand seiner Studien nach, dass Arbeitslosigkeit zerstörerisch wirkt und bezieht sich wiederum auf Studien von Wilkinson & Pickett, wonach steigende soziale und gesundheitliche Probleme mit zunehmender sozialer Ungleichheit zusammenhängen.[23] Inzwischen sind diese Zusammenhänge noch erheblich deutlicher geworden und Corona verschärft sie.

Sennet berichtet von jungen Technologiefreaks, die erst als die Dotcom-Blase platzte, feststellen mussten, dass niemand mehr etwas von ihnen wissen wollte. „In dieser Vorhölle, isoliert und ohne Lebensgeschichte, entdeckten sie das wahre Scheitern", nachdem sie früher davon ausgegangen waren, dass Scheitern für sie keine persönlichen Folgen habe.[24] Und so mag es heute auch vielen gehen, die von Corona Bestimmungen hart betroffen sind.

Der Berliner Philosoph Byung-Chul Han betont in seinem Essay über die „Müdigkeitsgesellschaft" die der Leistungsgesellschaft innewohnende *systemische* Gewalt, die *psychische Infarkte* hervorrufe.[25] Der Exzess der Arbeit und Leistung verschärfe sich zu einer Selbstausbeutung: Diese sei effizienter als die

---

19 Vgl. *Jean-Paul Sartre*: Die Wörter, Reinbek 1968.
20 Vgl. Wilhelm Heitmeyer (Hg.): Deutsche Zustände. Folge 1–10, Frankfurt a. M. 2002–2011; *Wilhelm Heitmeyer*: Autoritäre Versuchungen. Signaturen der Bedrohung 1, Berlin 2018.
21 *Richard Sennett*: Respekt im Zeitalter der Ungleichheit, Berlin 2007, 102.
22 Vgl. *Markus Zenger/Elmar Brähler/Hendrik Berth/Yve Stöbel-Richter*: Der Einfluss von Arbeitslosigkeit auf die psychische Gesundheit. Ergebnisse einer Repräsentativerhebung, in: Zeitschrift für Psychotraumatologie, Psychotherapiewissenschaft, Psychologische Medizin 8/2 (2010), 59–68.
23 Vgl. *Kate E./Richard G. Wilkinson*: Income inequality and health: A causal review, in: Social Science & Medicine 128 (2015), 316–326. Online abrufbar unter: http://www.hauora.co.nz /~hpforum/assets/files/Global/Pickett%20and%20Wilkinson%20cau sal%20link%20between%20inequality%20and%20health.pdf, letzter Zugriff: 15.10.2019.
24 *Sennett*: Respekt im Zeitalter der Ungleichheit, 26f.
25 *Byung Chul Han*: Müdigkeitsgesellschaft, Berlin 2010.

Fremdausbeutung, denn sie gehe mit dem Gefühl der Freiheit einher. Die psychischen Erkrankungen der Leistungsgesellschaft beschreibt er als die pathologischen Manifestationen dieser paradoxen Freiheit. Damit scheint er Sennetts Pessimismus zu bestätigen.

Selbstverständlich wäre hier in einer Psychotherapie der Aspekt der Selbstausbeutung zu beleuchten, aber es müsste auch verstanden werden, dass die Selbstausbeutung eine möglicherweise verzweifelte Anpassung an neoliberale Zustände sein könnte, um dann ggfs. noch tiefer zu schauen, inwiefern der Neoliberalismus tief verwurzelte aber nicht immer sichtbare Identifikationen im Individuum aktiviert und welche Möglichkeiten das Individuum hat, sich zu emanzipieren. Es verknüpfen sich also das Persönliche und das Politische. Gesellschaftliches und Politisches in einer Psychotherapie gänzlich auszuklammern, was heute weitgehend der Fall ist, erscheint mir hoch problematisch und drängt nach Veränderungen.

Han betont: „Die kulturellen Leistungen der Menschheit, zu denen auch die Philosophie gehört, verdanken wir einer tiefen kontemplativen Aufmerksamkeit", und Han fährt fort: „Diese Kultur setzt eine Umwelt voraus, in der eine tiefe Aufmerksamkeit möglich ist. Diese tiefe Aufmerksamkeit wird zunehmend von einer ganz anderen Form der Aufmerksamkeit, der Hyperaufmerksamkeit, verdrängt".[26] Und ich kann leider nicht erkennen, dass die Achtsamkeitswelle in größerem Umfang dem heilsam begegnen könnte.

Widerstehen und wieder stehen können verweisen auf Aspekte von Resilienz, also Widerstandsfähigkeit; und auch auf „sich aufrichten", wieder stehen können, nachdem man gestürzt ist. Vielleicht gelegentlich auch, zumindest indirekt, einfach einmal nach einem Sturz liegen bleiben zu können und die Welt aus einer anderen – kontemplativen – Perspektive zu betrachten. Sich Zeit zu lassen, den Schmerz zu spüren und sich später zu erfreuen, wenn Erholung vielleicht beinahe wie von selbst eintritt. Auch sich helfen zu lassen aufzustehen, nicht alles alleine bewältigen zu wollen. *Und sich der Hilfe sicher sein können.*

So möchte ich mit Paul Parin, einem der bedeutendsten Psychoanalytiker der zweiten Hälfte des 20. Jahrhunderts vorschlagen „das Ergebnis innerer Konflikte und deren Herkunft [...] im Zusammenhang mit gesellschaftlichen Zuständen und mit historischen Prozessen" zu sehen.[27] Folgt man Parin, sollten wir bedenken, „welche Einflüsse die Makrosozietät eines Volkes, einer Klasse, einer sozialen Schicht auf [...] [den] Analysanden [– oder eben Patienten –, Anm. LR]

---

26   *Han*: Müdigkeitsgesellschaft, 25f.
27   *Paul Parin*: Das Mikroskop der vergleichenden Psychoanalyse und die Makrosozietät, in: Psyche 30/1 (1976), 1–25, 24. Online abrufbar unter: http://paul-parin.info/wp-content/uploads/texte/deutsch/1976a.pdf, letzter Zugriff: 09.10.2019.

ausgeübt hat und noch ausübt".[28] Wie sehr sich Parins Aussagen von 1975 heute mehr denn je bestätigen lassen, scheint mir evident.

Ich beziehe mich jetzt hier auf einen der heute erfahrensten Resilienzforscher, George Bonanno: er habe keine Tipps, *weil wir nicht genau wüssten, was Resilienz ist, was sie umfasst und vor allem wie man sie zuverlässig aufbaut,* äußert er in einem Interview. Für einen Umgang mit Schicksalsschlägen seien viele verschiedene Ressourcen nötig – und es sei zeitaufwendig, teuer und mühsam, sie sich zu erschließen. Skepsis sei deshalb angebracht.[29] Es stellte sich mir daher die Frage, wie wir heute mit dem Resilienzbegriff in der Psychotherapie umgehen können. So halte ich es für unumgänglich, Missstände anzuerkennen, die es dem Individuum erschweren, resilient zu werden und zu bleiben.

Daher zweifele ich, wenn als Heilmittel für jede Art von Problemen heute Resilienzförderung empfohlen wird. Bis heute weiß niemand *ganz* genau, selbst wenn es einige Hypothesen gibt, wie die einen es schaffen, z. B. keine Viruserkrankung zu entwickeln und warum andere doch. Sogar, wie bekannt, trotz Impfung, Vitaminpillen und was auch immer. Bei Corona beobachten wir ähnlich Rätselhaftes. Und Ähnliches scheint auch für seelische Prozesse zu gelten. Wir haben Vermutungen, was Menschen stärkt, aber ganz genau in jedem Einzelfall wissen wir dies nicht. Da hilft m. E. nur sehr genaues Erkunden und Geduld. Letztere ist keine Tugend der Mainstream-Psychotherapie, wenn man bedenkt, dass PsychotherapeutInnen mehr Honorar erhalten, wenn sie mit 10 Sitzungen auskommen.[30] Ein Highlight neoliberalen Denkens! Und für mich ein Hohn auf jegliche ethische Verpflichtung.

Oft sind die Dinge komplexer als wir das gerne hätten. Jedoch ist es sicher wichtig, gemeinsam zu erforschen, wie PatientInnen ihre Fähigkeit zur Resilienz nutzen und fördern können, vorausgesetzt, PatientInnen sind mit einer solchen Vorgehensweise einverstanden.

Die Überlegung zur Notwendigkeit der „Hornhaut auf der Seele"[31] scheint mir zynisch. Und die häufig zitierte Metapher des „Stehaufmännchen" erst recht. Kritik an bestehenden gesellschaftlichen Verhältnissen kommt hierbei nicht infrage, scheint nicht einmal in Betracht gezogen zu werden. Wer keine

---

28 *Paul Parin*: Gesellschaftskritik im Deutungsprozess, in: Psyche 29/2 (1975), 97–117,101. Online abrufbar unter: http://paul-parin.info/wp-content/uploads/texte/deutsch/1975a.pdf, letzter Zugriff: 09.10.2019.

29 Vgl. *George A. Bonanno*: Die andere Seite der Trauer. Verlustschmerz und Trauma aus eigener Kraft überwinden, Bielefeld 2012; *George A. Bonanno*: „Der Mensch ist ein zähes Tier", in: Brand Eins 11 (2014). Online abrufbar unter: https://www.brandeins.de/magazine/brand-eins-wirtschaftsmagazin/2014/scheitern/der-mensch-ist-ein-zaehes-tier., letzter Zugriff 19.4.2021.

30 Vgl. Kassenärztliche Bundesvereinigung (Hg.): Strukturreform der psychotherapeutischen Versorgung, Berlin 2018, online abrufbar unter: https://www.kbv.de/media/sp/Praxisinformation_Psychotherapie-Reform.pdf ,letzter Zugriff: 15.10.2019.

31 *Christina Berndt*: Resilienz. Das Geheimnis der psychischen Widerstandskraft. Was uns stark macht gegen Stress, Depressionen und Burn-out, München [7]2018, 10.

Hornhaut auf der Seele hat, hat das selbst zu verantworten. Im Klartext also wohl, mit sozialer Verantwortung befassen wir uns lieber nicht.

Ich habe mir angeschaut, was die mir seit 2004 bekannten ResilienzforscherInnen in jüngerer Zeit zu ihren Forschungsergebnissen sagen. So hat es mich frappiert, dass sie alle betonen, dass der Begriff schwer zu fassen sei und es gäbe bis heute keine klare Definition des Begriffs.[32]

George Bonanno ist einer der wichtigsten und nach meiner Kenntnis genauesten Forscher zu Resilienz infolge von traumatisierenden Erfahrungen, und auch zu Trauerprozessen.[33] Er sagte in einem Interview für die Zeitschrift „brandeins" vor einigen Jahren: „Mir sind bislang keine resilienten Menschen begegnet". Denn für ihn bedeutet Resilienz psychische Widerstandskraft, die jedoch keine Charaktereigenschaft, sondern ein Resultat ist und durch eine Reihe gesunder Reaktionen auf sehr schwierige Umstände entsteht bzw. entstehen kann.

Diese gesunden Reaktionen müssten doch einen Grund haben, fragt die Interviewerin. Und Bonanno[34] antwortet, vielleicht für manche überraschend:

> Zum Beispiel das soziale Umfeld. Haben wir gute Freunde? Menschen, auf die wir uns verlassen können? Die uns in schlimmen Momenten zuhören und uns zur Seite stehen? Haben wir einen Bekanntenkreis, der in Notfällen einspringt? Und sei es nur, um die Kinder von der Schule abzuholen. Diese und zahlreiche andere soziale Aspekte spielen eine Rolle, aber auch: Haben wir die nötigen finanziellen Mittel? Oder die angelernten Fähigkeiten, die es in bestimmten Krisen braucht? Und wie sehen unsere demografischen Hintergründe aus? Erschwert unser Alter die Situation – oder erleichtert es sie? Auf das alles kommt es an, wenn es um Krisenbewältigung geht.

Ich lese Bonannos Statement gerne mit meinem 70er-Jahre-sozialpsychiatrischen Blick und wünsche mir, dass solche Gedanken sich verbreiten.

Bonanno konnte mit seinen Forschungen zeigen, dass es nicht *die* Art der Verarbeitung von Trauer gibt, wie früher gerne angenommen wurde.

Er berücksichtigt z. B., dass es Menschen gibt, bei denen der Schmerz so groß ist, dass gute Erinnerungen blockiert sind – das habe ich vor allem bei PatientInnen nach traumatischen Erfahrungen beobachtet. Jede Erinnerung wird zur Qual. Und Bonanno meint, dass Trauer lange zu zeigen, manchen Trauernden eine Art Schonzeit verschaffen kann, um sich auf Wichtiges zu konzentrieren und neue Energien aufzubauen. Auch das entspricht meinen Erfahrungen.

---

32 Vgl. ISTSS-International Socitey for Traumatic Stress Studies: ISTSS 29th Annual Meeting: Resilience After Trauma: From Surviving to Thriving 2013. Online abrufbar unter: http://www.istss.org/ISTSS_Main/media/Documents/ISTSS_13_Session_Abstracts_Revised 22.pdf, letzter Zugriff: 09.10.2019.
33 Vgl. *George A. Bonanno*: Die andere Seite der Trauer. Verlustschmerz und Trauma aus eigener Kraft überwinden, Bielefeld 2012.
34 A.a.O.

Leider können inzwischen sehr viele Menschen schlecht ertragen, wenn Trauernde allzu lange trauern, manche nicht einmal, wenn jemand Trauer zeigt. Es scheint schwirig zu sein, Arten der Bewältigung von Schmerz ernst zu nehmen und mit den Trauernden zu sein. Was ist allzu lange? Länger als 14 Tage, wie im DSM 5?[35] Was ist verhältnismäßig bzw. unverhältnismäßig?

Bonanno widerspricht also der Hypothese, dass es bei der Resilienz um Charaktereigenschaften geht. „So gern wir glauben, der individuelle Charakter sei ausschlaggebend für den Umgang mit einer Krise – wenn es hart auf hart kommt, kann es selbst den geborenen Kämpfer umhauen." Generell gelte: „Je mehr der Einzelne auf seiner Seite hat – etwa einen zuverlässigen Freundeskreis –, umso wahrscheinlicher ist es, dass er nach einem Schicksalsschlag wieder aufsteht."[36] Mehr denn je spielen soziale Faktoren eine Rolle, die der Einzelne nicht ohne weiteres beeinflussen kann. Ich kann aus meiner klinischen Erfahrung bestätigen, wie wichtig gute soziale Erfahrungen sind und wie destruktiv und niederschmetternd schlechte.

Relativ einig scheint sich die Forschung bis heute zu sein, dass gute Beziehungserfahrungen Menschen von klein auf helfen können, mit erheblichen Belastungen fertig zu werden. Und insoweit kann auch eine therapeutische Beziehung hilfreich sein, aber natürlich auch die viel älteren Hilfsangebote, wie wir sie von den Kirchen kennen. Psychotherapie gibt es allenfalls seit ca. 150 Jahren.

Sleijpen und KollegInnen untersuchten Strategien junger Geflüchteter mit negativen Erfahrungen umzugehen.[37] Ihre Befunde machen deutlich, dass junge Geflüchtete in den Niederlanden zwar unter Erinnerungen an traumatische Erfahrungen im Heimatland litten und auch bei der Flucht. *Aber*: aktuelle Stressoren, die mit der Nichtanerkennung eines sicheren Aufenthaltsstatus zusammenhingen wurden als viel belastender beschrieben.

Die jungen Studienteilnehmer gaben folgende Möglichkeiten an, um mit traumatischen Erfahrungen umgehen zu können: (1) autonom zu handeln, (2) in der Schule mitzuarbeiten, (3) Unterstützung von Peers und Eltern zu erhalten und (4) an der neuen Gesellschaft partizipieren zu können. *Die Studie unterstützt Annahmen, dass soziale Faktoren Einfluss auf resilientes Verhalten haben, was gegen die*

---

35 Vgl. *Birgit Wagner*: Wann ist Trauer eine psychische Erkrankung? Trauer als diagnostisches Kriterium in der ICD-11 und im DSM-5, in: Psychotherapeutenjournal 15/3 (2016), 250–255. Online abrufbar unter: https://www.psychotherapeutenjournal.de/ptk/web.nsf/gfx/2D51D6044884186CC125803000225917/$file/ptj_2016-3.pdf, letzter Zugriff: 11.10.2019.

36 *George A. Bonanno*: „Der Mensch ist ein zähes Tier ", in: Brand Eins 11 (2014). Online abrufbar unter: https://www.brandeins.de/magazine/brand-eins-wirtschaftsmagazin/2014/scheitern/der-mensch-ist-ein-zaehes-tier., letzter Zugriff 19.4.2021.

37 Vgl. *Marieke Sleijpen/Trudy Mooren/Rolf J. Kleber/Hennie R. Boeije*: Lives on hold. A qualitative study of young refugees' resilience strategies, in: Childhood 24/3 (2017), 348–365. Online abrufbar unter: https://jliflc.com/wp-content/uploads/2018/07/Sleijpen-et-al.-2017-Lives-on-hold-A-qualitative-study-of-young-refuge.pdf, letzter Zugriff: 09.10.2019.

Überbetonung individueller Faktoren spricht. Die Autoren der Studie kommen daher zu dem Schluss, dass Resilienz mit einem dynamischen Prozess zusammenhänge, der **Kontext- und Zeitabhängig sei.** [Hervorhebung L. R.]

Um auf Psychotherapie zu kommen: Kontext- und Zeitabhängigkeit lassen sich durch Psychotherapien nur sehr bedingt beeinflussen. So hat es sich für mich als sinnvoll erwiesen, mich auf Menschen mit Resilienz und guten Ressourcen, und andererseits auf Menschen mit wenig Resilienz und wenig Ressourcen individuell einzustellen und genau zu schauen, wie der einzelne Mensch zu unterstützen und zu fördern ist.

Wir wissen schon lange, dass manche Menschen sich von sie tief treffenden Belastungen nie mehr erholen. Wenn wir das als einen Hinweis auf mangelnde Resilienz betrachten, mag das stimmen, aber das darf unser therapeutisches Engagement niemals einschränken. Jedenfalls nicht, wenn jemand sich dem ärztlichen Gelöbnis verpflichtet fühlt. Es wird immer wieder vom Weltärztebund erneuert und beinhaltet noch immer das Versprechen zur Hingabe an und Fürsorge für die PatientInnen. Daraus ergibt sich auch der dringende Hinweis an Ärztinnen und Ärzte, sich zu verpflichten, niemals zu schaden. Den Resilienzblick ganz auszublenden, kann schaden, aber alles durch die Resilienzbrille zu sehen, leider auch.

Könnte es sein, dass inzwischen zu oft vergessen wird, dass Menschen, die unter Belastungen leiden, **ihre Zeit brauchen,** nicht eine Zeit, wie wir es uns vorstellen oder irgendwelche Manuale vorschlagen, um einen Schritt weiterzugehen. Das heißt, Resilienz fördernd könnte sein, dass andere Menschen „einfach" mit einem sind, ohne Bedingungen zu stellen.

Lassen Sie mich noch einige Worte zu meiner Profession und unserem Umgang mit uns selbst sagen: Mir ist aufgefallen, dass viele KollegInnen und Kollegen sich keine Zeit fürs Innehalten und Trauern lassen.

Es erschüttert mich, wie viele verinnerlicht haben, dass sie mit allem alleine fertig werden sollten und Tapferkeit leben. Innere Dämonen, die z. B. daran hindern, trauern zu können, können ein Leben lang ihre destruktive Kraft entfalten, wenn ihnen nicht „ins Gesicht" geschaut werden kann. Psychohistorisch betrachtet scheint sich hier ein Ungeist zu zeigen, den wir für überwunden hielten. Kann der Einzelne all diese Dämonen, die uns gerade heute wieder einholen, durch das Einüben von Resilienz überwinden? Wären da nicht freundliche Andere hilfreicher, möglicherweise dann auch Resilienz fördernd? Und ein grundsätzliches Infrage stellen des neoliberalen Diskurses?

Mit sich selbst barmherzig oder, wie es heute oft heißt, mitfühlend zu sein, könnte als so etwas wie ein Resilienzfaktor beschrieben werden, oder als eine wichtige Ressource, wird aber als solche m. W. nicht häufig bezeichnet. Arno Gruen schreibt zum Thema Mitgefühl in seinem Buch „Der Verlust des Mitgefühls": „Die Frage nach dem Mitgefühl des Menschen ist die Frage nach seinem Menschsein, seiner Identität […]" und weiter: „Das Mitgefühl ist die in uns eingebaute Schranke zum Unmenschlichen. Mit seiner Unterdrückung und Verzerrung ist die Geschichte unserer Zivilisation nicht nur verflochten, sie ist ihr Fundament".[38]

Ein schwerwiegender Satz: Unterdrückung des Mitgefühls als Fundament unserer Kultur.

Ich möchte jetzt noch zum Schluss auf aktuelle Forschung aus der Psychotherapie verweisen, die besagt: „Practitioners will find that fitting the therapy to clients' [...] religious/spiritual identity [...] will demonstrably improve treatment outcomes [...]".[39] Das ist für den Mainstream relativ neu.

Während meiner fast 20-jährigen Arbeit in einem Evangelischen Krankenhaus war das allerdings immer schon selbstverständlich. Die Bezugnahme auf das spirituell Haltgebende der PatientInnen scheint Resilienz fördern zu können und auch den Heilungsprozess. Daher gilt es heute auch in der Psychotherapie als wichtig, nach spirituellem Halt zu fragen. Die mir wichtigen Komponenten sind Barmherzigkeit und Trost.

Es geht darüber hinaus darum, das Heilende in der Patientin/im Patienten, also das, was meist als Selbstheilungskraft beschrieben wird, zu erkennen, zu benennen und zu unterstützen. Hierzu gehört immer auch, dass wir Interesse bekunden, was PatientInnen zur Verfügung haben, das ihnen bereits Halt gibt.

Die Frage danach wie viel Resilienz- und Ressourcenorientierung[40] bekömmlich ist für belastete Menschen und die, die sie begleiten, beantworte ich so: Es gibt nichts, was allen Menschen hilft. Und Vieles, was als nicht hilfreich galt, hat manchen Menschen doch geholfen. Bekömmlichkeit von Interventionen kann daher auch nur in einem Dialog und eigener Innenschau der Begleitenden immer wieder aufs Neue geklärt werden. So geht es zumindest in Behandlungssettings um Bescheidenheit.

Und die Frage, wie kann ich als Psychotherapeutin Resilienz bei PatientInnen fördern, beantworte ich folgendermaßen:

Indem ich ihr Leid und Leiden sowie ihre Klagen mitfühlend anerkenne und sie zu trösten bereit bin. Sowie sie ermutige, ihre Überlebenskunst und Widerstandskraft zu entdecken und zu nutzen.

---

38 *Arno Gruen*: Der Verlust des Mitgefühls. Über die Politik der Gleichgültigkeit, München 1997, 9.
39 *John C. Norcross/Bruce E. Wampold*: A new therapy for each patient: Evidence-based relationships and responsiveness, in: Journal of Clinical Psychology 74/11 (2018), 1889–1906.
40 Vgl. *Luise Reddemann*: Wie viel Resilienz- und Ressourcenorientierung ist bekömmlich für Trauernde und TrauerbegleiterInnen? Vortrag bei der Elisabeth Kübler-Ross Akademie, Stuttgart, 6.3.2019; *Klaus Ottomeyer/Luise Reddemann*: Die Suche nach dem guten Leben. Der ambivalente Umgang mit Resilienz in der Psychotherapie, in: medico international (Hg.): Fit für die Katastrophe? Kritische Anmerkungen zum Resilienzdiskurs im aktuellen Krisenmanagement, Gießen 2017, 35–56.

Meine eigenen Grenzen erkennen und akzeptieren können, und mich einem größeren Wollen anvertrauen, hilft mit persönlich, und falls PatientInnen signalisieren, dass ihnen damit auch geholfen sein könnte, unterstütze ich sie dabei.

Literaturverzeichnis

Antonovsky, Aaron: Salutogenese. Zur Entmystifizierung der Gesundheit, Tübingen 1997.
Bauman, Zygmunt: Verworfenes Leben. Die Ausgegrenzten der Moderne, Hamburg 2005.
Berndt, Christina: Resilienz. Das Geheimnis der psychischen Widerstandskraft. Was uns stark macht gegen Stress, Depressionen und Burn-out, München ⁷2018.
Bonhoeffer, Dietrich: Widerstand und Ergebung. Briefe und Aufzeichnungen aus der Haft, Gütersloh 2005.
Bonanno, George A.: Die andere Seite der Trauer. Verlustschmerz und Trauma aus eigener Kraft überwinden, Bielefeld 2012.
Bonanno, George A.: „Der Mensch ist ein zähes Tier", in: Brand Eins 11 (2014). Online abrufbar unter: https://www.brandeins.de/magazine/brand-eins-wirtschaftsmagazin/2014/scheitern/der-mensch-ist-ein-zaehes-tier., letzter Zugriff 19.4.2021.
Boss, Pauline: Verlust, Trauma und Resilienz. Die therapeutische Arbeit mit dem „uneindeutigen Verlust", Stuttgart 2008.
Brockmann, Josef/Sammet, Isa: Die Control Mastery Theorie von Weiss, in: Alf Gerlach/Anne-Marie Schlösser/Anne Springer (Hgg.): Psychoanalyse mit und ohne Couch, Gießen 2003, 280–293.
Cabanas, Edgar/Illouz, Eva: Das Glücksdiktat. Und wie es unser Leben beherrscht, Frankfurt a.M. 2019.
Felitti, Vincent: The Relation Between Adverse Childhood Experiences and Adult Health. Turning Gold into Lead, in: Zeitschrift für Psychosomatische Medizin und Psychotherapie 6/1 (2002), 44–47.
Fürstenau, Peter: Entwicklungsförderung oder Defizienzorientierung. Plädoyer für zielgerichtetes psychoanalytisch-therapeutisches Handeln, in: Ulrich Streeck/Hans Volker Werthmann (Hgg.): Herausforderungen für die Psychoanalyse. Diskurse und Perspektiven (Leben lernen 72) München 1990, 53–66.
Fürstenau, Peter: Progressionsorientierte psychoanalytisch-systemische Therapie. Zur Revision des Therapiekonzepts der Psychoanalyse, in: Forum der Psychoanalyse 8/1 (1992), 17–31.
Fürstenau, Peter: Entwicklungsförderung durch Therapie. Grundlagen psychoanalytisch-systemischer Psychotherapie, Gießen ²1994.
Fürstenau, Peter: Psychoanalytisch verstehen, Systemisch denken, Suggestiv intervenieren (Leben lernen 144), Stuttgart ²2002.
Fürstenau, Peter: Neue therapeutische Welt durch beidäugiges diagnostisch-therapeutisches Sehen. Tonkassette. Auditorium Netzwerk, Müllheim/Baden (LPW02-EFr) 2002.
Gadamer, Hans-Georg: Wahrheit und Methode. Grundzüge einer philosophischen Hermeneutik, Tübingen ⁴1975.
Gruen, Arno: Der Verlust des Mitgefühls. Über die Politik der Gleichgültigkeit, München 1997.
Han, Byung Chul: Müdigkeitsgesellschaft, Berlin 2010.
Heitmeyer, Wilhelm (Hg.): Deutsche Zustände. Folge 1–10, Frankfurt a. M. 2002–2011.

Heitmeyer, Wilhelm: Rohe Bürgerlichkeit. Bedrohungen des inneren Friedens, in: Wissenschaft & Frieden 2 (2012): Hohe See, 39–41. Online abrufbar unter: https://www.wissenschaft-und-frieden.de/seite.php?artikelID=1786, letzter Zugriff: 09.10.2019.

Heitmeyer, Wilhelm: Autoritäre Versuchungen. Signaturen der Bedrohung 1, Berlin 2018.

ISTSS-International Socitey for Traumatic Stress Studies: ISTSS 29th Annual Meeting: Resilience After Trauma: From Surviving to Thriving 2013. Online abrufbar unter: http://www.istss.org/ISTSS_Main/media/Documents/ISTSS_13_Session_Abstracts_Revised22.pdf, letzter Zugriff: 09.10.2019.

Kassenärztliche Bundesvereinigung (Hg.): Strukturreform der psychotherapeutischen Versorgung, Berlin 2018, online abrufbar unter: https://www.kbv.de/media/sp/Praxisinformation_Psychotherapie-Reform.pdf, letzter Zugriff: 15.10.2019.

Masten, Ann S.: Resilienz in der Entwicklung: Wunder des Alltags, in: Gisela Röper/Gil Noam/Cornelia von Hagen (Hgg.): Entwicklung und Risiko, Stuttgart 2001, 192–219.

Norcross, John C./Wampold, Bruce E.: A new therapy for each patient: Evidence-based relationships and responsiveness, in: Journal of Clinical Psychology 74/11 (2018), 1889–1906.

Ottomeyer, Klaus/Reddemann, Luise: Die Suche nach dem guten Leben. Der ambivalente Umgang mit Resilienz in der Psychotherapie, in: medico international (Hg.): Fit für die Katastrophe? Kritische Anmerkungen zum Resilienzdiskurs im aktuellen Krisenmanagement, Gießen 2017, 35–56.

Parin, Paul: Gesellschaftskritik im Deutungsprozess, in: Psyche 29/2 (1975), 97–117. Online abrufbar unter: http://paul-parin.info/wp-content/uploads/texte/deutsch/1975a.pdf, letzter Zugriff: 09.10.2019.

Parin, Paul: Das Mikroskop der vergleichenden Psychoanalyse und die Makrosozietät, in: Psyche 30/1 (1976), 1–25. Online abrufbar unter: http://paul-parin.info/wp-content/uploads/texte/deutsch/1976a.pdf, letzter Zugriff: 09.10.2019.

Pickett, Kate E./Wilkinson, Richard G.: Income inequality and health: A causal review, in: Social Science & Medicine 128 (2015), 316–326. Online abrufbar unter: http://www.hauora.co.nz/~hpforum/assets/files/Global/Pickett%20and%20Wilkinson%20causal%20link%20between%20inequality%20and%20health.pdf, letzter Zugriff: 15.10.2019.

Reddemann, Luise: Überlebenskunst. Von Johann Sebastian Bach lernen und Selbstheilungskräfte entwickeln, Stuttgart 2016.

Reddemann, Luise: Kriegskinder und Kriegsenkel in der Psychotherapie. Folgen der NS-Zeit und des Zweiten Weltkriegs erkennen und bearbeiten – Eine Annäherung, Stuttgart 2018.

Reddemann, Luise: Wie viel Resilienz- und Ressourcenorientierung ist bekömmlich für Trauernde und TrauerbegleiterInnen? Vortrag bei der Elisabeth Kübler-Ross Akademie, Stuttgart, 6.3.2019.

Sartre, Jean-Paul: Die Wörter, Reinbek 1968.

Sennett, Richard: Respekt im Zeitalter der Ungleichheit, Berlin 2007.

Sleijpen, Marieke/Mooren, Trudy/Kleber, Rolf J./Boeije, Hennie R.: Lives on hold. A qualitative study of young refugees' resilience strategies, in: Childhood 24/3 (2017), 348–365. Online abrufbar unter: https://jliflc.com/wp-content/uploads/2018/07/Sleijpen-et-al.-2017-Lives-on-hold-A-qualitative-study-of-young-refuge.pdf, letzter Zugriff: 09.10.2019.

Southwick, Steven M./Bonanno, George A./Masten, Ann S./Panter-Brick, Catherine/Yehuda, Rachel: Resilience definitions, theory, and challenges. Interdisciplinary perspectives, in: European Journal of Psychotraumatology 5 (2014). Online abrufbar unter: https://www.ncbi.nlm.nih.gov/pmc/articles/PMC4185134/, letzter Zugriff: 15.10.2019.

Wagner, Birgit: Wann ist Trauer eine psychische Erkrankung? Trauer als diagnostisches Kriterium in der ICD-11 und im DSM-5, in: Psychotherapeutenjournal 15/3 (2016), 250–255. Online abrufbar unter: https://www.psychotherapeutenjournal.de/ptk/

web.nsf/gfx/2D51D6044884186CC125803000225917/$file/ptj_2016-3.pdf, letzter Zugriff: 11.10.2019.
Weiss, Joseph/Sampson, Harold: The Psychoanalytic Process. Theory, Clinical Observation, and Empirical Research, New York 1986.
Werner, Emmy E./Smith, Ruth S.: Vulnerable but invincible. A longitudinal study of resilient children and youth, New York 1982.
Werner, Emmy E./Smith, Ruth S.: Overcoming the odds. High risk children from birth to adulthood, Ithaca 1992.
Werner, Emmy E./Smith, Ruth S.: Journeys from Childhood to Midlife. Risk resilience and recovery, Ithaca 2001.
Zenger, Markus/Brähler, Elmar/Berth, Hendrik/Stöbel-Richter, Yve: Der Einfluss von Arbeitslosigkeit auf die psychische Gesundheit. Ergebnisse einer Repräsentativerhebung, in: Zeitschrift für Psychotraumatologie, Psychotherapiewissenschaft, Psychologische Medizin 8/2 (2010), 59–68.

Probleme und Chancen der Verwendung des Resilienzkonzepts im Rahmen geistes-, kultur- und sozialwissenschaftlicher Forschung

Martin Endreß

Vororientierung

Resilienz ist in aller Munde. Sie gilt als eines der Themen der Gegenwart – und zwar sowohl im öffentlichen Sprachgebrauch als auch in politischen und professionellen sowie in verschiedenen wissenschaftlichen Kontexten.

Unter dem Begriff „Resilienz" werden dabei in diversen Disziplinen Forschungsansätze insbesondere aus der Sozialökologie und der Entwicklungspsychologie rezipiert, die letztlich auf einen spezifischen Typus sozialer Prozesse abstellen: Untersucht werden Strategien, Ressourcen und Bedingungen von Beharrungs-, Widerstands- und/oder Bewältigungspotentialen, die für individuelle und/oder soziale ‚Systeme' im Falle (entsprechend wahrgenommener) existentieller bzw. disruptiver externer Herausforderungen (wie Naturkatastrophen oder politisch-soziale Einbrüche) und im Zusammenspiel mit spezifischen internen Voraussetzungen ein Überleben bzw. eine Bestandserhaltung potentiell sicherstellen können. Konturen gewinnt der Rekurs auf das Resilienzkonzept solchermaßen durch seinen kontrastiven Bezug v. a. auf Phänomene von Krise, Bedrohung, Vulnerabilität und Risiko.

Zunächst scheint die Sache dabei ganz einfach: Man meint zu wissen, was Resilienz ist – oder, etwas vorsichtiger formuliert, es wird vielfach unterstellt bzw. der Begriff vielfach so verwendet, als wäre sehr klar, was unter „Resilienz" zu verstehen ist. Dieses Selbstverständnis schlägt sich auf markante Weise in den popularisierten Darstellungen von sowie Darlegungen zu Resilienz nieder, wenn unter Rekurs auf den Resilienzbegriff vom „Immunsystem der Seele" gesprochen, das Bild des „Stehaufmännchens" bemüht oder aber Aufklärung über die Frage „Was Kinder stark macht" versprochen wird. Der Tenor scheint dann eindeutig: Resilienz ist etwas Gutes, das es zu fördern, zu stärken und zu erhalten gilt. Und diese Resilienz wird gewissermaßen als ein Panzer gegen allfällige „Irrungen und Wirrungen" (Theodor Fontane) des Lebens begriffen.

In diesem Vorstellungskosmos ist zugleich der individuelle bzw. individualistische Zuschnitt des dominierenden Resilienzverständnisses offenkundig.

Gleichwohl aber finden sich – mit identischem Tenor – auch zahlreiche Resilienzbezüge mit Blick auf sog. „große Einheiten" wie Städte, Ökosysteme, Organisationen etc.[1]

Diesem üblichen und gebräuchlichen Verständnis des Begriffs „Resilienz" zufolge kommt Resilienz als Leitwährung eines Stärkungs- und Besserungsmanagements ins Spiel und kann solchermaßen als Programmatik für jedweden Umgang mit identifizierten und/oder befürchteten Herausforderungen mobilisiert werden. Entsprechend ließen sich mit Blick auf aktuelle gesellschaftliche Konstellationen bspw. Fragen wie die folgenden formulieren: Wann ist die Gesellschaft Deutschlands gegen das Corona-Virus resilient? Und wie kann sich die Gesellschaft Deutschlands gegen drohende Sicherheitsrisiken resilient machen? Aber: Was genau soll das eigentlich heißen? Offenkundig wohl: Möglichst wenig Infizierte, möglichst wenig Tote, möglichst keine Beschädigungen kritischer Infrastruktur und somit möglichst geringe Beeinträchtigungen des gewohnten Ganges der Dinge, des „normalen" Lebens (keine Absagen von Messen, Konferenzen und Tagungen, keine Hamsterkäufe, keine Quarantäne-Verordnungen, keine Reiseverbote, keine Vorsorgemaßnahmen und Einschränkungen angesichts von potentiellen Bedrohungen etc.).

Doch ganz ebenso präsent, intuitiv greifbar und vielfach als selbstverständlich geltend scheint die exakt umgekehrte bzw. gegenläufige Bestimmung des Begriffs „Resilienz" zu sein: Nach dieser alternativen Lesart handelt es sich schlicht um eine Neufassung und/oder Verlängerung eines neoliberalen Regimes der Ruhigstellung, Nutzbarmachung und Responsibilisierung des Individuums in einer als spätkapitalistisch begriffenen Epoche. In dieser Reflexionsrichtung wird also ein einseitig negativ akzentuiertes Verständnis von Resilienz propagiert.

Beide – negativ-akzentuierte wie positiv-konnotierte – Perspektiven werfen dann notwendig weitergehende Fragen auf: Welche Bilder treten vor das ‚innere Auge', wenn hier jeweils von „Resilienz" gesprochen wird? Welche stillschweigenden Voraussetzungen werden von Sprechenden wie Hörenden jeweils bei der Betrachtung von Bildern zu Resilienz gemacht? Welche Vorstellungen und Gedanken rufen diese jeweils hervor? Und weiter und vor allem: „Ist" Resilienz überhaupt ein „Zustand" oder eine „Eigenschaft"? Was geschieht, wenn man den Begriff „Resilienz" in diesem Sinne als Zustands- oder Eigenschaftsbeschreibung verwendet? Was wird vorausgesetzt, wenn die „Resilienz von x" oder „Resilienzfaktoren von x" identifiziert werden?

---

[1] Und in einer weiteren Wendung ebenso auch Bezüge in wissenschaftsanalytischer Hinsicht: „Epistemische Resilienz ist Widerstandskraft, die aus inneren Quellen gespeist wird" (*Clemens Sedmak*: Innerlichkeit und Kraft. Studie über epistemische Resilienz, Freiburg i. Br./Basel/Wien 2013, 55).

Resilienz also entweder als zu mobilisierende Kraft angesichts identifizierter Bedrohungen verstanden oder aber als Trojanisches Pferd des fortgeschrittenen Kapitalismus zur Unterwerfung auch noch der letzten Regungen des Individuums unter dieses Produktions-, Verwertungs- und Entfremdungsregime? Die Lage scheint aporetisch und insofern stellt sich nochmals nachdrücklicher die Frage: Ist klar, „was" Resilienz „ist"? Und kann man die Frage überhaupt so stellen?

Für den Versuch einer Beantwortung dieser Frage sollen hier in aller notwendigen Kürze die folgenden Schritte dienen:

1. Überlegungen zur Analytik des Resilienzbegriffs,
2. einige kritische Perspektiven auf den Resilienzbegriff,
3. Stichworte zu einer Metakritik der Kritik am Resilienzbegriff
4. die Erinnerung an eine andere Reflexionslinie zum Resilienzbegriff: Sozial- und Humanökologie,
5. Wege zu einem kritisch reflektierten Begriffsverständnis von Resilienz und
6. Hinweise darauf, warum Resilienz ein stimulierendes Thema für interdisziplinäre Forschung in den Geistes-, Kultur- und Sozialwissenschaften ist.

Mit diesen Fragen und Gliederungspunkten will dieser Beitrag hinter die beiden knapp skizzierten und der hier vertretenen Auffassung zufolge jeweils grandios vereinseitigenden Perspektiven auf „Resilienz" zurücktreten und einen alternativen Ansatz für das Begriffsverständnis und für dessen analytisch fruchtbare Verwendung im Rahmen der Geistes-, Kultur- und Sozialwissenschaften vorschlagen.

1. Zur Analytik des Resilienzbegriffs

Es lassen sich in den jeweiligen disziplinären Feldern wie auch hinsichtlich der kontrapunktisch eingenommenen Positionen durchaus analoge Argumentationsfiguren hinsichtlich der Verwendung des Resilienzbegriffs identifizieren:

a) Ein systemischer Zugang bzw. ein systemisches Verständnis des Gegenstandes – entweder um ein ganzheitliches Modell produktiver Wirkungszusammenhänge auszuflaggen oder aber um die ‚Fratze' des Systems unter dem Deckmantel einer neuen Leitwährung zu enttarnen.
b) Ein dominanter Management-Ansatz – entweder hinsichtlich der Darlegung hinreichenden Handlungspotentials zur Bewältigung von Krisen und Herausforderungen in einem spezifischen, also resilienten Geist, oder aber als hinterlistiger Versuch der Implementierung einer ökonomischen Logik in die Lebens- und Selbstführung von Menschen mit dem Ziel ihrer Entautonomisierung und rigiden Funktionalisierung für die Zwecke „des Systems".

c) Ein Ausgriff auf gestaltendes Eingreifen – entweder im Sinne des Stehaufmännchen-Prinzips oder aber als Aufruf zur Wachsamkeit, als Weckruf zum Widerstand gegen ein neoliberales Regime.

Nicht nur aus einer soziologischen und sozialwissenschaftlichen, sondern ebenso aus geistes-, kultur- und historisch-geschichtswissenschaftlicher Perspektive ergibt sich angesichts dieser Sachlage einiger Klärungsbedarf. Denn die Vereinseitigungen dieser jeweils entweder negativ oder positiv akzentuierten üblichen Verständnisse von Resilienz bzw. des Resilienzbegriffs treten anhand der folgenden ersten Orientierungspunkte plastisch hervor:

1. Im insbesondere auf individuelle Widerstandspotentiale abstellenden Resilienzbegriff dominiert bislang vor allem ein Gegenwartsbezug bzw. zumindest ein begrenzter Zeithorizont, für den (mehr oder weniger) plausibel von Überschaubarkeit, hinreichender Erwartbarkeit, der Anwendbarkeit erprobten Wissens und somit insgesamt von der Handhabbarkeit der diagnostizierten Situation ausgegangen wird.
2. Offenkundig wird bei der Verwendung des Resilienzbegriffs von so etwas wie einem „Normalzustand" oder gar einem „Gleichgewicht", einer selbstverständlich anzustrebenden Richtgröße ausgegangen. In der Rede von Resilienz als einem Zustand ist das Selbstverständnis leitend, es ließe sich selbstverständlich – und im Kern vor allem auch abschätzbar – eine Zielvorstellung für eine bestimmte Einheit (sei es eine Person oder eine Stadt etc.) formulieren.
3. Dies wiederum setzt voraus, dass Klarheit darüber besteht, unter welcher Perspektive die Betrachtung einer (sozialen) Einheit unter dem Gesichtspunkt „Resilienz" vorgenommen wird bzw. werden muss, welche Maßstäbe also für diese Betrachtung relevant sind und mit welchen Mitteln diese als erreichbar erachtet werden.
4. D. h. unter Rekurs auf eine Resilienzbegrifflichkeit wird im Kern ein diagnostisches und therapeutisches Szenario angesprochen, dass auf die Herstellung und Kultivierung von Widerstandsfähigkeit abzielt. Eine handlungspraktische Situation des Eingreifens.

Eine der sich an diese Befunde unmittelbar notwendig anschließenden Fragen lautet dann: Wenn Resilienz lediglich „Widerstandsfähigkeit gegen eine als Risiko oder Bedrohung identifizierte Herausforderung" bedeutet, wozu benötigt man dann eigentlich den Resilienzbegriff? Welche analytischen Potentiale birgt er jenseits der geläufigen Vorstellungen von Widerstandsfähigkeit? Hier bedarf es offenkundig weiterer Klärungen.

Eine erste Annäherung kann hier die Erinnerung an einen der ursprünglichen Entstehungs- und Verwendungszusammenhänge des Begriffs liefern: In den von der amerikanischen Psychologin Emmy Werner durchgeführten langfristigen Experimenten auf der Insel Kauai untersuchte sie mit ihrem Team 698

Kinder, die im Jahr 1955 auf der Insel Kauai geboren wurden. Im Rahmen der von ihr initiierten Studie wurden diese Kinder nachfolgend über 40 Jahre lang begleitet. Hauptziel der Studie war es, die Langzeitfolgen von prä- und perinatalen Risikobedingungen sowie die Auswirkungen ungünstiger Lebensumstände (insbes. Armut) in der frühen Kindheit auf die physische, kognitive und psychische Entwicklung der Kinder festzustellen. Ein Drittel der untersuchten Kinder lebte mit einer hohen Risikobelastung, wie z. B. chronischer Armut, psychischen Erkrankungen der Eltern oder familiärer Disharmonie. Bei wiederum einem Drittel dieser Risikogruppe stellten Werner und Smith dann fest, dass sie sich – im Gegensatz zu den anderen zwei Dritteln der Kinder – trotz der hohen Risikobelastung gut entwickelten und keine Verhaltensauffälligkeiten zeigten. So konnten sie Beziehungen eingehen, hatten eine optimistische Lebenseinstellung und fanden eine Arbeit, die sie erfüllte. Mit 40 Jahren konnte bei diesen Kindern, im Gegensatz zu den anderen, zudem eine geringere Todesrate, weniger chronische Gesundheitsprobleme und weniger Scheidungen festgestellt werden. Sie zeigten, so die Studie, protektive Faktoren, wie zum Beispiel eine emotionale Bezugsperson, einen stabilen Familienzusammenhalt, eine hohe Schulbildung, hohe Sozialkompetenzen und positive Selbstwirksamkeitserwartungen.

Im Kern wird damit auf eine Dimension verborgener Kräfte abgestellt, die es diesen Kindern ermöglichte, schwierige soziale und psychische Startbedingungen im Laufe ihres Lebens zu kompensieren. Dieses Kompensationspotential, letztlich auf einer Ebene von Latenz zu verorten, fasste Werner mit dem Begriff der „Resilienz", mit dem dann letztlich drei Klassen von Phänomenen umschrieben werden sollten: 1. Eine gute Entwicklung bei Kindern, trotz hoher Risikofaktoren (wie Armut, chronische Krankheit eines Elternteils, Kindesmisshandlung usw.); 2. eine gute Entwicklung, trotz stressreicher kritischer Lebensereignisse(wie bspw. einer Scheidung der Eltern); und 3. eine gute Entwicklung der Kinder nach Erholung von schweren Traumata (wie Krieg, Katastrophen usw.).

Soweit der Grundriss der Studie und der Ergebnisse von Emmy Werner. Worauf es im vorliegenden Zusammenhang aber vor allem ankommt, das sind die implizit leitenden Reflexionslinien für diese Studie: Diese geht m. E. (1) zunächst einmal von der Vorstellung einer letztlich immer auch offenen Zukunft aus, sie reflektiert (2) diese potentiell offene Zukunft vor dem Hintergrund von einschränkenden wie ermöglichenden Bedingungen des Lebens und sie richtet ihr Augenmerk dabei (3) auf die sich im Rahmen dieser Konstellationen potentiell einstellenden Transformationsdynamiken.

Auf diese implizit leitenden Perspektiven, die in einer konzeptionell verengten Konzentration auf eine Vorstellung von reiner „Widerständigkeit" deutlich in den Hintergrund treten, wenn nicht gar verloren gehen, soll im Folgenden – vorbereitet durch die sich hier zunächst anschließende Darlegung und Auseinandersetzung mit der typischen Kritik an der Verwendung des Resilienzbegriffs – produktiv angeschlossen werden.

2. Kritische Perspektiven auf die Resilienzbegrifflichkeit

„Resilienz" (was immer unter diesem Begriff auch verstanden werden kann) wird von vielen, insbesondere sich selbst als „kritisch" bezeichnenden SozialwissenschaftlerInnen umstandslos u. a. in Anknüpfung an Michel Foucaults gouvernementalitätsanalytische Studien als passivistisch, rückzugs- bzw. vergangenheitsorientiert und somit als hinter insbesondere das analytische Profil des Nachhaltigkeitsdiskurses zurückfallend, geradezu abgestempelt.[2]

Im Fokus steht hier der Aufstieg des „Resilienzbegriffs" als Symptom einer – in dieser Perspektive dann als problematisch anzusehenden – gesellschaftlichen Veränderung.[3] Diese Veränderung wird im Kern einseitig als Ausbreitung neoliberalen Denkens und Regierens und damit einhergehender Responsibilisierungspraktiken bzw. -strategien gegenüber Subjekten begriffen. Entsprechend laufen solchermaßen ansetzende Argumentationen auf die These hinaus, Resilienz als Normalisierungsbegriff zu begreifen[4] – als Begriff für die angestrebte, kapitalistischen Disziplinierungsansprüchen genügende Formierung des in die Eigenverantwortung genommenen Subjekts.

In einer solchen Perspektive wird „Resilienz" somit als Kern machtvoller Diskurse identifiziert[5] und jede Verwendung des Resilienzbegriffs verurteilt. Denn diese Verwendung, so die These, „stärkt [...] bestehende [...] Machtverhältnisse".[6] Und dies vor allem deshalb, weil, so das Argument, der Begriff vorgebe bzw. dazu anleite, „die Allgegenwart von Unsicherheiten zu akzeptieren und

---

2 Vgl. dafür bspw. Beiträge von *David Chandler*: Resilience. The Governance of Complexity, London/New York 2014; *Julian Reid*: The Imaginary of Resilience. Trauma, Struggle, Life, in: Benjamin Rampp/Martin Endreß/Marie Naumann (Hgg.): Resilience in Social, Cultural and Political Spheres, Wiesbaden, 191–206, *Jonathan Joseph*: Resilience as Embedded Neoliberalism. A Governmentality Approach, in: Resilience. International Politics, Practices, and Discourses 1/1 (2013), 38–52; *Marc Neocleous*: Resisting Resilience, in: Radical Philosophy 178 (March/April), 2–7; *Ulrich Bröckling*: Resilienz: Belastbar, flexibel, widerstandsfähig, in: Ders., Gute Hirten führen sanft. Über Menschenregierungskünste, Berlin 113–139; *Jan Slaby*: Kritik der Resilienz, in: Frauke A. Kurbacher/Philipp Wüschner (Hgg.): Was ist Haltung? Begriffsbestimmung, Positionen, Anschlüsse, Würzburg 2016, 273–298; *Stefanie Graefe*: Resilienz im Krisenkapitalismus. Wider das Lob der Anpassungsfähigkeit, Bielefeld 2019.
3 *Charlotte Rungius/Elke Schneider/Christoph Weller*: Resilienz – Macht – Hoffnung. Der Resilienzbegriff als diskursive Verarbeitung einer verunsicherten Moderne, in: Dies./Martin Schneider/Rebecca Gutwald (Hgg.): Resilienz. Interdisziplinäre Perspektiven zu Wandel und Transformation, Wiesbaden 2018, 38.
4 Ebd., 38.
5 Ebd., 34.
6 Ebd., 56.

scheinbar neue Wege im Umgang mit ihnen aufzeigen zu können".[7] Gegenüber diesem Versprechen sei jedoch herauszustellen, dass der Resilienzbegriff gerade eben nicht nur als Produkt, sondern gleichermaßen eben auch als Generator „bestehender Unsicherheitswahrnehmungen"[8] begriffen werden müsse. Aus diesem Grund werde die Verwendung des Begriffs auch „kaum zu systematischem Wandel beitragen können",[9] ja, geradezu umgekehrt würde mit seiner Verwendung gesellschaftlicher Wandel blockiert.[10]

Ein prägnantes Beispiel für diesen Typus von Argumentationen bietet auch die im Kontext des inzwischen beendeten Jenaer Kollegs „Postwachstumsgesellschaften" erschienene Arbeit von Stefanie Graefe.[11] Diese Arbeit ist von der „Annahme" geleitet, „dass Resilienz eine konzeptionelle Antwort auf das für den Finanzmarktkapitalismus charakteristische und zugleich aus vielen guten Gründen nicht mehr fraglos glaubwürdige ‚Credo [der] Flexibilität, Geschwindigkeit und Aktivierung'" sei.[12] Wobei Resilienz als Antwort gerade, so die kritische Perspektive auf dieses ‚Konzept', „mit diesem Credo nicht bricht, sondern es unter veränderten normativen Vorzeichen weiter stabilisiert".[13] Denn, so das leitende Argument, „unter der Überschrift Resilienz [kann] sowohl die Autonomie der (arbeitenden) Subjekte affirmiert als auch eine mögliche Kritik von Arbeitsbedingungen entschärft und umgelenkt werden".[14] Aufgrund dieses paradoxen Zuschnitts geht es der Autorin vor allem um „die Warnung vor einer vermeintlich emanzipatorischen Umdeutung von Resilienz als generalisiertes Handlungsideal".[15]

Denn insofern sich „Resilienz" – als das, so die Autorin, zeitgenössische „neue Ideal von Persönlichkeit und Lebensführung"[16] – insbesondere durch das „Verschwinden der Subversion als Charakterideal" auszeichne und dabei mit einem „Verstummen der Klagen über die Anforderungen der Arbeitswelt" (also Thematisierungen und Protesten gegen Arbeitsüberlastungen, gegen Arbeitsmenge und Arbeitszeit)[17] einhergehe, scheine es sich beim Konzept „resilienter Subjekte" oder „Menschen" um „eine Überarbeitung neoliberaler Subjektideale" zu handeln.[18]

---

7   Ebd., 39.
8   Ebd., 39, 56.
9   *Rungius* et al.: Resilienz – Macht – Hoffnung, 56.
10 Ebd., 33.
11 Vgl. *Graefe*: Resilienz im Krisenkapitalismus.
12 Vgl. *Klaus Dörre*, Die neue Landnahme. Dynamiken und Grenzen des Finanzmarktkapitalismus, in: Ders./Stephan Lessenich/Hartmut Rosa (Hgg.): Soziologie – Kapitalismus – Kritik. Eine Debatte, Frankfurt a. M. 2009, 64.
13 *Graefe*: Resilienz im Krisenkapitalismus, 18f.
14 Ebd., 22f.
15 Ebd., 23.
16 Ebd., 9.
17 Ebd., 10.
18 Ebd., 11.

Nun, um eine „emanzipatorische Umdeutung" geht es im vorliegenden Beitrag nicht, das sollte mit dem eingeführten Stichwort einer heuristischen Perspektive deutlich geworden sein. Aber auch dem Argument des vermeintlichen Zurückfallens hinter die Idee der „Nachhaltigkeit" sei an dieser Stelle doch entgegenhalten: „Resilienz", in dem hier im Anschluss an die ursprüngliche Bedeutung verstandenen Wortsinn, dürfte gerade auch gegenüber dem Nachhaltigkeitsdiskurs das offenere, zukunftsorientiertere und innovationssensiblere Konzept sein. „Resilienz" im Sinne einer Heuristik wäre so wohl am ehesten als spezifisch-unspezifischer Zustand ins Offene zu beschreiben. „Resilienz" ließe sich solchermaßen sogar – und auch das schreibt dann überraschender Weise auch Graefe, „als das gegenüber Nachhaltigkeit politisch aussichtsreichere Transformationsversprechen" darstellen, „insofern es mehr Raum für Interpretation und Gestaltung eröffnet"[19] und solchermaßen in der „bedrohlichen Gegenwart" dann doch „zugleich die Mittel an die Hand [gibt], mit dieser Situation fertigzuwerden".[20]

Es ist diese letztlich analytisch nicht durchgearbeitete ambivalente Perspektive, die dann doch etwas ratlos hinterlässt und Überlegungen zu einer Metakritik dieser Kritik am Resilienzbegriff anleiten kann.

3. Stichworte einer Metakritik der Kritik am Resilienzkonzept[21]

Dazu sollen nachfolgend vier Stichworte bzw. Hinweise formuliert werden:

Erstens: Eine wesentliche Stoßrichtung der Kritik am Resilienzbegriff zielt auf die Forderung einer Entkopplung des Resilienzverständnisses von seinem Bezug auf die „Vorstellung einer potenziellen Bedrohung", da dieser Bezug dieses Bedrohungsszenario gerade eben auch „repoduziert".[22] Mit dem Plädoyer für eine solche Entkopplung bleiben die KritikerInnen des Resilienzbegriffs aber eben umgekehrt einer viel zu linearen Vorstellung sozialer Prozesse verhaftet. Einer Vorstellung, die im Kern bereits mit der Untersuchungsperspektive von Emmy Werner, spätestens dann aber seit Hollings Ausgriff auf ein Prinzip nichtlinearer Komplexität als Kern des Resilienzverständnisses *ad acta* gelegt wurde.[23]

---

19 Ebd., 183f.
20 Ebd., 21.
21 Hierzu insgesamt auch: *Martin Endreß*: Resilienz im Diskurs – Für ein reflexives Resilienzverständnis. Eine Einleitung, in: Ders./Benjamin Rampp (Hgg.), Resilienz als Prozess. Beiträge zu einer Soziologie von Resilienz, Wiesbaden 2022, 1–16.
22 *Rungius* et al.: Resilienz – Macht – Hoffnung, 39.
23 *C. S. Holling*: Resilience and stability of ecological systems, in: Annual Review of Ecology and Systematics 4/1 (1973), 18 u. ö.

Zweitens: Es kann gerade nicht als ein wesentliches Spezifikum des Resilienzbegriffs angesehen werden, dass er „ganz konsequent die Möglichkeit des Umgangs *mit* Unsicherheit" mitdenkt,[24] denn diesen Vorstellungshorizont teilen andere Begriffe in besonders markanter Weise mit dem Resilienzbegriff wie bspw. diejenigen des Risikos, der Nebenfolgen oder der paradoxen Effekte etc. Die sich damit verbindende Kritik, dass es AutorInnen, die mit dem Resilienzbegriff arbeiten, versäumen würden, „Unsicherheit [...] aus der Welt schaffen zu wollen", ließe sich dann also einerseits nicht nur auf entsprechende AutorInnen beschränken und sie würde andererseits – und vor allem – erneut einem geradezu naiv ausgerufenen Zustand „erlangbarer Sicherheit" das Wort reden bzw. diesen als normativ anzustrebendes Ideal ausflaggen.

Drittens: Die Kritik am Resilienzbegriff, die regelmäßig im Vorwurf seines vermeintlich passivistischen Zuschnitts gipfelt, unterstellt, dass sozialwissenschaftliche Resilienzdiskurse die Voraussetzung von etwas „Bewahrenswerte[m]"[25] ausmachen würden. Diese Kritik formuliert m. E. ein eher irritierendes Argument für eine Perspektive der Geschichtslosigkeit. Sie scheint so etwas wie einen Nullpunkt der Geschichte zu denken, geradezu im Stile eines umgekehrten Historismus, der nicht nur die Historizität des eigenen Denkens vergessen zu haben scheint, sondern auch ein irreales Modell der Möglichkeit der Entsorgung von Geschichte propagiert.

Viertens: Schließlich moniert die Kritik am Resilienzbegriff, dass es sich bei diesem um „ein erkennbar moralisches Argument" handeln würde, „dessen Tragfähigkeit auf fraglichen Voraussetzungen basiert".[26] Die Zuschnitte der Kritik am Resilienzbegriff können auch in diesem Punkt bisweilen nur erstaunen. Denn zum einen dürfte unter den Bedingungen sozio-kulturell pluralisierter und diversitätssensibler Gesellschaften die Tragfähigkeit moralischer Argumente stets aus irgendeiner Position heraus als „fragwürdig" beschreibbar sein, so dass mit dieser Kritik noch rein gar nichts gesagt wäre. Zum anderen aber ist m. E. auch nicht zu sehen, inwiefern diese Kritik auf den alternativ zum Resilienzbegriff stark gemachten Nachhaltigkeitsbegriff nicht ganz ebenso, wenn nicht gar in noch ausgeprägterem Maße zutreffen sollte. Das Argument würde sich entsprechend also letztlich *ad absurdum* führen.

---

24 *Rungius* et al.: Resilienz – Macht – Hoffnung, 39.
25 Ebd., 42.
26 Ebd., 41.

4. Eine andere Reflexionslinie zum Resilienzbegriff: Sozial- und Humanökologie

Die vorstehenden knappen Stichworte zu einer Metakritik der Kritik am Resilienzbegriff, die im Kern sowohl auf eine Enthistorisierung als auch eine Entprozessualisierung des Resilienzverständnisses hinauszulaufen scheinen, lassen vermuten, dass sich diese kritische Lesart nicht nur auf einen sehr spezifischen, sondern auf einen erheblich verengten und konzeptionell verkürzten Blick auf den Begriff und die Entwicklung des Resilienzbegriffs zurückführen lässt. Daher motiviert die skizzierte Metakritik einen erneuten Blick auf die Genealogie des Resilienzdiskurses und insbesondere auf die Rolle der Human- und Sozialökologie.

Die Sozialökologie diskutiert das Konzept der Resilienz mit Blick auf die grundsätzliche Frage, wie ein produktiver Umgang mit Krisen und Herausforderungen gelingen kann, und stellt insbesondere auf die Vorstellung multipler stabiler (Gleichgewichts-)Zustände von sozialökologischen Systemen ab.[27] Dabei können verschiedene Vorstellungen von Resilienz differenziert werden, die eine Entwicklungslinie dieses Denkens zeichnen:[28]

– Ursprünglich wurde in diesem Feld von einem Konzept der „engineering resilience" ausgegangen, das verstanden werden kann entweder als manageriale Machbarkeitsphilosophie oder aber als der Prozess der Rückkehr eines Systems zu einem *status quo ante* („bounce back"), womit letztlich

---

27 Vgl. dazu u. a. die Beiträge von: *W. Neil Adger*: Social and ecological resilience: are they related?, in: Progress in Human Geography 24/3 (2000), 347–364; *Carl Folke*:Resilience. The emergence of a perspective for social-ecological systems analyses, in: Global Environmental Change 1, 2006, 253–267; *Carl Folke*:Resilience (republished), in: Ecology and Society 21/4 (2016), Art. 44 [https://doi.org/10.5751/ES-09088-210444 – Zugriff 22.07.2022]; *Carl Folke/Stephen R. Carpenter/Brian Walker* et al.: Resilience thinking: integrating resilience, adaptivity and transformability, in: Ecology and Society 15/4 (2010), Art. 20 [http://www.ecologyandsociety.org/vol15/iss4/art20/ – Zugriff 22.07.2022]; *Lance H. Gunderson/C.S.Holling/Stephen S. Light*: Barriers and bridges to the renewal of regional ecosystems and institutions, New York 1995; *Lance H. Gunderson/C. S. Holling*: Panarchy. Understanding Transformation in Human and Natural Systems, Washington/Covelo/London 2002; *C. S. Holling*: Resilience and stability; *C. S. Holling*: Engineering Resilience versus ecological resilience, in: Peter Schulze (Hg.): Engineering Within Ecological Constraints, Washington 1996, 31–44.

28 Dazu insbes. die folgenden Arbeiten: *C. S. Holling/Lance H. Gunderson*: Resiliences and adaptive cycles, in: Lance H. Gunderson/C. S. Holling (Hgg.): Panarchy. Understanding Transformation in Human and Natural Systems, Washington/Covelo/London, 25–62; *Folke/Carpenter/Walker* et al.: Resilience thinking; *Jeremy Walker/Melinda Cooper*: Genealogies of resilience: From systems ecology to the political economy of crisis adaptation, in: Security Dialogue 42/2 (2011), 143–160.

ausschließlich auf einen kurzfristigen *ex post*-Modus des Widerstands und der Bewältigung angesichts von Herausforderungen abgestellt wird,
– In einem nächsten Entwicklungsschritt wurde unter dem Titel der „ecological/ecosystem resilience" das Potential eines Systems stärker in den Vordergrund gerückt, Störungen auszuhalten und zu verarbeiten, bevor es sich wandelt, womit über den Modus der Bewältigung hinaus auch Potentiale einer *ex ante* Anpassung angesprochen werden.
– Die erneute Fortentwicklung des Konzepts firmiert sodann unter dem Label der „social-ecological resilience" im Sinne einer „capacity of a system to absorb disturbance and reorganize while undergoing change so as to still retain essentially the same function, structure and feedbacks, and therefore identity, that is, the capacity to change in order to maintain the same identity",[29] womit schließlich überdies auch langfristige, *ex ante* orientierte, gestalterische Transformationspotentiale als konstitutive Dimension des Resilienzbegriffs adressiert werden.

Deutlich wird hier *einerseits* die zunehmende Prozessualisierung des Resilienzkonzepts im sozialökologischen Diskurs, womit es über den (wie zuvor skizziert) zeitlich engen Gegenwartsbezug von auf Widerstands- und Bewältigungspotentiale fokussierenden Resilienzbegriffen im v. a. psychologisch-therapeutischen Kontext hinausgeht, auf den offenbar auch die angesprochenen kritischen Perspektiven dominant abstellen. Es zeigt sich also bereits an dieser Stelle, dass (insbes. ein sozialökologisch inspirierter Begriff von) Resilienz weit mehr umfasst, als diese Kritiken insinuieren. *Andererseits wird* aber auch der essentialistische Zuschnitt eines sozialökologischen Resilienzbegriffs (mit dem normative Bewertungen des intrinsischen Wertes von Resilienz einhergehen) und eine – gerade im Kontrast zur (Entwicklungs-)Psychologie deutlich werdende – strukturtheoretische Engführung deutlich. Eine Aufnahme des Resilienzkonzepts mit dem Ziel seiner Einführung und produktiven Anverwandlung für die geistes-, kultur- und sozialwissenschaftliche Forschung kann damit an beiden Reflexionsgesichtspunkten produktiv ansetzen.

5. Wege zu einem kritisch reflektierten Begriffsverständnis von Resilienz

Für die angedachte konstruktive Einbeziehung des Resilienzkonzepts in die geistes-, kultur- und sozialwissenschaftliche Forschung sollen an dieser Stelle lediglich drei Punkte hervorgehoben werden:

---

29   Siehe: *Folke/Carpenter/Walker* et al.: Resilience thinking, 3; basierend auf: *Walker/Cooper*: Genealogies of Resilience, 4.

5.1 Zwei Wege der Resilienzforschung

„Resilience as an approach" versus „resilience as a property"[30] – mit dieser Opposition formuliert Carl Folke eine konzeptionell entscheidende Differenzierung, die über ein einfaches essentialistisches Verständnis von Resilienz als „Eigenschaft x von y" hinausweist.

a) *Resilienz als Eigenschaft.* Zentral ist in diesem Zusammenhang die Warnung von Folke[31] vor den methodischen Irrwegen einer Resilienzforschung, die sich schlicht merkmalsorientiert auf *apriori* als möglich unterstellte Gleichgewichtszustände in normativer Absicht ausrichtet und solchermaßen über ontologische Postulate zu erreichender Ist-Zustände nicht hinauskommt. Ein solches Verständnis von Resilienz, so steht zu vermuten, ist auch für die zuvor angesprochenen kritischen Einschätzungen des analytischen Potentials des Resilienzbegriffs leitend.
b) *Resilienz als Beobachtungseinstellung und Forschungsperspektive.* Demgegenüber steht ein Verständnis von Resilienz als Beobachtungseinstellung bzw. als Forschungsperspektive auf einen spezifischen Typus von (je nach Forschungskontext sozio-ökologischen, sozialen, sozio-historischen etc.) Prozessen – solchen Prozessen nämlich, die sich durch eine Wechselseitigkeit und Wechselwirkung von Phänomenen der Kontinuität und der Diskontinuität auszeichnen. Wird Resilienz in diesem Sinne als Beobachtungseinstellung für die geistes-, kultur- und sozialwissenschaftliche Forschung verstanden und genutzt, dann eröffnet sie Spielräume für Heuristiken und Analytiken des empirischen (historischen wie gegenwartsbezogenen) Materials. Zugleich ergeben sich für diese Verwendungskontexte aber spezifische analytische Erfordernisse: Resilienz gilt es hier als nicht-essentialistisch, nicht-teleologisch sowie nicht-normativ zu konzeptualisieren.[32]

5.2 Normative Neutralität?

Ist aber ein solchermaßen zugeschnittener Resilienzbegriff wirklich normativ neutral? Gerade im Kontrast zu den geläufigen Vorwürfen einerseits, dass Resilienz eine neoliberale Responsibilisierungstechnik darstelle, ebenso wie im

---

30 Vgl. *Folke*: Resilience, 8
31 Vgl. Ebd., 8, 9.
32 Vgl. insgesamt zu dieser Reflexionsperspektive auf Resilienz: *Martin Endreß/Benjamin Rampp*: Resilienz als Perspektive auf gesellschaftliche Prozesse. Auf dem Weg zu einer soziologischen Theorie, in: Ders./Andrea Maurer (Hgg.): Resilienz im Sozialen. Theoretische und empirische Analysen, Wiesbaden 2015, 33–55.

Unterschied zu psychologisch-therapeutischen und sozial-ökologischen Ansätzen andererseits, die Resilienz demgegenüber mitunter als ‚Heilsversprechen' verhandeln, ist dies eine zentrale Frage für ein kritisch reflektiertes Begriffsverständnis von Resilienz.

Der hier vertretenen Auffassung zufolge kann ein – wie vorstehend skizziert zugeschnittener – Resilienzbegriff aus folgenden Gründen als normativ neutral angesehen werden:

Zum einen können Disruptionen oder Einbrüche – welche im vorliegenden Resilienzbegriff eben nicht gegen Resilienz sprechen, sondern vielmehr konstitutive Bestandteile von Resilienzprozessen darstellen – auch Glücksfälle sein, wie bspw. bei einem Lottogewinn, im Falle eines einsetzenden Regens, der ein Feuer löschen hilft oder aber im Falle einer lang anhaltenden Regenperiode, die durch die dadurch entstehende Verschlammung des Bodens eine Armee zwingt, ihren Vormarsch zu unter- bzw. einen Angriff abzubrechen. Disruptionen und Resilienz sind also stets eine Frage der Perspektivität.[33]

Zum anderen ist zu berücksichtigen, dass die Resilienz (als Eigenschaft) von „x" zugleich stets die Katastrophe von „y" sein kann – und dies historisch typischerweise regelmäßig auch so gewesen ist. Auch vor diesem Hintergrund ergibt sich somit die normative Neutralität des Begriff analytisch zwingend wie sie zugleich als notwendige Beobachtungseinstellung zu betonen ist.

Beide angeführten Aspekte muss eine entsprechend aufgestellte Resilienzanalyse, die Nebenfolgendynamiken als im Zentrum ihrer Beobachtungsausrichtung stehend begreift, im Blick haben bzw. in ihrer Analyse in den Blick nehmen.

5.3 Resilienz – im Kern ein Zeitphänomen

Die allfällig beobachtete Dynamik der Zeiten – egal ob diese nun unter dem Label der „Beschleunigung"[34] läuft oder als „Zeit rapider Veränderungen"[35] oder als

---

[33] Dazu auch u. a.: *Martin Endreß*: Prozesse von Resilienz – eine neue Perspektive auf gesellschaftliche Transformation, in: Michael Thomas/Ulrich Busch (Hgg.): Transformationen im 21. Jahrhundert. Theorien – Geschichte – Fallstudien, Berlin 2015, Bd. I, 115–131; *Martin Endreß*: The Socio-Historical Constructiveness of Resilience, in: Benjamin Rampp/Martin Endreß/Marie Naumann (Hgg.): Resilience in Social, Cultural and Political Spheres, Wiesbaden 2019, 41–58; *Martin Endreß*: Strategies, Dispositions and Resources as Socio-Historical Constructions, in: Ders./Lukas Clemens/Benjamin Rampp (Hgg.): Strategies, Dispositions and Resources of Social Resilience. A Dialogue between Medieval Studies and Sociology, Wiesbaden 2020, 43–5; *Endreß/Rampp*: Resilienz als Perspektive.

[34] *Hartmut Rosa*: Beschleunigung. Die Veränderung der Zeitstrukturen in der Moderne, Frankfurt a. M. 2005.

[35] *Martin Voss*: Resilience from the Perspective of the Theory of Symbolic Forms, in: Benjamin Rampp/Martin Endreß/Marie Naumann (Hgg.): Resilience in Social, Cultural and Political Spheres, Wiesbaden 2019.

„Zeitalter der Transformation"[36] ausgeflaggt wird – fördert den Aufschwung einer Begrifflichkeit, die Temporalität und damit generell Prozesshaftigkeit analytisch ins Zentrum stellt.[37]

Die Begriffskontexte, in denen ein expliziter Bezug zwischen Resilienz und der Frage der Temporalität hergestellt wird, sind dabei vielfältig. Zu nennen sind u. a.:

— die Verknüpfung von Phänomenen von Vulnerabilität, Krisen, Disruptionen und Brüchen;[38]
— der Verweis auf das Tempo und die Intensität sozialer Veränderungen im Rahmen von Komplexitätskonstellationen und Globalisierungsprozessen;[39]
— die Identifikation von Verunsicherung als Signatur der Zeit;[40] sowie
— der Wandel von einem linearen zu einem nicht-linearen Denken. Wobei Resilienz verstanden wird als Beobachtungseinstellung bzw. heuristische Perspektive zur Analyse nicht-linearer sozio-historischer Mehrebenenprozesse der Bewältigung, Anpassung und Transformation angesichts bestandsgefährdender Herausforderungen, die sich durch eine enge Verknüpfung von Phänomenen der Kontinuität und der Diskontinuität im Zuge der Rekonfigurationen tradierter Elemente sowie durch die Generierung von Deutungs- und Handlungsmustern auszeichnen.[41]

Das in der Sozialökologie eingeführte Resilienz-Modell des Adaptive Cycle[42] nimmt diese temporalen Fragen dezidiert auf und kann als ein Anknüpfungspunkt einer geistes-, kultur- und sozialwissenschaftlichen Verwendung des Resilienzbegriffs dienen. Dabei zeigt sich allerdings, dass das Modell aufgrund seiner sozialökologischen Provenienz nicht ohne Anpassungen auf die Analyse

---

36 *Stefan Kaufmann/Sabine Blum*: Vulnerabilität und Resilienz. Zum Wandern von Ideen in der Umwelt- und Sicherheitsdiskussion, in: Roderich von Detten/Fenn Faber/Martin Bemmann (Hgg.): Unberechenbare Umwelt. Zum Umgang mit Unsicherheit und Nicht-Wissen, Wiesbaden 2013, 95.
37 Vgl. *Rungius* et al.: Resilienz – Macht – Hoffnung, 34; Karidi et al. 2018.
38 *Hans-Joachim Bürkner*: Vulnerabilität und Resilienz. Forschungsstand und sozialwissenschaftliche Untersuchungsperspektiven (Working Paper), Berlin/Erkner [http://www.irs-net.de/download/wp_vr.pdf – Zugriff 30.04.2014].
39 *Andrew Zolli/Ann Marie Healy*: Resilience. Why Things Bounce Back. New York 2011, 13.
40 Exemplarisch etwa *Rungius* et al.: Resilienz – Macht – Hoffnung, 37f.: „ungeahnte neue Handlungsmöglichkeiten, [...] unvermutete Wirkungszusammenhänge und Gefahren [...] aber auch ungeahnte und unkontrollierbare Gefahren".
41 Vgl. u. a. die Beiträge in: *Benjamin Rampp/Martin Endreß/Marie Naumann* (Hgg.): Resilience in Social, Cultural and Political Spheres, Wiesbaden 2019; *Martin Endreß/Lukas Clemens/Benjamin Rampp* (Hgg.): Strategies, Dispositions and Resources of Social Resilience. A Dialogue between Medieval Studies and Sociology, Wiesbaden 2020; sowie in: *Martin Endreß/Benjamin Rampp* (Hgg.): Resilienz als Prozess. Beiträge zu einer Soziologie von Resilienz, Wiesbaden 2022.
42 *Holling/Gunderson*: Resiliences and adaptive cycles.

sozio-historischer Konstellationen übertragbar ist.[43] Zugleich aber lässt sich das Modell grundsätzlich produktiv als Heuristik nutzen, um die Dynamik sozio-historischer Prozesse mit unterschiedlichen, zwischen inkrementellen und disruptiven Ausprägungen changierenden Geschwindigkeiten von Veränderungen systematischer verstehen und erklären zu können. Dafür ergeben sich in einem ersten Zugriff wohl vier Schwerpunktsetzungen:

1. Als Gegenstand der Analyse werden sozio-historische Prozesse in den Blick genommen. Das Postulat, dass v. a. sogenannte spätmoderne Konstellationen von einer besonderen Komplexität gesellschaftlicher Herausforderungen geprägt seien, erweist sich dabei als nicht haltbar, vielmehr lässt sich dieses Phänomen auch für historische gesellschaftliche Figurationen identifizieren.
2. Anleitend ist sodann eine sozialkonstruktive Perspektive,[44] die weder Resilienz noch als resilient beschriebene Prozesse als essentialistische Gegebenheiten bzw. Eigenschaft versteht, sondern von der grundlegenden Bedeutung der kontext- und perspektivenabhängigen Beobachtung (Wahrnehmung/Deutung) und Konstruktion der sozio-historischen Wirklichkeit ausgeht. So wird Resilienz immer auch als Ergebnis einer Zuschreibungspraxis verstanden – sowohl erster Ordnung durch die beteiligten zeitgenössischen BeobachterInnen als auch zweiter Ordnung durch die wissenschaftliche Rekonstruktion entsprechender Beobachtungen erster Ordnung. Diese Optik setzt sich zudem notwendig in ein reflexives Verhältnis zu den in diesen Beobachtungen jeweils favorisierten normativen Prämissen und Leitlinien (die Gesundheit und der Bestand von „x" ist – wie gezeigt – eben keineswegs in jedem Fall und aus jeder Perspektive stets wünschenswert).
3. Während das sozialökologische Verständnis von Resilienz – nicht zuletzt aufgrund seiner essentialistischen, normativ aufgeladenen Engführung – vergleichsweise stark auf Gleichgewichtszustände von Systemen abzielt, spielen solche Phänomene der Stabilität in dem hier verfolgten Verständnis von Resilienz zwar ebenfalls eine Rolle, werden aber um eine stärker akzentuierte Dimension der Transformation (also Prozesshaftigkeit) ergänzt und konsequenter prozessual konzeptualisiert. Danach geht es mit Blick auf sozio-historische Konstellationen stets um Phänomene dynamischer Stabilität.
4. Diese Bedeutung von Prozessualität spiegelt sich darin wider, dass diese Perspektive auf Resilienz analytisch-begrifflich stärker auf soziale Prozesse anstatt auf (soziale) Systeme fokussiert. Im Unterschied zum analytischen

---

43 Vgl. zur Herausforderung einer spezifisch sozio-historischen Konzeptualisierung von Resilienz: *Endreß/Rampp*: Resilienz als Perspektive.
44 Dazu: *Endreß*: Prozesse von Resilienz; *Endreß*: Socio-Historical Constructiveness; *Endreß*: Strategies, Dispositions and Resources; *Endreß/Rampp*: Resilienz als Perspektive.

Zugriff der Sozialökologie wird damit versucht, das Verständnis von Resilienz in einem dialektischen Verhältnis von Kontinuität und Diskontinuität zu verorten.

6. Interdisziplinäre Potentiale

6.1 Warum gelingen Begriffen interdisziplinäre Karrieren?

Vor diesem Hintergrund stellen sich nun die Fragen, wie und warum Begriffen interdisziplinäre Karrieren gelingen und inwiefern dies auch für den Begriff der Resilienz zutreffen kann.[45]

Insbesondere sind es wohl zwei Momente, die für eine mögliche interdisziplinäre Karriere von Begriffen von besonderer Bedeutung sind:

1. Wenn die fraglichen Begriffe beides zugleich sozusagen „besitzen": sowohl eine deskriptive als auch eine normative Seite.[46]
2. Wenn sie – positiv formuliert – hinreichend offen bzw. wenn sie – negativ formuliert – hinreichend diffus sind. Beides sichert offenkundig vielfältige Rezeptions-, Anschluss- und Anverwandlungsoptionen.

Entsprechen dieser beiden Aspekte gilt wohl auch für den Begriff (oder das Konzept) „Resilienz", dass seine fortschreitend zu beobachtende semantische Spreizung als Bedingung der Möglichkeit seiner multidisziplinären Rezeption anzusehen ist. Semantische Vieldeutigkeit bzw. Ambivalenz/Polyvalenz geraten so zur *conditio sine qua non* multi- und interdisziplinärer und damit eben potentiell innovativer Forschung. Die Ausdünnung ursprünglicher Bedeutungsgehalte erweist sich solchermaßen als Generator neuer Relevanzen. Diese Konstellation

---

45 Siehe dazu auch die Diskussion zu Resilienz als ‚boundary' bzw. ‚bridging concept', vgl. *Jacopo A. Baggio/Katrina Brown/Denis Hellebrandt*: Boundary object or bridging concept? A citation network analysis of resilience, in: Ecology and Society 20/2 (2015), Art. 2 [http://dx.doi.org/10.5751/ES-07484-200202 – Zugriff 22.6.2022]; *SabineBlum/Martin Endreß/Stefan Kaufmann/Benjamin Rampp*: Soziologische Perspektiven, in: Rüdiger Wink (Hg.): Multidisziplinäre Perspektiven der Resilienzforschung, Wiesbaden 2016, 151–177; *Stefan Kaufmann*: Resilienz als ‚Boundary Object', in: Christopher Daase/Philipp Offermann/Valentin Rauer (Hgg.): Sicherheitskultur. Soziale und politische Praktiken der Gefahrenabwehr, Frankfurt a. M. 2012, 109–131; *Stefan Kaufmann/Sabine Blum*: Governing (In)Security. The Rise of Resilience, in: Hans-Helmuth Gander/Walter Perron/Ralf Poscher/Gisela Riescher/Thomas Würtenberger (Hgg.): Resilienz in der offenen Gesellschaft. Symposium des Centre for Security and Society, Baden-Baden 2012, 235–257.
46 *Fridolin SimonBrand/Kurt Jax*: Focussing the Meaning(s) of Resilience: Resilience as a Descriptive Concept an a Boundary Object, in: Ecology and Society 12/1 (2007), Art. 23 [http://www.ecologyandsociety.org/vol12/iss1/art23/ – Zugriff 10.07.2017.

ist dabei fraglos ambivalent, also Chance und Risiko für interdisziplinäre Arbeit zugleich: der Chance multipler Anschlussmöglichkeiten steht das Risiko begrifflicher Beliebigkeit dauerhaft zur Seite bzw. entgegen. Aber „eine interdisziplinäre Forschungsgruppe kann (und muß) [...] auf die verschiedenen Diskussionstraditionen [...] in den unterschiedlichen Fächern [...] reagieren und die dadurch gegebenen, disziplinären Kommunikationsgrenzen zugleich zu überspringen versuchen".[47]

Inter- oder multidisziplinäre Forschungsverbünde unterliegen dem „Zwang zur Verständlichkeit über die fachterminologischen Grenzen hinaus" und die Bedingung der Möglichkeit für den internen Dialog „ist wechselseitiges Verstehen, nicht ein bestimmtes Maß an Exaktheit von Begriffen".[48] Zugleich aber unterliegt erfolgreiches Miteinanderarbeiten „einem nicht geringen Zwang zur Verwissenschaftlichung im Sinne von thematischer Eingrenzung und begrifflicher Präzision".[49] Hier wären dann Fragen und Probleme der Übertragbarkeit von Konzepten und *termini technici* in andere als ihre Herkunftsdisziplinen zu erörtern.

6.2 Resilienz – Stimulierendes Thema für interdisziplinäre Forschung in den Geistes-, Kultur- und Sozialwissenschaften?

Was bedeutet dies konkret für den Begriff der Resilienz und sein analytisches Potential für interdisziplinäre Forschung in den Geistes-, Kultur- und Sozialwissenschaften? Dieser Frage liegt eine sehr viel grundsätzlichere Frage zur Einschätzung von Interdisziplinarität zugrunde: Handelt es sich bei Interdisziplinarität um einen Leitbegriff oder eine Leerformel bzw. um einen Potentialbegriff oder eine Problemformel?

Zunächst eine Beobachtung vorweg: Zwei objektiv gegenläufige Entwicklungen lassen sich gegenwärtig bzw. in jüngerer Vergangenheit konstatieren: a) eine fortschreitende Differenzierung der disziplinären Wissenschaftslandschaft und zugleich eine intensive Propagierung und Gratifizierung inter- bzw. transdisziplinärer Arbeit; b) eine trotz intensiver Propagierung und Gratifizierung inter- bzw. transdisziplinärer Arbeit (insbes. auf der Ebene von Fördergeldern) weiterhin dominant fach- bzw. disziplin-spezifische Karrierestruktur für junge WissenschaftlerInnen. In beiderlei Hinsichten bedarf es einer

---

47 *Wilhelm Voßkamp*: Interdisziplinarität in den Geisteswissenschaften (am Beispiel einer Forschungsgruppe zur Funktionsgeschichte der Utopie), in: Jürgen Kocka (Hg.): Interdisziplinarität. Praxis – Herausforderung – Ideologie, Frankfurt a. M. 1987, 93.
48 Ebd., 99.
49 Ebd., 100.

Verständigung der leitenden VertreterInnen der Disziplinen im Rahmen inter- bzw. transdisziplinär sich aufstellender Forschungsverbünde untereinander.

Aus einer soziologischen Perspektive auf Chancen und Probleme interdisziplinärer Arbeit bzw. inter- oder multidisziplinär aufgestellter Forschungsverbünde heraus mag nun womöglich vor allem ein kritischer Blick auf Machtfragen, Ressourcenverteilungen, Geschlechterfragen, Karrierechancen, institutionelle Asymmetrien und Statusdifferenzen und -probleme (Reputationsordnungen (symbolische Macht)) erwartet werden – aber diese Aspekte interessieren im vorliegenden Zusammenhang nicht vorrangig. Demgegenüber sei hier als spezifisches Risikoszenario eher auf methodologische und konzeptionelle Verengungen bzw. Engführungen aufgrund interdisziplinärer Kommunikationsbarrieren hingewiesen sowie auf die habituellen Dispositionen, die die jeweiligen fachkulturellen Sozialisationen mit sich bringen (so sind für SozialwissenschaftlerInnen NaturwissenschaftlerInnen vielfach schlicht ‚naive Realisten', während für NaturwissenschaftlerInnen SozialwissenschaftlerInnen vielfach als ‚Schwätzer' daherkommen):

1. Eine Einschätzung zur bzw. Antwort auf die oben gestellte Frage, ob es sich bei „Resilienz" um einen Leitbegriff und/oder Potentialbegriff oder um eine Leer- bzw. Problemformel handelt, bleibt letztlich ambivalent. Aber das bedeutet zugleich, dass ein grundsätzliches Potential des Begriffs/Konzepts identifizierbar ist.
2. Als Hinweise darauf, inwiefern konkret Resilienz als stimulierendes Thema für den interdisziplinären Austausch fungieren kann, lassen sich abschließend gleichwohl zumindest einige zentrale Leitlinien für die konzeptionelle Arbeit anführen, die sich unmittelbar an die vorherigen Ausführungen anschließen:

    – Resilienz nicht verkürzt normativ, essentialistisch, teleologisch nur als Eigenschaft denken, sondern als Beobachtungsperspektive;
    – damit werden nicht-lineare soziale/sozio-historische Prozesse zwischen Kontinuität und Diskontinuität analytisch besser versteh- und erklärbar;
    – zentral ist dafür eine sozialkonstruktive, prozessuale (temporale) wie relationale Perspektive;
    – und *vice versa* bietet der Resilienzbegriff neue Möglichkeiten und Werkzeuge, dieser prozessualen und relationalen Perspektive (zumindest für einen spezifischen Typus von sozialen/sozio-historischen Prozessen) eine konkrete Form zu geben.

7. Fazit

Abschließend stellt sich damit die Frage: bietet sich der Begriff der Resilienz wirklich für jedweden disziplinären Kontext an? Die offenkundige Antwort auf diese – offenkundig rhetorische – Fragelautet vor dem Hintergrund des zuvor Ausgeführten natürlich: nein. Aber: Es gibt vielfältige Kontexte, in denen der Resilienzbegriff neue Perspektiven eröffnen und produktive analytische Werkzeuge bereitstellen kann. Im Zentrum kann also nicht die Frage stehen, ob Resilienz *per se* und prinzipiell ein hilfreicher Begriff ist, sondern in welchem Kontext welcher Begriff von Resilienz analytisch fruchtbar gemacht werden kann.

Jenseits also der eingangs eingeführten (normativ konnotierten) Oppositionen zwischen Resilienz als mobilisierender Kraft einerseits und Herrschaftstechnik andererseits sind – in nicht zuletzt typologischer Lesart – insbesondere wohl die folgenden Kontextkonstellationen zu unterscheiden und zu berücksichtigen:

1. Interventionistische und deskriptiv-empirische Ansätze von Resilienz;[50]
2. Individuelle und soziale Verständnisse von Resilienz; sowie
3. analytische Forschungsinteressen („Resilienz als Beobachtungseinstellung bzw. Forschungsperspektive") und herrschaftskritische Perspektiven (die demgegenüber auf „Resilienz als Eigenschaft" abzielen).

Die Antwort auf die Frage nach dem analytischen Mehrwert von Resilienz stellt sich für jeden dieser Kontexte in unterschiedlicher Form. Ohne für jeden einzelnen dieser Forschungszusammenhänge an dieser Stelle eine Einschätzung abgeben zu können, scheinen jedoch zwei Befunde zum Abschluss erlaubt:

Erstens hat sich gezeigt, dass Resilienz weit mehr umfasst, als nur ein (wahlweise hoch gepriesenes oder demgegenüber politisch verurteiltes und ‚verdammtes') Verständnis als Eigenschaft der Widerstands- oder Bewältigungskraft. Sollen also die Probleme und Chancen der Verwendung des Resilienzkonzepts im Rahmen der Geistes-, Kultur- und Sozialwissenschaften eruiert werden, so sind diese Verkürzungen und Engführungen im bisherigen Resilienzdiskurs nicht nur zu umgehen, sondern zu überwinden.

Zweitens lässt sich mit Blick auf die den hier vorgetragenen Forschungserfahrungen – mit Resilienz verstanden als Beobachtungseinstellung bzw. Forschungsperspektive – zumindest vorläufig resümieren, dass sich durch den Begriff neue Perspektiven und Herangehensweisen eröffnen, die für die Untersuchung sozio-historischer Prozesse bislang nicht nur nicht zur Verfügung standen, sondern für die seit geraumer Zeit ein interdisziplinäres Desiderat bestand. Ein Desiderat, welches sicherlich noch nicht beantwortet ist, für das der

---

50 Vgl. *Endreß/Rampp*: Resilienz als Perspektive, 37.

interdisziplinäre Austausch über den Begriff der Resilienz aber – das sollte vorstehend deutlich geworden sein – vielfältige Potentiale bereithält.

Literaturverzeichnis

Adger, W. Neil: Social and ecological resilience: are they related?, in: Progress in Human Geography 24/3 (2000), 347–364.
Baggio, Jacopo A./Brown, Katrina/Hellebrandt, Denis: Boundary object or bridging concept? A citation network analysis of resilience, in: Ecology and Society 20/2 (2015), Art.2 [http://dx.doi.org/10.5751/ES-07484-200202 – Zugriff 22.6.2022].
Blum, Sabine/Endreß, Martin/Kaufmann, Stefan/Rampp, Benjamin: Soziologische Perspektiven, in: Rüdiger Wink (Hg.): Multidisziplinäre Perspektiven der Resilienzforschung, Wiesbaden 2016, 151–177.
Böschen, Stefan/Vogt, Markus/Binder, Claudia R./Rathgeber, Andreas (Hgg.): Resilienz. Analysetool für soziale Transformationen, GAIA Sonderheft S1/2017, München 2017.
Bonß, Wolfgang: Vom Risiko. Unsicherheit und Ungewißheit in der Moderne, Hamburg 1995.
Bonß, Wolfgang: Karriere und sozialwissenschaftliche Potentiale des Resilienzbegriffs, in: Martin Endreß/Andrea Maurer (Hgg.): Resilienz im Sozialen. Theoretische und empirische Analysen, Wiesbaden 2015, 15–32.
Brand, Fridolin Simon/Jax, Kurt: Focussing the Meaning(s) of Resilience: Resilience as a Descriptive Concept and a Boundary Object, in: Ecology and Society 12/1 (2007), Art. 23 [http://www.ecologyandsociety.org/vol12/iss1/art23/ – Zugriff 10.07.2017].
Bröckling, Ulrich: Resilienz. Belastbar, flexibel, widerstandsfähig, in: Ders., Gute Hirten führen sanft. Über Menschenregierungskünste, Berlin 113–139.
Bürkner, Hans-Joachim: Vulnerabilität und Resilienz. Forschungsstand und sozialwissenschaftliche Untersuchungsperspektiven (Working Paper), Berlin/Erkner [http://www.irs-net.de/download/wp_vr.pdf – Zugriff 30.04.2014].
Chandler, David: Beyond neoliberalism: resilience, the new art of governing complexity, in: Resilience. International Policies, Practices and Discourses 2/1 (2014), 47–63.
Chandler, David: Resilience. The Governance of Complexity, London/New York 2014.
Dörre, Klaus: Die neue Landnahme. Dynamiken und Grenzen des Finanzmarktkapitalismus, in: Ders./Stephan Lessenich/Hartmut Rosa (Hgg.): Soziologie – Kapitalismus – Kritik. Eine Debatte, Frankfurt a. M. 2009, 21–86.
Endreß, Martin: Prozesse von Resilienz – eine neue Perspektive auf gesellschaftliche Transformation, in: Michael Thomas/Ulrich Busch (Hg.): Transformationen im 21. Jahrhundert. Theorien – Geschichte – Fallstudien, Berlin 2015, Bd. I, 115–131.
Endreß, Martin: The Socio-Historical Constructiveness of Resilience, in: Benjamin Rampp/Martin Endreß/Marie Naumann (Hgg.): Resilience in Social, Cultural and Political Spheres, Wiesbaden 2019, 41–58.
Endreß, Martin: Strategies, Dispositions and Resources as Socio-Historical Constructions, in: Ders./Lukas Clemens/Benjamin Rampp (Hgg.): Strategies, Dispositions and Resources of Social Resilience. A Dialogue between Medieval Studies and Sociology, Wiesbaden 2020, 43–57.
Endreß, Martin: Resilienz im Diskurs – Für ein reflexives Resilienzverständnis. Eine Einleitung, in: Ders./Benjamin Rampp (Hgg.), Resilienz als Prozess. Beiträge zu einer Soziologie von Resilienz, Wiesbaden 2022, 1–16.

Endreß, Martin/Clemens, Lukas/Rampp, Benjamin (Hgg.): Strategies, Dispositions and Resources of Social Resilience. A Dialogue between Medieval Studies and Sociology, Wiesbaden 2020.

Endreß, Martin/Maurer, Andrea (Hgg.): Resilienz im Sozialen. Theoretische und empirische Beiträge, Wiesbaden 2015.

Endreß, Martin/Rampp, Benjamin: Resilienz als Prozess transformativer Autogenese – Konturen einer soziologischen Theorie, in: Behemoth – A Journal on Civilisation 7/3 (2014), 73–102.

Endreß, Martin/Rampp, Benjamin: Resilienz als Perspektive auf gesellschaftliche Prozesse. Auf dem Weg zu einer soziologischen Theorie, in: Ders./Andrea Maurer (Hgg.):Resilienz im Sozialen. Theoretische und empirische Analysen, Wiesbaden 2015, 33–55.

Endreß, Martin/Rampp, Benjamin (Hgg.): Resilienz als Prozess. Beiträge zu einer Soziologie von Resilienz, Wiesbaden 2022.

Folke, Carl: Resilience. The emergence of a perspective for social-ecological systems analyses, in: Global Environmental Change 1, 2006, 253–267.

Folke, Carl: Resilience (republished), in: Ecology and Society 21/4 (2016), Art. 44 [https://doi.org/10.5751/ES-09088-210444 – Zugriff 22.07.2022].

Folke, Carl/Carpenter S. R./Walker, Brian et al.: Resilience thinking: integrating resilience, adaptivity and transformability, in: Ecology and Society 15/4 (2010), Art. 20 [http://www.ecologyandsociety.org/vol15/iss4/art20/ – Zugriff 22.07.2022].

Folkers, Andreas: Das Sicherheitsdispositiv der Resilienz. Katastrophische Risiken und die Biopolitik vitaler Systeme, Frankfurt a. M./New York 2018.

Graefe, Stefanie: Resilienz im Krisenkapitalismus. Wider das Lob der Anpassungsfähigkeit, Bielefeld 2019.

Gunderson, Lance H./Holling C. S./Light, Stephen S.: Barriers and bridges to the renewal of regional ecosystems and institutions, New York 1995.

Gunderson, Lance H./Holling, C. S.: Panarchy. Understanding Transformation in Human and Natural Systems, Washington/Covelo/London 2002.

Holling, C. S.: Resilience and stability of ecological systems, in: Annual Review of Ecology and Systematics 4/1 (1973), 1–23.

Holling, C. S.: Engineering Resilience versus ecological resilience, in: Peter Schulze (Hg.): Engineering Within Ecological Constraints, Washington 1996, 31–44.

Holling, C. S./Gunderson, Lance H.: Resiliences and adaptive cycles, in: Lance H. Gunderson/C. S. Holling (Hgg.): Panarchy. Understanding Transformation in Human and Natural Systems, Washington/Covelo/London, 25–62.

Joseph, Jonathan: Resilience as Embedded Neoliberalism. A Governmentality Approach, in: Resilience. International Politics, Practices, and Discourses 1/1 (2013), 38–52.

Karidi, Maria/Schneider, Martin/Gutwald, Rebecca (Hgg.): Resilienz. Interdisziplinäre Perspektiven zu Wandel und Transformation, Wiesbaden 2018.

Kaufmann, Stefan: Resilienz als ‚Boundary Object', in: Christopher Daase/Philipp Offermann/Valentin Rauer (Hgg.): Sicherheitskultur. Soziale und politische Praktiken der Gefahrenabwehr, Frankfurt a.M. 2012, 109–131.

Kaufmann, Stefan/Blum, Sabine: Governing (In)Security. The Rise of Resilience, in: Hans-Helmuth Gander/Walter Perron/Ralf Poscher et al. (Hgg.): Resilienz in der offenen Gesellschaft. Symposium des Centre for Security and Society, Baden-Baden 2012, 235–257.

Kaufmann, Stefan/Blum, Sabine: Vulnerabilität und Resilienz. Zum Wandern von Ideen in der Umwelt- und Sicherheitsdiskussion, in: Roderich von Detten/Fenn Faber/Martin Bemmann (Hgg.): Unberechenbare Umwelt. Zum Umgang mit Unsicherheit und Nicht-Wissen, Wiesbaden 2013, S. 91–120.

Krüger, Marco/Max, Matthias (Hgg.): Resilienz im Katastrophenfall. Konzepte zur Stärkung von Pflege- und Hilfsbedürftigen im Bevölkerungsschutz, Bielefeld 2019.

Lorenz, Daniel F.: The diversity of resilience: contributions from a social science perspective, in: Natural Hazards 67/1 (2013), 7–24.

Nagel, Ulla/Heinrich, Maike: Stress und Resilienz. So bewältigen Sie als Mitarbeiter Fehlbeanspruchungen und stärken Ihre Widerstandskraft, Landsberg am Lech 2019.

Neocleous, Mark: Resisting Resilience, in: Radical Philosophy 178 (March/April), 2–7.

Rampp, Benjamin/Endreß, Martin/Naumann, Marie (Hgg.): Resilience in Social, Cultural and Political Spheres, Wiesbaden 2019.

Reckwitz, Andreas: Die neue Politik des Negativen, in: Der Spiegel Nr. 10 vom 06.03.2021.

Reid, Julian: The Imaginary of Resilience. Trauma, Struggle, Life, in: Benjamin Rampp/Martin Endreß/Marie Naumann (Hgg.), Resilience in Social, Cultural and Political Spheres, Wiesbaden, 191–206.

Rosa, Hartmut: Beschleunigung. Die Veränderung der Zeitstrukturen in der Moderne, Frankfurt a.M. 2005.

Rungius, Charlotte/Schneider, Elke/Weller, Christoph: Resilienz – Macht – Hoffnung. Der Resilienzbegriff als diskursive Verarbeitung einer verunsicherten Moderne, in: Maria Karidi/Martin Schneider/Rebecca Gutwald (Hgg.):Resilienz. Interdisziplinäre Perspektiven zu Wandel und Transformation, Wiesbaden 2018, 33–59.

Schäfer, Brigitte: Resilienz. 100 Seiten, Stuttgart 2019.

Sedmak, Clemens: Innerlichkeit und Kraft. Studie über epistemische Resilienz, Freiburg i. Br./Basel/Wien 2013.

Slaby, Jan: Kritik der Resilienz, in: Frauke A. Kurbacher/Philipp Wüschner (Hgg.): Was ist Haltung? Begriffsbestimmung, Positionen, Anschlüsse, Würzburg 2016, 273–298.

Voss, Martin: Resilience from the Perspective of the Theory of Symbolic Forms, in: Benjamin Rampp/Martin Endreß/Marie Naumann (Hgg.): Resilience in Social, Cultural and Political Spheres, Wiesbaden 2019, 77–102.

Voßkamp, Wilhelm: Interdisziplinarität in den Geisteswissenschaften (am Beispiel einer Forschungsgruppe zur Funktionsgeschichte der Utopie), in: Jürgen Kocka (Hg.): Interdisziplinarität. Praxis – Herausforderung - Ideologie, Frankfurt a. M. 1987, 92–105.

Walker, Jeremy/Cooper, Melinda: Genealogies of resilience: From systems ecology to the political economy of crisis adaptation, in: Security Dialogue 42/2 (2011), 143–160.

Weiß, Matthias/Hartmann, Silja/Högl, Martin: Resilienz als Trendkonzept. Über die Diffusion von Resilienz in Gesellschaft und Wissenschaft, in: Maria Karidi/Martin Schneider/Rebecca Gutwald (Hgg.): Resilienz. Interdisziplinäre Perspektiven zu Wandel und Transformation, Wiesbaden 2018, 13–32.

Wink, Rüdiger (Hg.): Multidisziplinäre Perspektiven der Resilienzforschung, Wiesbaden 2016.

Zolli, Andrew /Healy, Ann Marie: Resilience. Why Things Bounce Back. New York 2011.

Die pädagogische Perspektive des Resilienzkonzepts: Praktische Anwendung und theoretische Reflexion

Maike Rönnau-Böse

1. Einleitung

Kinder wachsen in einer zunehmend vielfältigeren Welt auf. Die damit verbundenen Chancen zur Selbstentwicklung werden durch unterschiedlichste Herausforderungen und auch Risiken beeinflusst. Eine besondere Rolle haben dabei personale und/oder soziale Schutz- oder Risikofaktoren. Die Fähigkeit der positiven Bewältigung von Krisen und Herausforderungen erlangt in belastenden Lebenssituationen eine besondere Bedeutung. Kinder, die frühzeitig darin unterstützt werden, entsprechende Bewältigungsfähigkeiten aufzubauen, haben später bessere Voraussetzungen, schwierige Situationen zu meistern.[1] Deshalb nimmt die Resilienzförderung insbesondere in der frühkindlichen Bildung und Erziehung einen hohen Stellenwert ein.

2. Das Resilienzkonzept aus der pädagogischen Perspektive

Im Kontext von Pädagogik und Psychologie stehen beim Konzept der Resilienz nicht nur Krisen oder Belastungssituationen im Mittelpunkt, sondern auch „die erfolgreiche Bewältigung von altersspezifischen Entwicklungsaufgaben".[2] Die Bewältigung dieser Aufgaben und/oder Krisen, geschieht „unter Rückgriff auf persönliche und sozial vermittelte Ressourcen"[3] und bietet eine Chance auf Weiterentwicklung. Fingerle (2011) verwendet in diesem Zusammenhang den

---

[1] Vgl. *Jürgen Bengel/Frauke Meinders-Lücking/Nina Rottmann*: Schutzfaktoren bei Kindern und Jugendlichen – Stand der Forschung zu psychosozialen Schutzfaktoren für Gesundheit (Forschung und Praxis der Gesundheitsförderung 35), Köln 2009.

[2] *Corina Wustmann*: Resilienz. Widerstandsfähigkeit von Kindern in Tageseinrichtungen fördern, Weinheim 2004, 20.

[3] *Rosmarie Welter-Enderlin/Bruno Hildenbrand*: Resilienz – Gedeihen trotz widriger Umstände, Heidelberg 2012, 13.

Begriff des „Bewältigungskapitals": „Über Bewältigungskapital zu verfügen bedeutet, Ressourcen zu identifizieren, zu nutzen und über sie zu reflektieren, um eigene Ziele zu erreichen, das eigene Potential von Problemen und Krisen weiter zu entwickeln und am gesellschaftlichen Leben teilzunehmen".[4]

In einer weitergefassten Definition wird Resilienz als eine Kompetenz verstanden, die sich aus verschiedenen Einzelfähigkeiten zusammensetzt.[5] Diese Kompetenzen sind nicht nur relevant für Krisensituationen, sondern auch notwendig, um z. B. Entwicklungsaufgaben und weniger kritische Alltagssituationen zu bewältigen. Die Einzelkompetenzen entwickeln sich im Verlauf der Lebensgeschichte in verschiedensten Situationen, werden unter Belastung aktiviert und manifestieren sich dann als Resilienz. Eine differenzierte Analyse der vorliegenden Studien unter der Resilienzperspektive sowie die Auswertung von bedeutenden nationalen und internationalen Reviews und Überblicksarbeiten zur Thematik zeigt, dass auf personaler Ebene sechs Kompetenzen besonders relevant sind, um Krisensituationen, aber auch Entwicklungsaufgaben und kritische Alltagssituationen zu bewältigen:[6]

1. Selbst- und Fremdwahrnehmung: Selbstwahrnehmung umfasst vor allem die ganzheitliche und adäquate Wahrnehmung der eigenen Emotionen und Gedanken. Gleichzeitig spielt die Selbstreflexion eine Rolle, d. h. die Fähigkeit, sich zu sich selbst in Beziehung setzen zu können. Fremdwahrnehmung meint die Fähigkeit, andere Personen und ihre Gefühlszustände angemessen und möglichst ‚richtig' wahrzunehmen bzw. einzuschätzen und sich in deren Sicht- und Denkweise versetzen zu können.

2. Selbstwirksamkeit: Selbstwirksamkeit ist vor allem das grundlegende Vertrauen in die eigenen Fähigkeiten sowie die Überzeugung, ein bestimmtes Ziel auch durch Überwindung von Hindernissen erreichen zu können. Eine große Bedeutung haben dabei die Erwartungen, ob das eigene Handeln zu Wirkungen (und Erfolgen) führt oder nicht. Diese Erwartungen steuern schon im Vorhinein das Herangehen an Situationen und Aufgaben, damit auch die Art und Weise der Bewältigung, und führen so oftmals zu einer Bestätigung des eigenen Selbstwirksamkeitserlebens. Selbstwirksame Kinder (und Erwachsene) haben auch eher das Gefühl, Situationen beeinflussen zu können (sog. internale Kontrollüberzeugungen) und können die Ereignisse auf ihre wirkliche Ursache hin realistisch beziehen (realistischer Attributionsstil).

3. Soziale Kompetenz: Soziale Kompetenz umfasst die Fähigkeit, im Umgang mit anderen, soziale Situationen einschätzen und adäquate Verhaltensweisen zeigen zu können, sich emphatisch in andere Menschen einfühlen zu können

---

4   *Michael Fingerle*: Resilienz deuten – Schlussfolgerungen für die Prävention, in: Margherita Zander (Hg.): Handbuch Resilienzförderung, Wiesbaden 2011, 213.
5   Vgl. z. B. *Maike Rönnau-Böse/Klaus Fröhlich-Gildhoff*: Resilienz und Resilienzförderung über die Lebensspanne, Stuttgart ²2020.
6   Vgl. *Maike Rönnau-Böse*: Resilienzförderung in der Kindertageseinrichtung, Freiburg 2013; *Klaus Fröhlich-Gildhoff/Maike Rönnau-Böse*: Resilienz, München ⁵2019.

sowie sich selbst behaupten und Konflikte angemessen lösen zu können. Es geht aber auch darum, auf andere Menschen aktiv und angemessen zugehen zu können, Kontakt aufzunehmen sowie zwischenmenschliche Kommunikation aufrecht zu erhalten und adäquat zu beenden. Des Weiteren zählt zur sozialen Kompetenz die Fähigkeit, sich soziale Unterstützung zu holen, wenn dies nötig ist.

4. Selbstregulation: Sich selbst regulieren zu können, umfasst die Fähigkeit, eigene innere Zustände, also hauptsächlich Gefühle und Spannungszustände herzustellen und aufrechtzuerhalten und deren Intensität und Dauer selbständig zu beeinflussen bzw. kontrollieren zu können – und damit auch die begleitenden physiologischen Prozesse und Verhaltensweisen zu regulieren. Dazu gehört bspw. das Wissen, welche Strategien zur Selbstberuhigung und Handlungsalternativen es gibt und welche individuell wirkungsvoll sind.

5. Problemlösefähigkeiten: Unter Problemlösen wird die Fähigkeit verstanden, „komplexe, [...] nicht eindeutig zuzuordnende Sachverhalte gedanklich zu durchdringen und zu verstehen, um dann unter Rückgriff auf vorhandenes Wissen Handlungsmöglichkeiten zu entwickeln, zu bewerten und erfolgreich umzusetzen".[7] Dabei ist es wichtig, systematisch vorzugehen und dabei das jeweilige Problem zu analysieren, Lösungsmöglichkeiten, -mittel und -wege abzuwägen und dann gleichfalls systematisch auszuprobieren. Dabei können unterschiedliche Problemlösestrategien – z. B. eine sorgfältige Ziel-/Mittelanalyse – angewandt werden. Die einfachste, oft nicht zielführende Strategie ist das „Versuchs-/Irrtumsverhalten". Kinder müssen – und können – solche übergeordneten Problemlösestrategien erlernen.

6. Aktive Bewältigungskompetenzen: Menschen empfinden den Charakter von belastenden und/oder herausfordernden, als „stressig" erlebten Situationen unterschiedlich. Es geht darum zu lernen, solche Situationen angemessen einschätzen, bewerten und reflektieren zu können – um dann die eigenen Fähigkeiten in wirkungsvoller Weise zu aktivieren und umzusetzen, um die Stress-Situation zu bewältigen. Bedeutsam für den Umgang mit Stress ist dabei, das *aktive* Zugehen auf solche Situationen und das aktive wie angemessene Einsetzen von Bewältigungsstrategien. Zum adäquaten Umgang mit Stress gehört allerdings ebenfalls das Kennen der eigenen Grenzen und Kompetenzen – und die Fähigkeit, sich (dann) soziale Unterstützung zu holen.

Diese sechs Faktoren sind nicht unabhängig voneinander – so ist eine adäquate Fremdwahrnehmung eine wichtige Grundlage für die Entwicklung sozialer Kompetenz – die hier erfolgte getrennte Darstellung der Faktoren hat eine analytische Funktion.

---

7 *Detlev Leutner/Eckhard Klieme/Katja Meyer/Joachim Wirth*: Die Problemlösekompetenz in den Ländern der Bundesrepublik Deutschland, in: Manfred Prenzel/Jürgen Baumert/Werner Blum/Rainer Lehmann/Detlev Leutner/Michael Neubrand/Reinhard Pekrun/Jürgen Rost/Ulrich Schiefele (Hgg.): PISA 2003. Der zweite Vergleich der Länder in Deutschland – Was wissen und können Jugendliche?, Münster 2005, 125.

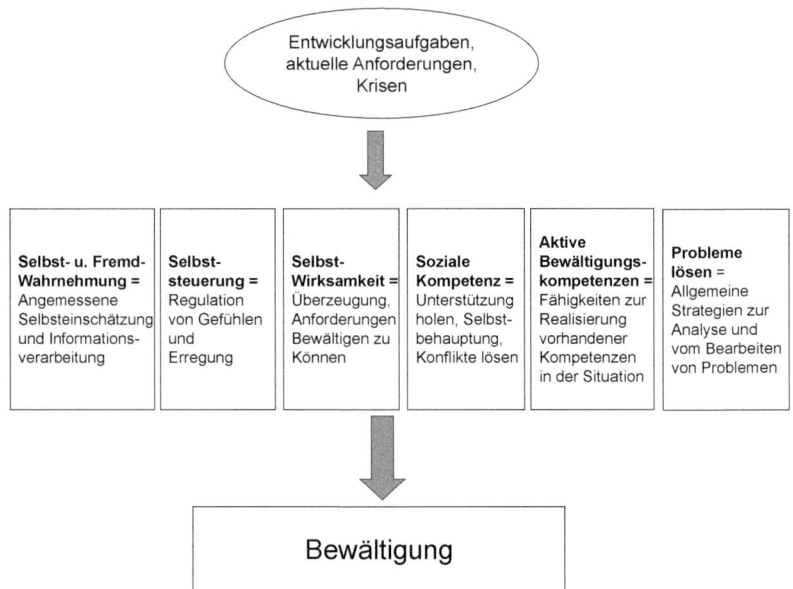

Abbildung 1: Sechs zentrale Resilienzfaktoren

Resilienzfaktoren sind nicht angeboren, sondern sind Fähigkeiten, die sich vor allem im Kontext von unterstützenden und zugewandten Beziehungen entwickeln. Die Bedeutung einer stabilen Bezugsperson als wesentlicher Schutzfaktor gilt als der stabilste Prädiktor für eine resiliente Entwicklung.[8] Für die Pädagogik spielen insbesondere die empirischen Ergebnisse zu sogenannten kompensatorischen Beziehungen eine Rolle. Wustmann (2011) bezeichnet diese Personen als „Schlüsselpersonen [...] [die] als ‚Türöffner' für neue Perspektiven und Möglichkeiten fungieren, Kraft und Zuversicht ausstrahlen oder Wärme und Geborgenheit geben".[9]

Es zeigt sich, dass es nicht entscheidend ist, zu wem diese Beziehung besteht, sondern wie diese Beziehung gestaltet ist, damit sie sich positiv auswirkt. Die Bezugsperson sollte:

– konstant verfügbar sein
– ein Gefühl von Sicherheit vermitteln
– feinfühlig auf die Bedürfnisse eingehen können
– wertschätzend sein, Vertrauen und Unterstützung bieten

---

[8] Vgl. z. B. *Suniya S. Luthar*: Resilience in development: A synthesis of research across five decades, in: Dante Cicchetti/Donald J. Cohen (Hgg.): Developmental Psychopathology. Risk, Disorder and Adaption (3), New York 2006, 739–795.

[9] *Corina Wustmann*: Resilienz in der Frühpädagogik – Verlässliche Beziehungen, Selbstwirksamkeit erfahren, in: Margherita Zander (Hg.): Handbuch Resilienzförderung, Wiesbaden 2011, 352.

- das Selbstwertgefühl und das Selbstvertrauen stärken[10]
- „eine optimistische Grundhaltung vermitteln [...]
- herausfordernde, jedoch bewältigbare Anforderungen stellen und dabei individuelle-passgenaue Unterstützung anbieten,
- Ermutigung aussprechen und Erfolgsrückmeldung geben".[11]

Wustmann (2004) betont, dass besonders junge Kinder von ihrem Umfeld Unterstützung in der Entwicklung von resilienten Fähigkeiten benötigen, da sie eigene Ressourcen und Stärken nicht nur aus sich heraus entwickeln können, kaum über Copingstrategien zur effektiven Bewältigung von Risikosituationen verfügen und insgesamt ihre Fähigkeiten noch nicht adäquat einschätzen und einsetzen können.[12] Als Konsequenz leitet sie hieraus ab, dass Maßnahmen zur Förderung dieser Fähigkeiten so früh als möglich einsetzen sollten. Dann können diese

- „frühzeitig [...] die Förderung von solchen Resilienzfaktoren bzw. Basiskompetenzen fokussieren.
- Kindern wirksame Handlungsmöglichkeiten aufzeigen, wie sie mit Stresssituationen umgehen können und
- ihnen Stabilität und Sicherheit vermitteln".[13]

Die Förderung der Resilienzfaktoren kann in drei Zusammenhängen erfolgen: Durch die Unterstützung der elterlichen Interaktionskompetenzen, die Begleitung und Förderung in alltäglichen Schlüsselsituationen (zuhause und im professionellen Rahmen) sowie konkret in Betreuungssettings.

3. Resilienzförderung – die praktische Anwendung des Resilienzkonzepts

Die referierten Befunde verdeutlichen die Bedeutung der Förderung von personalen Kompetenzen und von positiven Beziehungen. Diese Erkenntnisse bilden die Grundlage für eine wirkungsvolle Resilienzförderung. Diese Förderung kann zum einen durch Programme erfolgen, zum anderen kann die Beachtung von verschiedenen Aspekten der Resilienzforschung, eine Unterstützung der Resilienzfaktoren im Alltag ermöglichen.

---

10 Vgl. *Bengel* et al.: Schutzfaktoren bei Kindern und Jugendlichen – Stand der Forschung zu psychosozialen Schutzfaktoren für Gesundheit. Forschung und Praxis der Gesundheitsförderung.
11 *Rönnau-Böse/Fröhlich-Gildhoff*: Resilienz und Resilienzförderung über die Lebensspanne, 19.
12 *Wustmann*: Resilienz. Widerstandsfähigkeit von Kindern in Tageseinrichtungen fördern.
13 *Wustmann*: Resilienz. Widerstandsfähigkeit von Kindern in Tageseinrichtungen fördern, 71.

Programme zur Resilienzförderung sind dem Bereich der Gesundheitsförderung zuzuordnen. Die WHO empfiehlt, Lebenskompetenzen als Grundlage für solche Programme zu nehmen. Der sogenannte „Life-skill-Ansatz" als Strategie unterstützt die Entwicklung von psychosozialen Fertigkeiten, die Kinder und Jugendliche befähigen, mit Anforderungen und Problemen umzugehen.[14] Laut Bühler und Heppekausen (2005) ist die Weiterentwicklung Lebenskompetenzen eine „potentielle Resilienzförderung".[15]

Wirksame Programme basieren auf verschiedenen Faktoren, die sich aus den Erkenntnissen der Präventionsforschung[16] ableiten lassen:

Das Programmkonzept sollte auf einer klaren theoretischen Fundierung beruhen, die eine Definition der einbezogenen Variablen, wie z. B. Resilienz beinhaltet. Es empfiehlt sich eine Kombination aus Verhaltens- und Verhältnisprävention und damit die Berücksichtigung aller relevanten Ebenen, die für das Kind und seine Förderung eine Bedeutung haben (multimodaler Setting-Ansatz).[17] Der Fokus liegt dabei auf den Schutz- und Resilienzfaktoren und fördert breit und universell die Entwicklung des Kindes. Darüber hinaus eignen sich Bausteine für eine individuelle und risikospezifische Förderung (selektive und indizierte Prävention).

Auf Grundlage der oben beschriebenen Resilienzfaktoren ist es möglich, Förderstrategien zu entwickeln und die Forschungsergebnisse für die Praxis nutzbar zu machen. Allerdings besteht inzwischen immer mehr Konsens darüber, dass eine einseitige Fokussierung auf die personalen Schutzfaktoren bei der Resilienzförderung nicht ausreicht.[18] Vielmehr würde dadurch den Kindern eine zu große Verantwortung für die Gestaltung ihres Lebens zugeschrieben und

---

14 Vgl. *Matthias Jerusalem/Sabine Meixner*: Lebenskompetenzen, in: Arnold Lohaus/Holger Domsch (Hgg.): Psychologische Förder- und Interventionsprogramme für das Kindes- und Jugendalter, Berlin/Heidelberg 2009, 141–157.
15 *Anneke Bühler/Katharin Heppekausen*: Gesundheitsförderung durch Lebenskompetenzprogramme in Deutschland. Grundlagen und kommentierte Übersicht (Gesundheitsförderung konkret 6), Köln 2005, 20.
16 Z. B. *Mark T. Greenberg/Celene Domitrovich/Brian Bumbarger*: Effectiveness of prevention programs for mental disorders in school-age children, Tampa/Florida 2000; *Joseph A. Durlak/Roger P. Weissberg/Allison B. Dymnicki/Rebecca D. Taylor/Kriston B. Schellinger*: The impact of enhancing students' social and emotional learning: A meta-analysis of school-based universal interventions (Child Development 82), Chicago 2011; *Bernd Röhrle*: Die Forschungslage zu Prävention psychischer Störungen und Förderung psychischer Gesundheit, in: Prävention 1 (2008), 10–13.
17 Vgl. z. B. *Raimund Geene/Antje Richter-Kornweitz/Petra Strehmel/Susanne Borkowski*: Gesundheitsförderung im Setting Kita. Ausgangslage und Perspektiven durch das Präventionsgesetz, in: Prävention und Gesundheitsförderung 11 (2016), Berlin/Heidelberg, 230–236.
18 Vgl. *Fingerle*: Resilienz deuten – Schlussfolgerung für die Prävention, 208–218; *Michael Ungar/Dorothy Bottrell/Guo-Xiu Tian/Xiying Wang*: Resilienz: Stärken und Ressourcen im Jugendalter, in: Christoph Steinebach/Kiaras Gharabaghi (Hgg.): Resilienzförderung im Jugendalter, Berlin 2013, 1–20.

damit gleichzeitig die Bezugspersonen und das soziale Umfeld von ihrer Verantwortung entbunden. Eine ganzheitliche sowie nachhaltige Unterstützung muss sowohl personale als auch soziale Ressourcen berücksichtigen, da soziale Faktoren einen großen Beitrag dazu leisten, wie und ob personale Ressourcen als solche erkannt und genutzt werden können.[19] Dies unterstützt wieder die große Bedeutung von (kompensatorischen) Bezugspersonen und eines gelingenden Beziehungsaufbaus.

Die anwendungsbezogene Perspektive der Resilienzforschung steht noch am Anfang. Bisher gibt es nur wenige empirisch überprüfte Programme oder Ansätze, die sich mit der Förderung von Resilienz beschäftigen. Es finden sich – wenn überhaupt – fast nur Programme für das Kindesalter. Programme, die als resilienzförderlich gelten, sind in der Regel an eine universelle Zielgruppe gerichtet. Nur sehr wenige Programme berücksichtigen mehrere Ebenen und verbinden Verhaltens- und Verhältnisprävention. Kaum ein nationales oder internationales Programm fördert breit die Entwicklung und die wenigsten Programme führen explizit Resilienzförderung als Ziel auf, sondern haben einzelne Resilienzfaktoren als Inhalt, wie z. B. soziale Kompetenz, Selbstwirksamkeit usw. Im Vorschulalter sind derartige Programme insgesamt noch wenig verbreitet. Die empirischen Erkenntnisse haben die Bedeutung des frühen Beginns einer Resilienzförderung deutlich gemacht; deshalb bietet sich eine Programmimplementierung im Setting Kindergarten und Schule an.

3.1 Kinder stärken

In Freiburg wurden vom Zentrum für Kinder- und Jugendforschung[20] Programme für die Förderung der Resilienz in der Kindertageseinrichtung, Grundschule und weiterführenden Schule entwickelt und evaluiert.[21] Die Autor:innen stellen dafür die Entwicklung der Gesamtorganisation Kindertageseinrichtung und Schule in den Mittelpunkt und plädieren für einen Mehrebenenansatz, der sowohl die Kinder als auch die Eltern und pädagogischen Fachkräfte sowie den Sozialraum der Institutionen mit in die Förderung einbezieht;[22] sie orientieren

---

19 Vgl. *Fingerle*: Resilienz deuten – Schlussfolgerung für die Prävention, 208–218.
20 Zentrum für Kinder- und Jugendforschung, online verfügbar unter: www.zfkj.de (zuletzt abgerufen am 23.03.2021).
21 Vgl. z. B. *Klaus Fröhlich-Gildhoff/Tina Dörner/Maike Rönnau-Böse*: Prävention und Resilienzförderung in Kindertageseinrichtungen. Ein Förderprogramm, München 4·2019; *Klaus Fröhlich-Gildhoff/Jutta Becker/Sibylle Fischer*: Gestärkt von Anfang an. Resilienzförderung in der Kita, Weinheim 2012; *Rönnau-Böse*: Resilienzförderung in der Kindertageseinrichtung.
22 Vgl. dazu *Rönnau-Böse/Fröhlich-Gildhoff*: Resilienz und Resilienzförderung über die Lebensspanne.

sich damit an den Erkenntnissen der Präventionsforschung.[23] Es existieren daneben gleichfalls sorgfältig evaluierte und bewährte Programme, die sich aufeinander abgestimmt sowohl an Kinder und Eltern richten („EFFEKT":[24]) oder die Förderung einzelner Schutzfaktoren im Blick haben („Papilio":[25] oder „ReSi":[26]) bzw. auf die (selektive) Prävention von Verhaltensauffälligkeiten ausgerichtet sind („Faustlos":[27]; „Verhaltenstraining im Kindergarten":[28]). Diese Programme bestehen allerdings primär in der Durchführung von „Trainingskursen" – eine Verbindung zum pädagogischen Alltag der Gruppe bzw. Kita insgesamt wird nicht systematisch hergestellt.

Im Folgenden wird der oben genannte Mehrebenensatz als Strategie der Resilienzförderung des Zentrums für Kinder- und Jugendforschung näher vorgestellt:

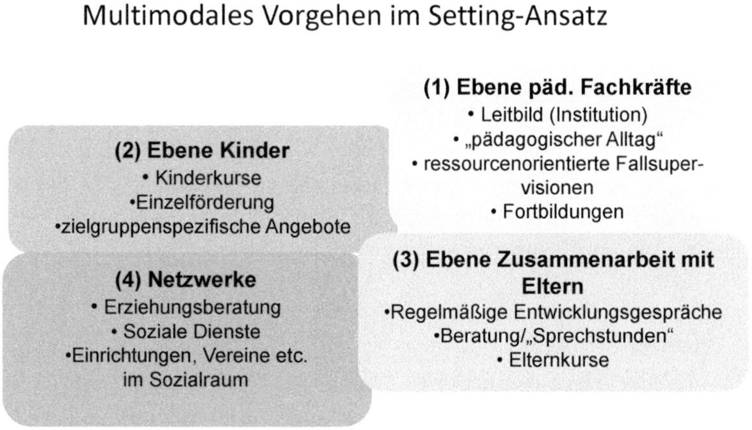

Multimodales Vorgehen im Setting-Ansatz

(1) Ebene päd. Fachkräfte
- Leitbild (Institution)
- „pädagogischer Alltag"
- ressourcenorientierte Fallsupervisionen
- Fortbildungen

(2) Ebene Kinder
- Kinderkurse
- Einzelförderung
- zielgruppenspezifische Angebote

(3) Ebene Zusammenarbeit mit Eltern
- Regelmäßige Entwicklungsgespräche
- Beratung/„Sprechstunden"
- Elternkurse

(4) Netzwerke
- Erziehungsberatung
- Soziale Dienste
- Einrichtungen, Vereine etc. im Sozialraum

Abbildung 2: Multimodales Vorgehen im Setting-Ansatz

---

23 Z. B. *Röhrle*: Die Forschungslage zu Prävention psychischer Störungen und Förderung psychischer Gesundheit, 10–13.
24 *Friedrich Lösel/Andreas Beelmann/Mark Stemmler*: Prävention von Problemen des Sozialverhaltens – Entwicklungsförderung in Familien: das Eltern- und Kindertraining EFFEKT, in: Waldemar von Suchodoletz (Hg.): Prävention von Entwicklungsstörungen, Göttingen 2006, 215–234.
25 *Heidrun Mayer/Petra Heim/Charlotte Peter/Herbert Scheithauer*: Papilio: Theorie und Grundlagen. Ein Programm für Kindertagesstätten zur Prävention von Verhaltensproblemen und zur Förderung sozial-emotionaler Kompetenz. Ein Beitrag zur Sucht und Gewaltprävention, Augsburg ⁴2016.
26 *Simone Pfeffer/Christina Storck*: Resilienzförderung und Prävention sexualisierter Gewalt in Kitas, Göttingen 2018.
27 *Manfred Cierpka*: Faustlos – Ein Curriculum zur Förderung sozial-emotionaler Kompetenzen und zur Gewaltprävention für den Kindergarten, Göttingen 2004.
28 *Ute Kogling/Franz Petermann*: Verhaltenstraining im Kindergarten. Ein Programm zur Förderung emotionaler und sozialer Kompetenzen, Göttingen ²2013.

Ebene 1 – Qualifizierung der pädagogischen Fachkräfte: Die Weiterbildung der pädagogischen Fachkräfte stellte den Ausgangspunkt der Projekte dar. Im Vordergrund stand dabei die (Weiter-)Entwicklung einer ressourcenorientierten Haltung, die insbesondere durch spezifische Fortbildungsmodule angeregt und durch kontinuierliche Reflexion in der Alltagsbegleitung befördert wurde. Bei der Förderung von Resilienz geht es nicht nur darum, verschiedene Methoden zu kennen und anzuwenden, sondern eine reflektierte Haltung einzunehmen. Diese Haltung beinhaltet die Orientierung an den Ressourcen und Bewältigungskompetenzen eines Kindes, seiner Bezugspersonen und seiner Lebenswelt sowie die Fähigkeit, diese im Hinblick auf Schutz- und Risikofaktoren zu bewerten und einschätzen zu können. Das Verhalten der Kinder und auch der Eltern kann so aus einer anderen Perspektive betrachtet und neue Ressourcen erschlossen werden.

Um möglichst nachhaltige Effekte zu erzielen, setzte die Qualifizierung der Fachkräfte auf unterschiedlichen Ebenen an:

a) Gesamtteamfortbildungen (in der Regel sechs ganztägige Einheiten im Verlauf von 18 Monaten)
b) Unterstützung durch Projektmitarbeiter:innen bei der praktischen Umsetzung der Programmelemente auf der Ebene der Kinder und Eltern
c) Systematische Reflexion der Prozesse im Alltag („Prozessbegleitung")
d) Ressourcenorientierte Fallsupervision

Ebene 2 – Pädagogische Arbeit mit den Kindern: Die pädagogische Arbeit mit den Kindern zielte darauf ab, den Alltag in der Einrichtung insgesamt resilienzförderlich zu gestalten. Dieser Ansatz fand sich in verdichteter Form in den Kinderkursen wieder, die sich am Manual „Prävention und Resilienzförderung in Kindertageseinrichtungen"[29] orientierten und den dialogischen Austausch mit den Kindern in den Mittelpunkt rückten (siehe unten). Dieses Manual muss auf die Situation der Kinder, v. a. angesichts möglicherweise vorhandener Sprachprobleme adaptiert werden. Ein weiterer wichtiger Schritt ist die Integration der Bausteine in den Alltag, die in den Reflexionsgesprächen mit den ErzieherInnen vorbereitet wurde.

Ebene 3 – Zusammenarbeit mit den Eltern: Bei der Zusammenarbeit mit Eltern standen die Ermöglichung elterlicher Selbstwirksamkeitserfahrungen und der Ausbau der elterlichen Erziehungskompetenzen im Mittelpunkt. Eine niedrigschwellige Ausgestaltung der Elternangebote war insbesondere bei Eltern mit geringen Deutschkenntnissen und geringem Selbstwertgefühl von zentraler Bedeutung. Entsprechend war in den Projekten die Zusammenarbeit mit Eltern unterschiedlich niedrigschwellig aufgebaut. Wesentliche Elemente waren:

---

29 Vgl. *Fröhlich-Gildhoff* et al.: Prävention und Resilienzförderung in Kindertageseinrichtungen. Ein Förderprogramm.

a) Informationen über das Projekt und dessen Hintergründe
b) Gezielte Fortbildungs-/„Themen"-Abende für die Eltern zum Thema Resilienz
c) Wöchentliche, offene Elternsprechstunde
d) Stärkenorientierte Elternkurse[30]

Ebene 4 - Vernetzung: Die Kindertageseinrichtung dient Eltern als eine der ersten Anlaufstellen, wenn es um Erziehungsfragen und -probleme geht. Bei Anliegen, die eine tiefergehende sozialrechtliche oder psychosoziale Beratung erforderlich machen, sind Kindertageseinrichtungen auf eine gute Vernetzung mit entsprechenden Einrichtungen im Sozialraum angewiesen.

Demzufolge wurden folgende Angebote direkt vor Ort angebunden und niedrigschwellig realisiert:

- Elternsprechstunden in der Kita, meist durch die zuständige Erziehungsberatungsstelle
- bei Bedarf: schneller Austausch zwischen pädagogischen Fachkräften in den Kitas, Eltern und Beratungsstellen bzw. dem Allgemeinen Sozialen Dienst des Jugendamtes (Stichwort: „kurze Wege" bahnen, bevor Probleme entstehen)
- Kontakte zu weiteren Unterstützungssystemen, wie Frühförderstellen, Ärzt:innen etc.

Resilienzförderung sollte nicht als Projekt oder einmaliges Programm unter vielen im pädagogischen Alltag verstanden werden. Ziel ist eine fixe Verortung im Konzept bzw. dem pädagogischen Qualitätsmanagementsystem einer Kindertageseinrichtung. Aus diesem Grund wird das Thema in einer einführenden Veranstaltung allen Mitwirkenden einer Organisation präsentiert. Daraufhin wird ein Ressourcenprofil („Stärkenbilanz") auf den Ebenen Institution und Team erstellt. Auf dessen Grundlage erfolgt wiederum eine Einigung auf gemeinsame Zielpfade zur Resilienzförderung. Auf der Ebene der Umsetzung werden pädagogische Fachkräfte in einem nächsten Schritt fundiert weitergebildet und im Prozess der Umsetzung der einzelnen Bausteine des Konzepts und des Kursprogramms sowie beim Aufbau einer resilienzförderlichen Haltung im pädagogischen Alltag begleitet.

---

30 Analog *Klaus Fröhlich-Gildhoff/Maike Rönnau/Tina Dörner*: Eltern stärken mit Kursen in Kitas, München 2008.

3.2 Kursprogramm „Prävention und Resilienzförderung in der Kindertageseinrichtung"

Ein wichtiger Bestandteil der Resilienzförderung auf der Ebene der Kinder war die Umsetzung des Kursprogramms „Prävention und Resilienzförderung in Kindertageseinrichtungen PRiK"[31] durch die pädagogischen Fachkräfte (in der Regel Erzieher:innen) in den Einrichtungen in Kleingruppen von Kindern. Das Programm für Kinder zwischen vier und sieben Jahren ist auf eine zehnwöchige Durchführung angelegt und umfasst zwanzig Einheiten. Eine optimale Gruppengröße ist mit sechs bis acht Kindern erreicht, die möglichst einen ähnlichen Entwicklungsstand aufweisen sollten. Die Umsetzung des Programms durch zwei Fachkräfte ermöglicht während der Kursdurchführung gezielte Beobachtungen, die Aufschluss über den Prozess und die Entwicklung einzelner Kinder geben können. Für eine Einheit sind etwa fünfundvierzig Minuten einzuplanen. Das Programm zielt darauf, Kinder in ihrem Entwicklungsprozess und bei der Ausformung ihrer individuellen Stärken zu unterstützen und Schutzfaktoren im sozialen Umfeld des Kindes aufzubauen. Durch eine kindzentrierte Didaktik und Methodik werden die Kompetenzen für ein erfolgreiches Bewältigungshandeln gefördert. Das Programm ist rückbezüglich aufgebaut, so dass erworbene Strategien und Kompetenzen in Folgeeinheiten wiederholt werden.[32] Fischer und Fröhlich-Gildhoff (2013) haben darüber hinaus folgende bedeutsame Prinzipien für den Erfolg der Umsetzung herausgearbeitet:

- *Regeln und Rituale*, die Orientierung und Sicherheit ermöglichen. Die Durchführung des Programms folgt keinem starren Plan, ist jedoch so strukturiert, dass alle Kinder Orientierungssicherheit gewinnen und nicht durch beständigen Wechsel des Ablaufs irritiert werden. Regeln, die eine reale Mitbestimmung der Kinder ermöglichen, können gemeinsam festgelegt werden. Auch Rituale ermöglichen eine zeitliche und inhaltliche Orientierung. Sie geben Kindern die erforderliche Sicherheit, markieren den Wechsel von einer Aktivität in die nächste und setzen Anfangs- und Schlusspunkte. Kinder können sich jedoch nur dann an Ritualen orientieren, wenn sie verlässlich wiederkehren und nicht willkürlich eingesetzt werden.
- *Beteiligung der Kinder an Entscheidungsprozessen*: Welche Regeln für die Kurseinheiten Gültigkeit besitzen sollen und welche Rituale die Einheiten strukturieren, werden zu Beginn gemeinsam mit den Kindern ausgehandelt. Darüber hinaus können Kinder über die Inhalte und die Auswahl von Medien

---

31 *Fröhlich-Gildhoff* et al.: Prävention und Resilienzförderung in Kindertageseinrichtungen. Ein Förderprogramm.
32 Vgl. *Sibylle Fischer/Klaus Fröhlich-Gildhoff*: Resilienzförderung in Kitas, in: Kindergarten heute 3 (2013), 16–20.

mitentscheiden. Bei der Beteiligung an Entscheidungen üben sich die Kinder in demokratischen Umgangsformen und die Erfolgswahrscheinlichkeit erhöht sich bei gemeinsam beschlossenen Aktivitäten. Dadurch werden einerseits das Selbstwirksamkeitserleben und die soziale Kompetenz der Kinder gestärkt, andererseits üben sie sich im Probleme lösen.[33]
- *Reflexion auf der Metaebene*, um beispielsweise Verhalten, Handlungen oder Lernprozesse retrospektiv nachzuvollziehen.[34] Die Reflexion über Handlungen, Verhalten oder Beobachtungen bringt Kinder und pädagogische Fachkräfte miteinander ins Gespräch. In der Retrospektive können Inhalte, Ziele und Lernprozesse auf der Metaebene noch einmal nachvollzogen werden. Auf diese Weise kann das Kind oder die Gruppe verschiedene Standpunkte beleuchten und Kinder können sich ihrer individuellen Denkmuster und Handlungsweisen vergewissern. Stärken können benannt werden und Kinder erhalten die Möglichkeit nachzuvollziehen, auf welche Ressourcen sie in den einzelnen Aktivitäten zurückgreifen konnten. Darüber hinaus lernen Kinder Unterschiede und Gemeinsamkeiten kennen und akzeptieren. Die Reflexion ist als In-Beziehung-treten zu verstehen und als Möglichkeit über die Kommunikation, Weiterentwicklung sozialer Kompetenz zu ermöglichen.[35]

Eine Entwicklung und Förderung der Resilienz kann nur gelingen, wenn sie kontinuierlich im Alltag verankert ist. Vieles von dem, was Eltern und Fachkräfte tun, fördert die Resilienz, ohne dass ihnen dies bewusst ist. Selten unterstützt ein Angebot oder eine Situation einen Resilienzfaktor isoliert. In der Regel werden verschiedene Faktoren gleichzeitig angeregt, da sie sich gegenseitig bedingen. Fischer und Fröhlich-Gildhoff[36] betonen, dass eine wichtige Ausgangsbasis für das gezielte Arbeiten an den Resilienzfaktoren die systematische Beobachtung der Kinder ist. Diese ermöglicht zum einen Entwicklungspotentiale und Ressourcen zu erkennen, zum anderen gezielt zu erfassen, inwieweit die Kinder in der Lage sind, die Schutzfaktoren als eigene Kompetenzen zu realisieren.

---

33 Ebd., 16–20.
34 Vgl. *Sibylle Fischer*: Resilienzförderung in Kindertageseinrichtungen, in: Klaus Fröhlich-Gildhoff/Jutta Becker/Sibylle Fischer (Hgg.): Gestärkt von Anfang an. Resilienzförderung in der Kita, Weinheim 2012, 41–55.
35 Vgl. *Fischer*: Resilienzförderung in Kindertageseinrichtungen, 41–55.
36 *Fischer/Fröhlich-Gildhoff*: Resilienzförderung in Kitas, 16–20.

4. Diskussion

Die Ergebnisse der komplexen Evaluation im Kontrollgruppendesign zeigten eine hohe Akzeptanz und positive Resonanz bei allen Zielgruppen sowie signifikant positive Ergebnisse bei den Kindern der Durchführungsgruppe im Bereich des Selbstkonzepts und der kognitiven Entwicklung im Vergleich mit der Kontrollgruppe.[37]

Werden die Fachkräfte in der Entwicklung einer resilienzförderlichen Haltung und von spezifischen Kompetenzen zur Resilienzförderung unterstützt, hat dies positive Auswirkungen sowohl auf die Kinder als auch die Eltern sowie die Fachkräfte selber. Die ressourcenorientierte Wahrnehmung der Kinder führt zu mehr Zutrauen in die eigenen Fähigkeiten bei allen Beteiligten. Die Kinder erleben vermehrt positive Selbstwirksamkeitserfahrungen, die Fachkräfte erhalten dadurch positive Rückmeldung auf ihre Angebote, was wiederum in einen Anstieg des Vertrauens in die eigenen fachlichen Kompetenzen mündet. Die Eltern erhalten durch die ressourcenorientierte Perspektive der Fachkräfte mehr positive Rückmeldungen, die zu mehr Zuversicht in die eigenen Erziehungskompetenzen führen. Dieses Vertrauen wirkt sich dann wieder auf die Beziehung zu den eigenen Kindern aus, die so von zwei Seiten gestärkt werden.[38]

Zum „Anstoß" solcher Programme ist es notwendig, zusätzliche Personalkapazität zur Implementierung eines Programms – eine „Prozessbegleitung" – zur Verfügung zu stellen, da zu Beginn ein Blick von „außen" unterstützend wirkt und insbesondere die Vermittlung der Haltung besser und nachhaltiger gelingen kann. Es wurde zudem aufgezeigt, wie verschiedene Kursmethoden in den Alltag integriert werden können, um eine nachhaltige Unterstützung zu sichern. Dies war ein bedeutsames Element, da die Fokussierung der Fachkräfte sonst sehr schnell auf den Kinderkursen lag und Resilienzförderung so auf eine reine Erweiterung des Methodenrepertoires verkürzt wurde.[39] Gleichzeitig wurde auch deutlich, dass ein Konzept zur universellen Prävention für Kinder und Familien mit besonderen Unterstützungsbedarfen weiter ausdifferenziert werden muss, um ihren Bedürfnissen gerecht zu werden. So konstatieren Bengel[40] u. a., dass Kinder aus einem benachteiligten Umfeld eher aus hochstrukturierten Programmen einen Nutzen ziehen, während Kinder aus der sozialen Mittelschicht sich durch „offene Curricula" besser entwickeln. Damit alle davon profitieren, ist viel Flexibilität und Erfahrung in der Umsetzung von Manualen erforderlich.

---

37 Vgl. dazu *Rönnau-Böse*: Resilienzförderung in der Kindertageseinrichtung.
38 Vgl. *Rönnau-Böse*: Resilienzförderung in der Kindertageseinrichtung, 303.
39 Vgl. ebd., 299.
40 *Bengel* et al.: Schutzfaktoren bei Kindern und Jugendlichen – Stand der Forschung zu psychosozialen Schutzfaktoren für Gesundheit.

Diskutiert wird noch darüber, ob gezielte Programmförderung und/oder eine Entwicklungsförderung im Alltag mehr Wirkung erzielt.[41] Manualisierte Trainingskurse haben genaue Zielvorgaben, sind eindeutig beschrieben und lassen sich durch ihre klare Handlungsorientierung oft leichter durchführen und darüber hinaus besser evaluieren. Die Entwicklung von personalen Ressourcen kann durch solche Kurse unterstützt werden. Hier geht es nicht darum, Resilienz zu „trainieren" oder „herzustellen", wie Wustmann[42] den Kursen vorwirft, sondern vielmehr darum, Entwicklungsanreize zu bieten und Unterstützungsideen zu gewinnen. Natürlich ist die Förderung von einzelnen personalen Faktoren im Hinblick auf eine nachhaltige und ganzheitliche Unterstützung nur zeitlich begrenzt effektiv, wie Fingerle[43] deutlich macht. Dies trifft insbesondere dann zu, wenn das Manual nicht auf alle Zielgruppen adaptiert werden kann und so nur ein bestimmter Teil der Teilnehmer:innen von dem Programm profitiert. Ein Manual sollte als roter Faden betrachtet werden, der immer auf die jeweilige Gruppe und Situation bezogen werden muss. Eine zu enge Orientierung am Manual lässt nicht genügend Spielräume, um allen Bedürfnissen gerecht zu werden.[44] Wustmann plädiert dafür, „im Alltag Erfahrungsräume"[45] zu schaffen, um selbstwirksames Handeln zu bewirken und dadurch Resilienz zu entwickeln. Ohne eine kontinuierliche Anbindung an die Lebenswelt der Teilnehmer:innen können die vermittelten Inhalte nur kurzfristige Wirkungen erreichen. Diese kontinuierliche Anknüpfung beinhaltet zum einen Elemente, die z. B. täglich oder wöchentlich in den Kita-Alltag eingebaut werden und die die Kinder selbständig anwenden können, zum anderen die Weiterführung von Inhalten zu Hause, also bei und mit den Eltern.[46] Die Ergänzung bzw. Kombination beider Elemente (strukturierte Programme und Alltagsanbindung) scheint also der sinnvollste Weg zu sein: „Die Kunst der Prävention und damit auch der Resilienzförderung besteht darin, auf der Grundlage systematischer Analysen passgenaue Angebote zielgruppenspezifisch zu realisieren und dabei einerseits gezielte Förderelemente (‚Übungen', ‚Einheiten') anzubieten, diese aber auch andererseits mit dem pädagogischen Alltag(shandeln) in einer Institution zu verbinden".[47]

---

41 Z. B. *Wustmann*: Resilienz in der Frühpädagogik – Verlässliche Beziehungen, Selbstwirksamkeit erfahren, 352.
42 *Wustmann*: Resilienz in der Frühpädagogik – Verlässliche Beziehungen, Selbstwirksamkeit erfahren, 352.
43 *Fingerle*: Resilienz deuten – Schlussfolgerungen für die Prävention.
44 Vgl. *Rönnau-Böse*: Resilienzförderung in der Kindertageseinrichtung, 126.
45 *Wustmann*: Resilienz in der Frühpädagogik – Verlässliche Beziehungen, Selbstwirksamkeit erfahren, 357.
46 *Maike Rönnau-Böse/Klaus Fröhlich-Gildhoff*: Resilienzförderung im KiTa-Alltag. Was Kinder stark und widerstandsfähig macht, Freiburg ³2020.
47 Ebd., 28.

Ein weiterer Diskurs beschäftigt sich mit den personalen Schutzfaktoren, dies insbesondere im Hinblick darauf, welche Faktoren bei Kindern gefördert werden können und wie Interventionen aufgebaut werden müssen, um Resilienz zu entwickeln. Eine einseitige Fokussierung auf die personalen Schutzfaktoren, schreibt den Kindern eine zu große Verantwortung für die Gestaltung ihres Lebens zu und entbindet damit gleichzeitig ihre Eltern und das soziale Umfeld von ihrer Verantwortung und Möglichkeit zur Veränderung.[48] Yates et al.[49] weisen darauf hin, dass den personalen Schutzfaktoren oft zu hohe Wirkweisen zugeschrieben werden, da die Studien nicht immer die Wirkung von umgebungsbezogenen Schutzfaktoren mit erheben und deren Wechselwirkung mit den personalen Faktoren dadurch übersehen. Diese Ergebnisse mindern allerdings trotzdem nicht die Bedeutung von personalen Schutzfaktoren. Sie machen nur klar, dass familiäre und umgebungsbezogene Schutzfaktoren nie außer Acht gelassen werden dürfen – und so wie sie die Wirkung von personalen Faktoren minimieren können, so können sie sie auch maximieren. Interventionen sind deshalb umso erfolgreicher, wenn sie möglichst viele, am besten alle Faktoren miteinbeziehen. Die stark subjektivistische bzw. individualisierte Sichtweise von Resilienz wird auch von Ungar et al.[50] sowie von Franke[51] deutlich kritisiert. Diese zu Recht kritischen Autor:innen fordern deshalb eine stärker „kontextualisierte Interpretation von Bewältigung unter Stressbedingungen"[52] und unterstreichen die Bedeutung von verfügbaren Ressourcen, die den Individuen zugänglich gemacht werden müssen. Sie sind der Auffassung, dass „Individuen [...] wahrscheinlich dann resilienter [sind], wenn die Umwelt viele Ressourcen bietet",[53] da soziale Faktoren, wie z. B. eine sichere Nachbarschaft, eine gute Schule, ein anregender Arbeitsplatz und sichere Bindungen zu Bezugspersonen einen großen Beitrag dazu leisten, wie und ob personale Ressourcen als solche erkannt und genutzt werden können.[54] Dies würde auch eine effektive Ausgestaltung der Sozialpolitik und die Unterstützung für Betreuungspersonen und soziale Dienste bedeuten. „Individuelle Gesundheit braucht gesellschaftliche Rahmenbedingungen. Da, wo Kindern das Recht auf Gesundheit verwehrt wird [...] [ist ein] Forschungsansatz, der sich ausschließlich auf das individuelle Verhalten von Kindern konzentriert [...] reduktionistisch und ethisch fragwürdig".[55]

---

48 Vgl. z. B. *Ungar* et al.: Resilienz: Stärken und Ressourcen im Jugendalter.
49 *Tippett M. Yates/Byron Egeland/L. Alan Sroufe*: Rethinking resilience: A developmental process perspective, in: Suniya S. Luthar (Hg.): Resilience and vulnerability: Adaption in the context of childhood adversities, New York 2003, 243–266.
50 *Ungar* et al.: Resilienz: Stärken und Ressourcen im Jugendalter.
51 *Alexa Franke*: Modelle von Gesundheit und Krankheit, Bern 2006.
52 *Ungar* et al.: Resilienz: Stärken und Ressourcen im Jugendalter, 4.
53 Ebd., 3.
54 Vgl. *Fingerle*: Resilienz deuten – Schlussfolgerungen für die Prävention.
55 *Franke*: Modelle von Gesundheit und Krankheit, 175.

Neben diesen kritischen Gesichtspunkten kann ein weiterer Aspekt diskutiert werden, der in der Literatur bisher wenig Beachtung findet: die starke Fokussierung auf Stärken, Schutzfaktoren und Ressourcen kann den Eindruck erwecken, dass negative Gefühle, wie z. B. Angst, Trauer, Schmerz, aber auch Dysfunktionalität weniger Berechtigung erhalten. Die mit dem Resilienzkonzept verknüpfte Aufforderung die Ressourcen und Kompetenzen von Menschen wahrzunehmen, führt in den letzten Jahren vor allem in der pädagogischen Praxis wieder zu einer Verengung des Konzepts, d. h. Schwierigkeiten und negative Gefühle dürfen „weniger berechtigt sein". Wer nicht gleich mitschwimmt auf der positiven Welle und sich seine positiven Seiten und Ressourcen vor Augen führt, wird dazu gedrängt. Es wird dabei vergessen, dass auch eine resiliente Entwicklung sehr anstrengend ist, mit Schmerz und Trauer verbunden sein kann und viel Kraft benötigt. Die Bewältigung der verschiedenen Belastungen mag gelingen aufgrund verschiedenster Schutzfaktoren – der Weg dahin wird dadurch aber nicht zwangsläufig einfacher für die Betroffenen.

Resilienz entwickelt sich aus einem Zusammenspiel von Risiko- und Schutzfaktoren. Beide Aspekte sind notwendig, sonst laufen wir Gefahr, alles wieder nur aus einer Perspektive zu betrachten und das Konzept der Resilienz auf reine Ressourcenorientierung zu verkürzen.

Literaturverzeichnis

Bengel, Jürgen/Meinders-Lücking, Frauke/Rottmann, Nina: Schutzfaktoren bei Kindern und Jugendlichen – Stand der Forschung zu psychosozialen Schutzfaktoren für Gesundheit (Forschung und Praxis der Gesundheitsförderung 35), Köln 2009.

Bühler, Anneke/Heppekausen, Katharin: Gesundheitsförderung durch Lebenskompetenzprogramme in Deutschland. Grundlagen und kommentierte Übersicht (Gesundheitsförderung konkret 6), Köln 2005.

Bundeszentrale für gesundheitliche Aufklärung: (2014). Gesund aufwachsen in der Kita – Zusammenarbeit mit Eltern stärken. Curriculum zur Qualifizierung der Fachkräfte-Teams in Kindertageseinrichtungen für die Zusammenarbeit mit Eltern in der Gesundheitsförderung, Köln 2014.

Cierpka, Manfred: FAUSTLOS – Ein Curriculum zur Förderung sozial-emotionaler Kompetenzen und zur Gewaltprävention für den Kindergarten, Göttingen 2004.

Durlak, Joseph A./Weissberg, Roger P./Dymnicki, Allison B./Taylor, Rebecca D./ Schellinger, Kriston B.: The impact of enhancing students' social and emotional learning. A meta-analysis of school-based universal interventions (Child Development 82), Chicago 2011.

Fingerle, Michael: Resilienz deuten – Schlussfolgerungen für die Prävention, in: Margherita Zander (Hg.): Handbuch Resilienzförderung, Wiesbaden 2011, 208–218.

Fischer, Sibylle: Resilienzförderung in Kindertageseinrichtungen, in: Klaus Fröhlich-Gildhoff, Jutta Becker & Sibylle Fischer (Hgg.): Gestärkt von Anfang an. Resilienzförderung in der Kita, Weinheim 2012, 41–55.

Fischer, Sibylle/Fröhlich-Gildhoff, Klaus: Resilienzförderung in Kitas, in: Kindergarten heute 3 (2013), 16–20.

Franke, Alexa: Modelle von Gesundheit und Krankheit, Bern 2006.
Fröhlich-Gildhoff, Klaus/Becker, Jutta/Fischer, Sibylle: Gestärkt von Anfang an. Resilienzförderung in der Kita, Weinheim 2012.
Fröhlich-Gildhoff, Klaus/Dörner, Tina/Rönnau-Böse, Maike: Prävention und Resilienzförderung in Kindertageseinrichtungen. Ein Förderprogramm, München ⁴2019.
Fröhlich-Gildhoff, Klaus/Rönnau-Böse, Maike: Resilienz, München ⁵2019.
Fröhlich-Gildhoff, Klaus/Rönnau, Maike/Dörner, Tina: Eltern stärken mit Kursen in Kitas. München 2008.
Geene, Raimund/Richter-Kornweitz, Antje/Strehmel, Petra/Borkowski, Susanne: Gesundheitsförderung im Setting Kita. Ausgangslage und Perspektiven durch das Präventionsgesetz, in: Prävention und Gesundheitsförderung 11 (2016), Berlin/Heidelberg, 230–236.
Greenberg, Mark T./Domitrovich, Celene/Bumbarger, Brian: Effectiveness of prevention programs for mental disorders in school-age children, Tampa/Florida 2000.
Jerusalem, Matthias/Meixner, Sabine: Lebenskompetenzen, in: Arnold Lohaus/Holger Domsch, (Hgg.): Psychologische Förder- und Interventionsprogramme für das Kindes- und Jugendalter, Berlin/Heidelberg 2009, 141–157.
Koglin, Ute/Petermann, Franz: Verhaltenstraining im Kindergarten. Ein Programm zur Förderung emotionaler und sozialer Kompetenzen, Göttingen ²2013.
Leutner, Detlev/Klieme, Eckhard/Meyer, Katja/Wirth, Joachim: Die Problemlösekompetenz in den Ländern der Bundesrepublik Deutschland, in: Manfred Prenzel/Jürgen Baumert/Werner Blum/Rainer Lehmann/Detlev Leutner/Michael Neubrand/Reinhard Pekrun/Jürgen Rost/Ulrich Schiefele (Hgg.): PISA 2003. Der zweite Vergleich der Länder in Deutschland – Was wissen und können Jugendliche?, Münster 2005, 125–146.
Lösel, Friedrich/Jaursch, Stefanie/Beelmann, Andreas/Stemmler, Mark: Prävention von Störungen des Sozialverhaltens – Entwicklungsförderung in Familien: das Eltern- und Kindertraining EFFEKT, in: Waldemar von Suchodoletz (Hg.): Prävention von Entwicklungsstörungen, Göttingen 2006, 215–234.
Luthar, Suniya S.: Resilience in development: A synthesis of research across five decades, in: Dante Cicchetti/Donald J. Cohen (Hgg.): Developmental Psychopathology (Risk, Disorder and Adaption 3), New York 2006, 739–795.
Mayer, Heidrun/Heim, Petra/Peter, Charlotte/Scheithauer, Herbert Papilio: Theorie und Grundlagen. Ein Programm für Kindertagesstätten zur Prävention von Verhaltensproblemen und zur Förderung sozial-emotionaler Kompetenz. Ein Beitrag zur Sucht und Gewaltprävention, Augsburg ⁴2016.
Pfeffer, Simone/Storck, Christina: Resilienzförderung und Prävention sexualisierter Gewalt in Kitas, Göttingen 2018.
Röhrle, Bernd: Die Forschungslage zu Prävention psychischer Störungen und Förderung psychischer Gesundheit, in: Prävention 1 (2008), 10–13.
Rönnau-Böse, Maike: Resilienzförderung in der Kindertageseinrichtung, Freiburg 2013.
Rönnau-Böse, Maike/Fröhlich-Gildhoff, Klaus: Resilienz und Resilienzförderung über die Lebensspanne, Stuttgart ²2020.
Rönnau-Böse, Maike/Fröhlich-Gildhoff, Klaus: Resilienzförderung im KiTa Alltag. Was Kinder stark und widerstandsfähig macht, Freiburg ³2020.
Ungar, Michael/Bottrell, Dorothy/Tian, Guo-Xiu/Wang, Xiying: Resilienz. Stärken und Ressourcen im Jugendalter, in: Christoph Steinebach/Kiaras Gharabaghi (Hgg.): Resilienzförderung im Jugendalter, Berlin 2013, 1–20.
Welter-Enderlin, Rosmarie/Hildenbrand, Bruno: Resilienz – Gedeihen trotz widriger Umstände, Heidelberg 2012.
Wustmann, Corina: Resilienz. Widerstandsfähigkeit von Kindern in Tageseinrichtungen fördern, Weinheim 2004.

Wustmann, Corina: Resilienz in der Frühpädagogik – Verlässliche Beziehungen, Selbstwirksamkeit erfahren, in: Margherita Zander (Hg.): Handbuch Resilienzförderung, Wiesbaden 2011, 350–359.

Yates, Tuppett M./Egeland, Byron/Sroufe, L. Alan: Rethinking resilience. A developmental process perspective, in: Suniya S. Luthar (Hg.): Resilience and vulnerability. Adaption in the context of childhood adversities, New York 2003, 243–266.

Zentrum für Kinder- und Jugendforschung (2021), online verfügbar unter: www.zfkj.de

Verzeichnis der Autorinnen und Autoren

ELODIE BOUBLIL, Dr. phil., ist Maître de conférences an der Université Paris-Est Créteil und Vizepräsidentin der Société Francophone de Phénoménologie.

THIEMO BREYER, Prof. Dr. phil., ist Professor für Phänomenologie und Anthropologie sowie Direktor des Husserl-Archivs an der Universität zu Köln.

ANDREA CHMITORZ, Prof. Dr. rer. biol. hum., ist Professorin an der Fakultät für Soziale Arbeit, Bildung und Pflege der Hochschule Esslingen.

MARTIN ENDREß, Prof. Dr. phil., ist Professor für Allgemeine Soziologie an der Universität Trier.

FRANZISKA GEISER, Prof. Dr. med., Dipl.-Psych., ist Direktorin der Klinik und Polyklinik für Psychosomatische Medizin und Psychotherapie der Universitätsklinik Bonn.

THOMAS HEIDENREICH, Prof. Dr. phil., ist Professor für Psychologie in der Sozialen Arbeit und Pflege an der Hochschule Esslingen.

NINA HIEBEL, Dr. phil., ist psychologische Psychotherapeutin in Saarlouis.

RAFFAEL KALISCH, Prof. Dr. rer. nat., ist Professor für Human Neuroimaging und Direktor des Neuroimaging Center (NIC) an der Johannes-Gutenberg-Universität Mainz sowie Arbeitsgruppenleiter am Leibniz-Institut für Resilienzforschung.

MIRIAM KAMPA, Dr., ist wissenschaftliche Mitarbeiterin im Fachbereich Erziehungswissenschaft und Psychologie der Abteilung Klinische Psychologie der Universität Siegen.

HILDEGUND KEUL, Prof. Dr., ist außerplanmäßige Professorin am Lehrstuhl für Fundamentaltheologie und vergleichende Religionswissenschaft der Julius-Maximilians-Universität Würzburg.

MILENA KRIEGSMANN-RABE, PhD, ist wissenschaftliche Mitarbeiterin am Centrum für Entrepreneurship, Innovation und Mittelstand der Hochschule Bonn-Rhein-Sieg.

VIKTORIA LENZ, M.A., ist wissenschaftliche Mitarbeiterin am Moraltheologischen Seminar der Rheinischen Friedrich-Wilhelms-Universität Bonn.

JOHANNES MICHALAK, Prof. Dr., ist Inhaber des Lehrstuhls für Klinische Psychologie und Psychotherapie II an der Universität Witten/Herdecke.

LUISE REDDEMANN ist Psychoanalytikerin und Fachärztin für psychotherapeutische Medizin sowie Honorarprofessorin für Psychotraumatologie und psychologische Medizin an der Universität Klagenfurt.

MAIKE RÖNNAU-BÖSE, Prof. Dr., ist Professorin für Kindheitspädagogik an der Evangelischen Hochschule Freiburg und Co-Leiterin des Zentrums für Kinder- und Jugendforschung Freiburg.

JOCHEN SAUTERMEISTER, Prof. Dr. rer. soc., Dr. theol., ist Inhaber des Lehrstuhls für Moraltheologie an der Rheinischen Friedrich-Wilhelms-Universität Bonn.

JAN SLABY, Prof. Dr. phil., ist Professor für Philosophie des Geistes und Philosophie der Emotionen an der Freien Universität Berlin.

ARMIN G. WILDFEUER, Prof. Dr. phil., ist Professor für Philosophie an der Katholischen Hochschule Nordrhein-Westfalen, Abteilung Köln.